思想的・睿智的・獨見的

# 經典名著文庫

## 學術評議

丘為君　吳惠林　宋鎮照　林玉体　邱燮友
洪漢鼎　孫效智　秦夢群　高明士　高宣揚
張光宇　張炳陽　陳秀蓉　陳思賢　陳清秀
陳鼓應　曾永義　黃光國　黃光雄　黃昆輝
黃政傑　楊維哲　葉海煙　葉國良　廖達琪
劉滄龍　黎建球　盧美貴　薛化元　謝宗林
簡成熙　顏厥安（以姓氏筆畫排序）

策劃　楊榮川

五南圖書出版公司 印行

# 經典名著文庫

## 學術評議者簡介（依姓氏筆畫排序）

- 丘為君　美國俄亥俄州立大學歷史研究所博士
- 吳惠林　美國芝加哥大學經濟系訪問研究、臺灣大學經濟系博士
- 宋鎮照　美國佛羅里達大學社會學博士
- 林玉体　美國愛荷華大學哲學博士
- 邱燮友　國立臺灣師範大學國文研究所文學碩士
- 洪漢鼎　德國杜塞爾多夫大學榮譽博士
- 孫效智　德國慕尼黑哲學院哲學博士
- 秦夢群　美國麥迪遜威斯康辛大學博士
- 高明士　日本東京大學歷史學博士
- 高宣揚　巴黎第一大學哲學系博士
- 張光宇　美國加州大學柏克萊校區語言學博士
- 張炳陽　國立臺灣大學哲學研究所博士
- 陳秀蓉　國立臺灣大學理學院心理學研究所臨床心理學組博士
- 陳思賢　美國約翰霍普金斯大學政治學博士
- 陳清秀　美國喬治城大學訪問研究、臺灣大學法學博士
- 陳鼓應　國立臺灣大學哲學研究所
- 曾永義　國家文學博士、中央研究院院士
- 黃光國　美國夏威夷大學社會心理學博士
- 黃光雄　國家教育學博士
- 黃昆輝　美國北科羅拉多州立大學博士
- 黃政傑　美國麥迪遜威斯康辛大學博士
- 楊維哲　美國普林斯頓大學數學博士
- 葉海煙　私立輔仁大學哲學研究所博士
- 葉國良　國立臺灣大學中文所博士
- 廖達琪　美國密西根大學政治學博士
- 劉滄龍　德國柏林洪堡大學哲學博士
- 黎建球　私立輔仁大學哲學研究所博士
- 盧美貴　國立臺灣師範大學教育學博士
- 薛化元　國立臺灣大學歷史學系博士
- 謝宗林　美國聖路易華盛頓大學經濟研究所博士候選人
- 簡成熙　國立高雄師範大學教育研究所博士
- 顏厥安　德國慕尼黑大學法學博士

經典名著文庫132

# 利維坦

# Leviathan

湯瑪斯・霍布斯 著
( Thomas Hobbes )
莊方旗 編譯

# 經典永恆・名著常在

## 五十週年的獻禮・「經典名著文庫」出版緣起

總策劃 楊榮川

五南，五十年了。半個世紀，人生旅程的一大半，我們走過來了。不敢說有多大成就，至少沒有凋零。

五南忝爲學術出版的一員，在大專教材、學術專著、知識讀本出版已逾壹萬參仟種之後，面對著當今圖書界媚俗的追逐、淺碟化的內容以及碎片化的資訊圖景當中，我們思索著：邁向百年的未來歷程裡，我們能爲知識界、文化學術界做些什麼？在速食文化的生態下，有什麼值得讓人雋永品味的？

歷代經典・當今名著，經過時間的洗禮，千錘百鍊，流傳至今，光芒耀人；不僅使我們能領悟前人的智慧，同時也增深加廣我們思考的深度與視野。十九世紀唯意志論開創者叔本華，在其〈論閱讀和書籍〉文中指出：「對任何時代所謂的暢銷書要持謹慎的態度。」他覺得讀書應該精挑細選，把時間用來閱讀那些「古今中外的偉大人物的著作」，閱讀那些「站在人類之巔的著作及享受不朽聲譽的人們的作品」。閱讀就要「讀原著」，是他的體悟。他甚至認爲，閱讀經典原著，勝過於親炙教誨。他說：

> 「一個人的著作是這個人的思想菁華。所以，儘管一個人具有偉大的思想能力，但閱讀這個人的著作總會比與這個人的交往獲得更多的內容。就最重要的方面而言，閱讀這些著作的確可以取代，甚至遠遠超過與這個人的近身交往。」

爲什麼？原因正在於這些著作正是他思想的完整呈現，是他所有的思考、研究和學習的結果；而與這個人的交往卻是片斷的、支離的、隨機的。何況，想與之交談，如今時空，只能徒呼負負，空留神往而已。

三十歲就當芝加哥大學校長、四十六歲榮任名譽校長的赫欽斯（Robert M. Hutchins, 1899-1977），是力倡人文教育的大師。「教育要教眞理」，是其名言，強調「經典就是人文教育最佳的方式」。他認爲：

> 「西方學術思想傳遞下來的永恆學識，即那些不因時代變遷而有所減損其價值

的古代經典及現代名著，乃是眞正的文化菁華所在。」

這些經典在一定程度上代表西方文明發展的軌跡，故而他爲大學擬訂了從柏拉圖的《理想國》，以至愛因斯坦的《相對論》，構成著名的「大學百本經典名著課程」。成爲大學通識教育課程的典範。

歷代經典．當今名著，超越了時空，價値永恆。五南跟業界一樣，過去已偶有引進，但都未系統化的完整舖陳。我們決心投入巨資，有計畫的系統梳選，成立「經典名著文庫」，希望收入古今中外思想性的、充滿睿智與獨見的經典、名著，包括：

- 歷經千百年的時間洗禮，依然耀明的著作。遠溯二千三百年前，亞里斯多德的《尼各馬科倫理學》、柏拉圖的《理想國》，還有奧古斯丁的《懺悔錄》。
- 聲震寰宇、澤流遐裔的著作。西方哲學不用說，東方哲學中，我國的孔孟、老莊哲學，古印度毗耶娑（Vyāsa）的《薄伽梵歌》、日本鈴木大拙的《禪與心理分析》，都不缺漏。
- 成就一家之言，獨領風騷之名著。諸如伽森狄（Pierre Gassendi）與笛卡兒論戰的《對笛卡兒沉思錄的詰難》、達爾文（Darwin）的《物種起源》、米塞斯（Mises）的《人的行爲》，以至當今印度獲得諾貝爾經濟學獎阿馬蒂亞·

森（Amartya Sen）的《貧困與饑荒》，及法國當代的哲學家及漢學家余蓮（François Jullien）的《功效論》。

梳選的書目已超過七百種，初期計劃首爲三百種。先從思想性的經典開始，漸次及於專業性的論著。「江山代有才人出，各領風騷數百年」，這是一項理想性的、永續性的巨大出版工程。不在意讀者的眾寡，只考慮它的學術價值，力求完整展現先哲思想的軌跡。雖然不符合商業經營模式的考量，但只要能爲知識界開啓一片智慧之窗，營造一座百花綻放的世界文明公園，任君遨遊、取菁吸蜜、嘉惠學子，於願足矣！

最後，要感謝學界的支持與熱心參與。擔任「學術評議」的專家，義務的提供建言；各書「導讀」的撰寫者，不計代價地導引讀者進入堂奧；而著譯者日以繼夜，伏案疾書，更是辛苦，感謝你們。也期待熱心文化傳承的智者參與耕耘，共同經營這座「世界文明公園」。如能得到廣大讀者的共鳴與滋潤，那麼經典永恆，名著常在。就不是夢想了！

二〇一七年八月一日　於

五南圖書出版公司

# 導讀

## 國家與政府的出現是人類開啓文明的根本
## ——霍布斯《利維坦》的唯一訊息

臺大政治系教授 陳思賢

英國大哲霍布斯（一五八八—一六七九）是西方政治思想史上最重要的一位人物，他對於近代歐洲啓蒙政治思想的出現有開創之功，也對於政治哲學上最古老的問題——我們爲什麼要有國家——提供了權威性的答案。這個答案也許並非最究竟、唯一的答案，但是迄今無人能推翻。

霍布斯畢生致力於研究人存在於世間所可能面對的一切知識——也就是「哲學」之整體，它包含了認識自然、認識人類自身與認識人的社會組織等三個面向，而最後把它們都放入「上帝所創造的世界」這個基督教的根本教義中。因霍布斯在其一生中建立起他自己獨特的神學觀，故我們可以如是說：他在這特別的神學觀下尋求解釋「哲學知識」（萬有與人類的根本意義），企圖建立人類安身立命的終極原則。無疑地，這也應該是任何一位哲學家心中的原始召喚，但是衡諸近世西洋大儒，霍布斯可謂最接近目標矣。這乃因他的決心與付出是巨大的——他從年輕起就立志完成對於天、地、人三方面的認識，爲了成就完整哲學體系，終身專心致志於學思，放棄出仕的機會與厚祿（他曾是太子查理二世的家庭老師），孜孜於「啓蒙」後世，終於留下傳世卷帙。

《利維坦》一書發表於一六五一年，迄今超過三個半世紀，但是其要旨絲毫沒有褪色。要了解本書理論的精神，得先細究其封面的一幅畫。

這部書旨在點出一國之內若無政治秩序的可怕（霍布斯親身經歷英國內戰的殺戮與混亂，目睹鄉親朋友間竟落得兵戎相見，誠人世悲劇），因此極力推出「政治義務」（political obligation）此一觀念，也就是人有服從國家作爲「主權機構」（sovereignty）的道德義務。何故？因爲國家乃是人根據天生理性互訂社會契約所成立，其出現有裨大眾行爲規範與社會秩序的建立；而人當初既在自由意志下同意設立「主權機構」以保和平，則爾後自有對其服從之義務，這個義務就是「政治義務」。這個機構乃是「政治體」（body politic），也就是國家（commonwealth）的意思，而其管理通常是由「君王」（monarch）

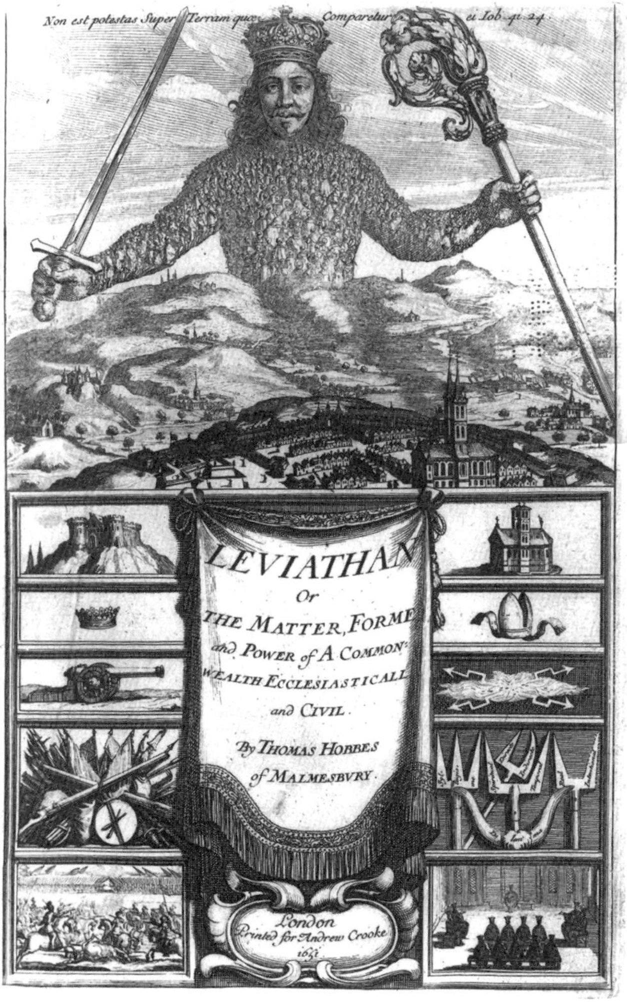


在英國的山河大地之上，浮現了一個君王，右手執劍左手執宗教儀杖，護衛著這塊土地。此君王之身軀乃由無數「小人」所構成，此即意味著經由社會契約這樣一個神聖的盟約樹立了「君主」，而「君主」守護國家、土地與立約之百姓。

主其職，因此「君王」也就是「主權者」（the sovereign）。

在《利維坦》中，霍布斯花了一半的篇幅來解說此義，這就是他整體學說中的政治哲學。而另一半的篇幅中，他剖析基督教信仰與人類生命間的關係（當然是指對信仰者而言），這即是他的政治神學。欲了解霍布斯思想全貌，二者不可偏廢，畢竟對他而言，人在獲得現世的安定後，生命的意義在於追求救贖與永生（進入天國），因此政治哲學加上政治神學才是一個完整的人生指引。

《利維坦》在政治哲學上的貢獻，約有以下兩端：

## 一、是爲系統性社會契約理論第一人

社會契約理論其實自古即有，但多失之粗疏或點到爲止，直到霍布斯才依嚴謹之「解析幾何式演繹法則」建構出來，他甚以此新方法論自豪。早在一六四二年他即已出版之《論公民》（*De Cive*），乃爲《利維坦》第二部〈論國家〉中社會契約理論之原型。而在《論公民》序言中，霍布斯自述：「近代物理科學始自伽利略，而近代政治科學理論則始自本書。」他著成社會契約論之關鍵靈感，乃來自於早些年前往歐陸拜訪伽利略時得到的

「物體恆動定律」之啓發，他認爲人也是「在社會群體中不斷動作、行動的個體」。因此以人的感覺（sense）、慾望（desire）、激情（passion）與思想（deliberation）作爲解釋人的連鎖社會行動背後的根本動力，而副之以精密之演繹推論而成其契約理論。

## 二、是爲主權者理論之集大成

主權者理論始自十六世紀末法國之包丹（Jean Bodin），但是完成於十七世紀中葉之霍布斯。簡言之，包丹只有言其然，並未詳析其所以然。在宗教紛爭下，包丹熱切希望法蘭西之安定與統一，因此著《國家論六篇》（*Six Books on Commonwealth*）揭櫫「主權者」之概念，申明其爲地境內「最高、唯一與不可分割」（supreme, unique and undivided）之統治權力。但同樣期待英格蘭自內戰恢復安定之霍布斯，卻以每一個人對陷於自然狀態下「人人相敵」（a war of everyone against everyone）之深深畏懼，來解釋一國臣民樹立「主權者」之必然決心；此決心將給予「主權者」絕對之權力，因唯有絕對之權力才能保障絕對之秩序。此「主權者」勢大威猛如利維坦（舊約聖經中之海怪），是「正義的尺度」（measure of Justice）也如同「會死的神祇」（mortal god），作爲一切人事的「公正仲裁者」（impartial arbiter）。對霍布斯來說，參與立約的是眾多獨立思辨秩序與生死間關係的人民——「原子化的個人」，他們堅定的盟約意志在瞬間樹立了「利維坦」這個集眾志而成的「主權者」。這個「利維坦」在概念上是個「人造之人」（artificial man），而眾多「自然人」的生命財產需要靠他的出現才能得到保障。既然此孔武有力且巨大的「人造之人」是保全「自然人」之生存與福祉的唯一可能，因此它是至高、唯一與不可分割的權威體（但由一國之君這個特定的自然人所代表）；然而當盟約意志瓦解時，利維坦亦立時崩解，山河大地頓失守護者。

因此霍布斯給予「利維坦」一個理性的起源，它是上帝造人類時讓人類憑藉天生理性自然就會「思辨」出的一個「政治設計」，所以他認爲人類能夠使用這種「政治理性」來經營政治生活，實屬於上帝設計的「自然國度」（the natural kingdom of God）內必然之理。但是上帝還有一個國度就不是人類可以參與或是理解的，那就是上帝的「預言國度」（the prophetic kingdom of God）。這牽涉到基督教義，也就是本書的第三部與第四部的內容。

上帝的「預言國度」由一連串的「天啓」（revelations）組成，已實現的是爲「歷史」，例如創世、造人與諾亞方舟/洪水等；但還未實現的就是「預言」（prophesies）

了，例如末世與審判。人類各個君王的責任是在末世到來之前的歷史中勉力維持政治秩序，等到千禧年時眞正的君王——上帝——將降臨，而俗世君主就把統治權（替天牧民）交還給上帝，卸除階段性的任務。

在千禧年之前漫長的人世歷史與政治中，俗世君王的責任是維持社會秩序與護持正統基督教義，因此他得以同時手握寶劍與宗教權杖，這是明顯的政教合一觀念，也符合英國國教的實況。因此霍布斯是極力反對羅馬的梵諦岡教宗的，他甚至認爲羅馬教宗宛如古代宰制全境的羅馬帝國之再現，陰魂不死坐在當初羅馬皇帝的寶座上，企圖壓榨操控日耳曼歐洲。他的最激烈指控竟然是：羅馬教宗無異於「敵基督」（anti-Christ，即是撒但），是世界人類最大的威脅與禍患。

《利維坦》這部書於一六五一年出版，這時間點其實頗耐人尋味。一六四九至一六五一年，英國有兩年的時間全國陷於「承諾服從爭議」（the Engagement Controversy）中，也就是舉國是否應該服從弒君的克倫威爾新政權？照霍布斯主權理論的邏輯，他是肯定的——凡有「實然」（*de facto*）統治權者就應享有「法理」、「應然」（*de jure*）統治權；換句話說，如果統治者失能失職搞到國家分崩離析、烽火連天的話，那他就已喪失統治正當性了，而人民造反有理。這等於說，霍布斯是主張人民平時應絕對服從，不可造反的；但如果造反成功——發動內戰且成功拿下統治權，則就有法理上的正當性了。霍布斯理論有這樣一個特色，其實讓他吃足苦頭，兩面不是人：在英國內戰初期，他的理論可想而知受到「造反的」議會黨的排斥與痛剿，他只得流亡海外；但「清教徒革命」成功後他又在「承諾服從爭議」中站在支持新統治者的立場，保皇派自然恨之入骨。

但我們綜觀霍布斯的理論，它是相當縝密合於邏輯的。人民訂約成立「利維坦」、樹立主權者給予其莫大權柄，也不過是希望因此得以安身立命好好活下去，但如果統治者辜負此託付，弄到國境內災殃連連民不聊生，那麼當初的託付自然失效，「承諾服從」也可撤回，而「天命」（其實是人民的盟約）將在新的統治者身上，只要後者能穩定局面、掌握「實然」統治權即可。這就是「效用主義」的成分了。

霍布斯的政治理論採用「自然權利」（natural right）之觀念作爲基礎，但又可歸於「效用主義」（utilitarianism）的思維模式，可說是爲現代社會理論創下典範。當代社會理論在立說上有「自然權利」與「效用主義」兩大流派，互不相屬，但霍布斯兼爲其祖，融於其社會契約中，不但對於當代民主政治理論有奠基之功，也對近世社會哲學之方法論有莫大啓發。從啓蒙時代以來，他對於人文社會思想史的貢獻，不但是全面性的，也是最深刻、最鞭辟入裡的。這的確少有人能及，說他是英吉利之光，應不爲過。我們願意再重複強調一次：若伽利略標誌了新物理科學的開始，則霍布斯代表了新社會理論的起點。

# 目次

## 第二部　論國家

## 第三部　論基督教體系的國家

## 第四部　論黑暗之國（Kingdom of Darkness）

# 第一部　論人類

# 第一章　論感覺

關於人類的各種思想，可先分別來看，然後結合起來，或探究他們彼此間的關係。分別來看，物體有自身的外觀形貌，這是一般常說的「對象」（object）。所謂的對象使得眼睛、耳朵和人體其他部位運作，多元的運作產生多元的現象。

種種現象的起源就是所謂的感覺（sense）。人心中的概念，整體的或部分的都源自感官，由此衍生而來。

欲知感覺的由來，此事非當務之急，我已另有文章詳述。不過爲了完全符合我的立論，我將簡要說明。

感覺的起因是身體之外部的物體施壓在每個器官，直接施壓如味覺和觸覺，間接施壓如視覺、聽覺和嗅覺。這般壓力經由神經傳導，和身體的薄膜，持續向內傳達到心和腦，產生內心的抵抗或反彈，反彈是解除看似外在物體的施壓。這種表象和想像就是人們說的感覺。如同光和顏色之於眼睛，聲音之於耳朵，氣味之於鼻子，味道之於舌頭。

在身體其他部位則是冷熱軟硬等可辨識的感覺（feeling）。所有的這些性質稱爲感知物（sensible）。之所以有感覺，是因爲物體的運動影響著各器官，受此施壓只會產生不同的運動（因爲運動只會產生運動）。此等現象對我們而言，是幻想以及如同清醒的作夢。對眼睛施壓和摩擦，讓我們產生光感。施壓在耳朵，則我們會察覺聲響。因此我們之所以能看見和聽見，係因身體受強烈但無法觀察到的行動所致。聲光既在發聲及發光之物體中，則無法從中分離。我們知道眼前所見的事物在一處，而形體在另一處，在一定的距離時，此實體好像包含幻影，然而實體和幻影並非同一回事。因此所有感覺原來只是幻影。如上述，是因爲外部物體運動和施壓在我們的眼睛、耳朵和其他器官上所致。

環顧世上基督教國家中，各大學的哲學系根據亞里斯多德的某些作品，傳授另一種學說：視覺的起源是因爲所見之物分散出能見的小分子散布在空中，可以讓眼睛看到。聽覺的起源是因爲所聽之物散播可以聽到的因子，可以讓耳朵聽到。而理解的原因也是如此，是因爲可理解之物散布可理解的因子。我並非不贊同大學沒有用處，而在此後講到大學在國家的地位時，必須讓大家知道大學充滿需要修正和沒有意義的言論。

# 第二章　論想像

眾所周知，當一個物體靜止不動時，除非外力介入，否則會維持靜止狀態，而當一個物體在運動時，會一直維持運動狀態。後者和前者是一樣的道理，但不容易得到認同。此因人們認爲自己運動後會覺得疲乏難受，就認爲所有運動的事物也會停下來休息。很少人認爲休息是以一種運動取代另一種運動。學者說重物會往下掉是因爲想休息，可以適當的保存自身，荒謬的是，物品竟然比人類還知道有利自我保存的知識。

當一個物體在運動狀態時，除非受阻，否則將會持續運動。阻力不能即時、但能及時阻止運動者。如同風停，浪不會立刻平息，但終會平息。運動也是如此。人的視聽不會馬上停止。當物體離開視線時，閉上眼睛後仍有物體形像，儘管形像會變得模糊，這就是拉丁人所稱的「想像」（imagination）。是透過眼睛產生形像，其他感官的原理也是如此。而希臘人稱此爲幻象（fancy），意指形貌適用一切感官。因此想像只是衰減的感覺，可見於人類和其他物種，如同醒時似睡的狀態。

感覺的衰減並非運動本身的衰減，而是感官上的模糊。就像白天時日光會掩蓋星光，而星光依舊日夜閃耀。我們的眼睛、耳朵和其他感官受外界刺激，只有最強烈的刺激才能感知到。所以從視線內移走物體仍有印象（impression），而其他物品陸續在眼前出現，則對過去物品的印象就會模糊薄弱。白天人聲鼎沸，隨著時間拉長，對不在場物體的想像會愈來愈弱。由於人體的變化，會使感覺中的活動逐漸減弱，所以時空的距離對我們有同樣作用。我們無法看清遠方的細節，聲音也會微弱不清，隨時光遷移，對過去的想像會變得微弱，舉例而言，曾見過的城市、街道會不復記憶，這些喪失的感覺稱爲想像。如前述，當我們表達衰減是指感覺正在流逝，衰老或成爲過去，這稱爲記憶（memory）。因此想像與記憶是同一件事，在不同情況下，使用不同的名稱。

眾多的記憶稱爲經驗，想像只能從感官察覺，一次或分次察覺，前者是簡單想像，如曾見過的一個人，或一匹馬。其他就是複合想像（compounded）。如這次見到人，另一次見到馬，則有半人半馬（Centaur）的形像。如將自己的形像和別人的形像結合起來，他可自認是赫丘利斯（Hercules）或亞歷山大大帝（Alexander），這是閱讀傳奇故事時經常發生的情況。此爲複合想像，更適當的說是心靈虛構。還有其他的想像是感官上強大的印象，如直視太陽，太陽的印象會久久不散。注視幾何圖形，則在黑暗中會出現線和角的形像。這類幻覺沒有特定名稱，也不會特別提及。

睡眠的想像稱爲「夢」，夢境是由一次或多次的感覺而來，而因爲腦和神經是感覺的必要器官，在睡眠中陷入麻痺狀態，此時不易受外物影響，所以睡眠中沒有想像。在夢中所經歷的是人體內的震動，當煩亂時促使腦和其他器官連動，進而出現先前的想像，如同清醒狀態。不同的是感官在麻痺狀態時無法接收外界事物，因此夢境出現的形像往往比清醒時更清晰，而讓感覺和夢境難以分辨，我認爲在夢中和清醒時的不同，在於無法持續地看到同樣的人、同樣的地方、物體和行動，也沒有連貫的思想，醒來時能夠察覺夢境的荒謬，但在夢境中卻無法察覺清醒時的荒謬，我很滿意的是清醒時可以確認自己沒有在作夢，儘管作夢時還是覺得是清醒的。

夢的起源在於人體內的煩亂，不同的煩亂會導致不同的夢境，所以睡在冷的地方，會產生恐懼的夢（腦與體內各部的運動互相影響）。在清醒狀態時一旦動怒，身體的某些部分會產生熱，所以入眠時同樣部位受熱也會產生怒感，於是腦中浮現敵人的樣子。同樣的，在清醒時因關愛而心生欲望，慾望導致身體的某些部分會產生熱，所以入睡時腦中會產生關愛的想像。總之，夢境與清醒時的想像相反，清醒時的行動由此處開始，作夢時則會從另一邊開始。

關於分辨清醒和作夢，最困難的是無法觀察到自己入睡的樣子。在無法安穩就寢的環境下，或在椅子上打瞌睡，很容易產生恐懼的念頭而深受困擾，在痛苦時讓自己入睡，引起粗野和過度的幻想，很容易察覺是在作夢。謀殺凱撒的布魯特斯，在與奧古斯都（Augustus）在腓立比決戰的前夕，看到讓他害怕的形影，史家認爲他看到幻影。然而考慮當時的情境，則可輕易判斷他只是作了個短夢。因爲那時他坐在營帳中，沉思和煩惱所做的暴行，在寒夜中朦朧入睡很容易產生可怕的夢境，這樣的恐懼讓他醒來，所見的形影也漸漸消失。當時他憂心忡忡，不覺得自己已經入睡，也不認爲是在作夢，而認爲自己產生了幻覺。無獨有偶，膽小和迷信的人容易受恐怖傳說影響，在暗處容易產生幻想，而認爲自己看到幽靈亡魂在墓地飄移。其實不過是幻覺，或是無賴才會利用無知的恐懼，裝神弄鬼和故弄玄虛。

過去異教的起源多半是無法區分夢境、幻想和眞實的感覺，而崇拜精靈妖怪。時至今日，鄉野村民依舊相信鬼怪精靈。我想女巫沒有任何神力，該當受罰，因爲他們錯誤的信仰和性質近似宗教，而非知識技藝上的危害，他們以聖水符咒驅魔來裝神弄鬼。上帝無疑可以創造奇象，但不輕易示人，凡人恐懼這樣的威能更甚於自然力，然而這對基督信仰毫無意義。而惡人即使知道不正確，還是假託神力惑眾，因此智者不會輕信此等，而要以理性來證明其是否可信。假如擺脫對鬼怪的迷信、對夢境的預測和錯誤的預言能盡數掃除，野心者就會利用這些單純的人，讓他們更加表現出公民服從。

這應該是學校老師的工作，但他們卻支持這樣的邪說。他們不知道想像和感覺，有什麼教什麼，有人說想像是自發性的而沒有原因。有人說這由意志而來，善念由神所指引，惡念則由魔鬼引出。或說上帝給人灌注善念，有人說感官接收各種事物，傳達給常識，常識傳達給幻想，幻想再傳達到記憶，再由記憶傳達給判斷。這樣只是字詞置換，仍無法知其所以然。

文字和符號會引發想像，此爲所謂的理解（understanding），人和動物皆有理解，如狗能理解叫聲，其他動物也是如此。屬於人特有的理解，不只是意念方面的理解，而是概念和思想，對事物名稱的持續性和結構以肯定、否定和其他形式的言說來表示，此番理解容後討論。

# 第三章　關於思想的結果或連續

所謂思想（thoughts）的結果或連續，我想是一個接著一個所謂的心靈談話（mental discourse），有別於關於字詞（words）的論述。

當人開始思考事情，就會接著思考下一步，這樣的思路並非因爲偶然，思考之間也並非毫無關聯。沒有感覺就沒有想像，因此在有感覺之前是不會出現從一種想像過渡到另一種想像的情況。所有幻想在內部運作，是感覺的殘餘，這些運動的接續是在感覺產生後，產生感覺後才有想像，藉由移動物之間的連貫性，接續發生。例如在平坦桌面上的水，可由手指引導去向。感覺則是得到後，接續另一個感覺，所以想像某物則無法知道接著會想像到什麼，可確定的是他們之間必有關聯。

思想的連續或心的語言有兩種：第一種是沒有受指引的、沒有計畫和沒有持續的，沒有激情思想來支配欲望和熱情的緣故，這類思想飄移不定且不合理，像夢境一樣。像這般思想不僅是孤立的，也不在乎任何事，思路紊亂且不協調。就像走調的琴聲，或是調好的琴卻遇到不善演奏的人。在雜亂的心中，可發現思想之間互相依賴的關係。像談到當前發生的內戰，忽然問起羅馬錢幣的價值等不相干的事，這對我而言不難說明，因為戰爭時想到國王可能會受俘虜，就想到出賣耶穌基督值三十分錢，思想的速度飛快，都在瞬間發生。

第二種是持續和受控制的欲望，對於我們想要或害怕的事物，印象十分強烈且持久，或可迅速的重新出現在腦海中，往往阻斷我們的睡眠。心中欲念興起則會不斷思索方法來達成目標，直到想出著力點為止。對所欲的目標印象極深，即便偶有失神也能很快回神。古代七賢之一曾告誡世人：行動時要專注目標，自有方法會指引思路來達成目標。

有節制的思想有二種：其一是有效想像尋求其原因或產生的方法，此為人類和動物皆有。另一個是尋求可能的效果，以及產生的方法。當有此物時，我們會去想像可以藉此來行動，這只有人類獨有，還沒其他跡象顯示此特性，而其他物種不會有如此好奇心，只有飢渴、肉欲和生氣等感官欲求。所以心靈語言是由計畫控制，尋求發明的技能，此為拉丁人說的靈巧（*sagacitas*，*solertia*）。人類尋找失去之物，會思索遺失的時間以及地點，去回想經過的每個時地，意即會有特定區間的時間地點，以及開始尋找的方法。因此他的思考會限定在同一個時地，去找出失去物品當時的行動和場合。這就是所謂的回憶

（remembrance），拉丁人稱爲 *reminiscentia*：重新思考先前的行動。

有時人們知道尋找的物品就在特定的範圍，思緒也停留在此範圍內。以此方式打掃房間來尋找珠寶，就像獵犬巡狩領地來尋找獵物。或者人要迅速閱讀字母才能起韻。

有時人們想知道行動的結果，於是會假定類似的行爲會造成類似的後果，然後會思索過去的行爲和後果，假設事件會跟隨行動，我們可預測罪犯的結果，會跟隨過去所犯的罪，形成思想的序列：罪行、法警、監牢、法官和絞架，這類思想稱爲先見之明（foresight）、謹慎（prudence）或有遠見（providence），有時稱爲智慧（wisdom）。但這類推測無法窮盡各種情況而陷於謬誤，只是可以確知人在過去的經驗會讓他更審慎，而較少出現判斷失誤。當下之物存在於自然界，過去之物只留在記憶，未來之物則還沒發生。所以未來是心靈的虛構，因爲過去有更多經驗的人，會有一定把握，但又並非完全有把握將過去的行動，應用在當前的行動。當結果應驗了預期，可以稱之爲審慎，究其實就是一種假定。因爲預見未來的遠見，只有能掌控未來的神明才有，唯有神能以超自然的方式預言。最好的預言家就是最好的預測者，因爲精通所預測之事，以及有最多跡象可循的緣故。

事物跡象是後果的前因，反之，跡象也是前提的後果，當已觀察到類似的結果時，則更加肯定出現的跡象。因此，經驗最豐富的人，會掌握最多跡象，用以預測未來，因此比這方面的新人更加謹慎，無論是天分和機智都無法與經驗來相提並論，雖然多數年輕人並不以爲然。

然而人與禽獸的差別並非在謹慎方面，一歲的禽獸比十歲的孩童更能分辨利害，行爲更加謹慎。

謹慎是依據過去的經驗，對未來所做的假定，同樣也可從其他事物汲取對過去的假定，如果目睹一國從發生內亂到走向崩潰，那麼看到另一國的遺跡時，就會推測這裡發生過類似的內亂。這等推測，與對未來的推測同樣充滿不確定，都是依據經驗的判斷。

就我的智識範圍所及，人類只要能運用五官，就再無其他的心靈活動了。以下所言爲後天勤於學習所得，且多數人是透過文字和語言的教導與訓練來獲得。係因人類除了感覺、思考以及思考的序列以外，再無其他的心靈活動。但因有語言和方法提升人類的層次，此爲人與禽獸的差異。

我們所想像得到的事物皆爲有限，因此，沒有任何觀念可稱爲無限，任何人心中皆無法產生無限的形像，也無法想像出無限的速度、時間和力量。當論及無限時，是意謂我們無法想像其終點和範圍，只代表著對此一無所知。因此，稱上帝之名，並非讓我們去想像上帝，而只是爲了尊崇他。因爲上帝是無法理解的，上帝的偉大和力量超乎想像。如前述，我們所能想像的都經由感官而來，所以感官不能企及的事物，我們也無從得知。如此，人類想像事物必須有地點和大小、可分成幾個部分等等。此外，我們無法想像某一事物同時出現在不同地點，也無法想像兩個以上的事物同時出現在同一地點，一旦如此，則是哲學家或經院學者自欺欺人的誑語。

# 第四章　論語言

印刷術是極爲天才的發明，但重要性遠不及文字的發明，最先發明文字的人已不可考，希臘文字最早由腓尼基的王子卡德穆斯（Cadmus）使用。自有文字以後，人類的記憶得以延續，而且可以傳到各處，而由唇、舌、顎各部的發聲來表現，這實屬不易。但最可貴的發明是語言，是由名詞的連結所構成。人類用語言記錄自己的思想，並藉此喚起思想，表達所思並以語言交談。沒有語言就沒有國家、社會、契約或和平，猶如獅子、熊和狼等野獸。上帝創造語言，教導亞當如何爲生物取名，使人能繼續爲所見之物命名，必要時將這些名稱連結起來，使自己的意思能使人理解，經年累月之後，就能形成所使用的語言。

但亞當和他的後代所使用的語言，在巴別塔全部失去了，由於他的背叛，上帝使人忘記原先使用的語言，接著人類流散到各地，因應需要而形成語言的差異，經過時間的演進，語言的發展愈加豐富。

語言的用處是將心念轉化爲口述，或將思想序列轉化爲語言序列，如此有二個作用：第一是記錄思想，以便再度使用時可藉以搜尋記憶而得，所以名詞的第一個作用是記憶的標記。另一個用處是，多數人用同一名詞表示自己的所思、意見、恐懼和激情等想法，在此用途下，語言就稱爲符號（signs）。至於語言的特殊用途，第一，記載現在或過去事物的原因和結果。第二，將所獲得的知識傳授他人或互相交流。第三，表達自身的意願與目的以便互助。第四，以語言自娛娛人。

反之，語言也有四種濫用情況：第一，用詞意義不精確，或以非自己所見或所想當作自己的意見，因而欺騙自己。第二是沒有用字詞原本的意義，而使用隱喻的意義，如此是欺騙他人。第三是將非自己所願者宣稱爲自己所願。第四是以語言傷害彼此。自然使某些生物具有利牙、犄角或手可以傷敵，以言語傷人就是濫用語言。除非是例外的情況：在統治的情況下，不得不以語言來訓誡與糾正。

爲了記憶因果而使用語言時，方式在於命名和取得這些名稱的關係。

有些名詞是專有的，只用在某一對象，如「彼得」、「約翰」、「此人」、「此樹」等。還有一些是共有名詞，如「人」、「馬」、「樹」等。名詞中包含許多不同的對象，加總起來便產生具普遍意義之名詞。世上除了名詞以外便無普遍之物，因爲每個命名的對象都是唯一的存在。

使用普遍名詞（universal name），在於所指稱之物有共同性質，使用專有名詞只能使我們想起一個特定對象，使用普遍名詞，則能想到名詞所包含事物的其中一個對象。

普遍名詞的範圍有大有小，大範圍涵蓋小範圍，還有範圍相同，可彼此包含的，如「身體」一詞比「人」這個詞的意義廣泛且包含了「人」。「人」和「理性」則範圍相等且相容。在此必須指出，此處所謂的名詞並非從文法上來理解，而不限定爲一個字詞，也包含許多詞的結合，如「人依法行事」相當於「正義」一詞。

此外，加上大小範圍不同的名詞，於是把事物的因果變成名詞的因果。舉例而言，生來聾啞的人完全不能運用語言，見三角形與兩直角，就能聯想到三角形的三個角等於旁邊兩個直角，但如以另一個三角形，就必須重新思索一次，方能解答。但能運用語言的人，既然發現三角形有三個角，三個角加總起來等於兩個直角的和，於是就以一段通用的文字表示：每個三角形有三個角，三個角的和等於兩個直角的和。於是一個經特別觀察而來的結論，就成爲記錄下來的普遍法則，可以應用在各種時間和地點，就無須勞心費時再計算。

以文字來表示思想，最明顯的在算數上，天性駑鈍者無法記住一、二、三的記數，那麼他在敲鐘時便無法知道敲了幾下，就無法知道時間了。還沒發明數字時，人類只知用手指記數，現在各國的數字都是十進位或五進位，就是人類手指數目的緣故，當時人類的數字觀只能到十，不照順序累加便不知數目，更無法進行加減等算術。因此沒有文字就無法計數，更無法測量物體的大小、速度和力量等，此等計算攸關人類的生活所需。

如果連結兩個名詞為一個肯定語，如「人是生物」，「如果他是人，他就是生物。」第二個名詞「生物」所指的意義包含了前一名詞「人」的意義，那麼此一命題就是眞實的，否則就為虛假的。因為眞假是語言屬性，而非事物屬性。沒有語言就沒有眞假。比方我們認為某些事情不會發生，或不曾發生，就可稱為錯誤。但不能說這不眞實。

眞理既仰賴名詞和名詞間的次第連結，因此想要追求眞理，就必須知道名詞所代表的對象，以及適當的次序連結，否則就有如網中鳥，愈掙扎就愈不能掙脫，所以幾何學（上帝賜予人的唯一科學）在於確定名詞的對應，即為定義。

要追求知識，就要考察從前作家所用的定義是否精確，假如沒有審慎考慮，任意定義，就必須重新修正定義，因為定義錯誤，會讓推理錯上加錯，以致使人得出謬誤的結論，察覺後非得從源頭去修正方可。墨守成規者，如記帳員計算總數不符合，又不知細項的數目有誤，如此無法可解，只是白費時間而已，好比從煙囪闖進室內的鳥，慌亂地撲向玻璃上的光，不明所以而無法飛出。因此語言首要為對名詞下精確的定義，此為科學的初步收穫，語言最初的濫用在於錯誤的定義或沒有定義，一切虛假、無意義的教條皆由此而來，以致盲從而不假思索的人，比無知的人更加愚昧，如同眞知者比無知者優秀一樣，而無知就介於眞知與謬誤的中間，不受知識之益，也不受謬誤之害。直覺的想像不至於謬誤，語言和文字可以使人明智，也可使人瘋狂。反之，不通文字的人維持平庸，不賢也不愚。文字是智者用來盤算的籌碼，卻是愚者珍視的金錢，是仰賴亞里斯多德、西塞羅、聖湯瑪斯或其他學者的權威來衡量。

可加減計算者都是名詞的主體，拉丁人將帳目稱爲 *rationes*，計算稱爲 *ratiocinatio*，帳目細項稱爲 *nomina*，就是名目之意，他們將理智與計算連結起來。希臘人對語言和推理只有一個名詞：λόγος，先有語言才有推理。以三段論來推理，是結論之間的組合。人對於字詞運用和計算有不同方式，大致上有以下四類：

第一，可以用在衡量物體的性質，有生活的、感覺的、合理的、熱的、冷的、動的、靜的等，先有物體的觀念，稱爲物體之名。

第二，衡量事物偶發的性質，有多長、如何熱、如何動、因而立長度、熱度、運動的名詞，是事物偶發性的名稱，事物的原因彼此不同，此類名稱爲抽象名詞，和物體的衡量計算無關。

第三，屬於我們自身的性質而命名，如見到一物，不會先思量物體本身，而是就感官所見而取名爲顏色。同樣的，聽到一物，不會先思量物體本身，而就聽到的取名爲聲音，此爲一時興起的名詞。

第四，就名的本身來命名，即言詞之名，如普通的、普遍的、特殊的、模稜兩可的，是關於名詞的名詞，又如肯定的、疑問的、命令的、敘述的、三段論的、訓誡的、演說的皆屬於言詞的名詞，以上皆屬於積極的名詞，標示自然物，人類思想，指涉物體本身、感官所及、物體屬性、或發明出來的言詞。

此外有消極的名詞，不指涉物體的名詞，如無物、無人、無限、不可教皆非物體本身的名稱，但可用來計算，或更正計算，或喚起回憶。這類名詞可讓人否認名詞的不當使用。

另有其他名詞是無意義的聲音，有兩類：新出現而沒有定義者，由學院派或使人困惑的哲人所創。

第二種是將兩個意義衝突的名詞併爲一個，如無體之體、無物之物，因爲如其中一個名詞不爲眞，則加在另一名詞上也不能爲眞，如四邊形不會是圓的，因而「圓的四邊形」一詞毫無意義。此外，注入的德行、移動的德行的語意亦不通。這些無意義的名詞都由拉丁文或希臘文而來。

人聽到一個名詞，就會觸發對該名詞所表示的概念，這稱爲理解，因爲言詞爲人類獨有，理解也爲人類獨具，荒謬無意義的詞就無法形成理解，自認爲能理解者，不過在心中複述此詞而已。

至於何種名詞表示欲望、厭惡和其他激情，以及其運用與濫用，將在下文詳述。

物的名稱能取悅或觸怒我們係因人而異，同一名詞在不同的情況下，影響也會不同，可謂意義是不確定的。物的名稱既然代表概念，則人對同一名稱有各自想法，此名稱的正確性尚有可議之處。係因境由心生，賦予物體不同性質的緣故。因此議論者需注意所用之字詞，因爲字詞不僅有原意，還包含使用者的個性、心境與利害關係，字詞的運用也各異其趣。德行與惡行皆不免於此，一人稱爲智慧，另一人稱爲恐懼；一人說殘忍，另一人說正直；一人說浪費，另一人說慷慨；一人說沉著，另一人說愚鈍，凡此種種不勝枚舉。因此這類名詞就不足爲推理之根據。更遑論言詞的隱喻，只是比喻和隱喻之詞，眾所皆知其意義本就不定，因而較少出現謬誤。

# 第五章　論推理與科學

當人運用推理時，是將各部分相加爲總體，或是相減求餘數，如用文字進行，是把各部分的名詞連成一整體名詞，或從整體及部分名詞求得另一部分的名詞。在數字方面還有乘除的算法，但這些算法其實是同一件事，因爲乘法就是相加，除法就是相減，不過是較多變化而已。這些算法不限於數字，也適用在所有可以互相加減的事物。如幾何學家會應用在線、面、角、比例、速度、力量等。邏輯學家會用在語詞方面，連結兩個名詞爲一個斷言（affirmation），兩個斷言相加爲一個三段論（syllogism），若干三段論形成一個論證（demonstration），以及從三段論中減去一命題，求出另一命題等，同樣運用加減運算。政治學家彙整契約以求人的義務，法學家把事實配合法律以求行爲的是非。總之，可以加減的任何事物就有推理。

承上，推理就是一種計算，將公開標示（marking）或表明（signifying）思想的名詞相加減，標示是指自己計算時的說法，表明是向別人證明我們計算時的說法。

在計算時，沒有經驗的人必然會出錯，即使是教師也不能倖免。其他推理也是如此。最精明、細心和老練的人都可能受騙，這並非推理本身的問題，任何人的理性和計算都不足以成爲堅定不移的標準。例如帳目有爭議，就須由公正人來仲裁，否則就會爭鬥不已，其他爭執也是如此。如有人自以爲是，堅持己見，不顧別人的意見，只想以自己的意見支配別人，如此只是自曝其短而已。

推理的用處和目的，不是去考察名詞的原始定義和用法相差甚鉅的結果，而是就名詞用法，按部就班的推論。必須確認推論過程中的一切正確與否，然後才能得出正確的結論。如同家長想知道家中帳務，只是結算總數，而不知開銷細目的金額和用途，如此容易受到蒙蔽。所有推理都是如此，如果只是接收前人的成果，盲從而不假思索，將會一無所得。

在特定事物上的推理，可以不用文字進行。如眼見一物，推論前面出現過的事物，後面就可推知會出現何物。如果前後二物都沒有出現，則稱爲錯誤，即使最謹慎的人也難以避免。若以文字推理，得到虛假的結論，雖然也稱爲錯誤，但卻是荒謬無意義之詞。雖然出現錯誤，卻非不能實現。用文字做出推論，除非爲眞，否則難以發覺其可能性，是沒有意義且荒誕不經。當有人說圓的四邊形、非實質的實體、自由臣民、自由意志等不受阻撓的自由時，這並非發生了錯誤，而是其言詞沒有意義，亦即荒謬。

如第二章所言，人類具有比其他物種更優越的能力，會探究所想像事物的結果和效果。接著論述下一階段，意即運用文字將結果統整爲定理或準則。換言之，不僅在數字方面，也能在其他方面運用推理與運算。

然而因爲荒謬言論而削弱了推理能力，其中教授哲學者最常發出謬論，西塞羅所言最切中要旨：無論多荒謬的言論，都能在哲學著作中找到，係因此輩不求甚解，未能就定義論起，就容易陷入荒謬中。如爲幾何學家則無此弊病，因幾何學的結論明確，無爭議的餘地。

荒謬結論的首要原因在於缺乏方法，因不從定義著手，如同算術不知數字一二三四，豈能不荒謬？

荒謬言論的第二個原因，是觀察點不同，名稱隨之不同，以不適當的名詞強加連結，則會出現荒謬的情形。

以物體爲屬性命名，或以屬性命名物體，意即以信仰注入名稱，此亦爲荒謬，因爲只有物體能注入物體。

第三個原因是將外物的偶然因素加諸自身，如顏色在物體中、聲音在空氣中皆爲如此。

第四個原因是將物體名稱轉爲名詞或言語，成爲普遍的事物或物種。

第五個原因是以偶發性名稱爲名詞和言語上的使用，如某物的性質是其定義，某人的命令是其意志。

第六個原因是以比喻和詞彙取代正式語詞，在日常對話中，我們可以說：路如此走，或諺語云如此如此。但路並非自己走，諺語並非自己說，因此探究時不能使用這種方式。

第七個原因是使用無意義的名詞，這些都是學院派所散布的，如神人同性（hypostatical），聖餐變體（transubstantiate）、聖體共存（consubstantiate）、永恆的現在（eternal-now）等等。

如果能避免以上情形，推理就不至於謬誤。除非理論層次過於複雜，以致於前後不能連貫。因爲如果遵守正確的原則，推理就不容易出錯。如研究幾何學，即便出錯，經人指點後可立即改正，不需堅持己見。

理智不像感覺和記憶是與生俱來的，也無法如謹慎般從經驗得來，而是辛勤耕耘而來，步驟是先命名，其次是以名詞連結名詞爲一斷言（assertion），第三步則將斷言連成三段論，直到獲得其中名詞的結論爲止，此即科學或知識。經由感覺和記憶所得的知識是屬於過去的知識，亦即不能改變的事實。科學所能獲得的是結果，爲兩物間的關係，因此能從現在的事物，得出將來會發生的同一現象，一旦掌握住原因，就能明瞭如何產生結果。

因此兒童在不能運用語言之前，無法進行推理，但還是具有理性，待其能使用語言後就會成爲理性的人，但大多數人在生活上極少運用推理。在這方面是根據經驗、記憶和若干不同目的，以及機運和發生的錯誤次數而定。告知人們科學方法和幾何學等，將使其瞠目結舌，不明所以。若告知其他學問，他們尙未得到啓蒙，也無從精進自己。這些人不通透科學的來龍去脈，對一切知識如童蒙般，還以爲兄弟姊妹都是從外面撿來的。

然而沒有知識的人，仍勝過某些才智較好的人，因爲這些人受不當的理論影響，導致陷入謬誤。而無知者不清楚原因和方法，不至於受謬誤所影響，最糟的是上述走入謬誤之途的人。

總之，人心之光明由正確的文字指引。需定義明瞭，清除模糊不清的含意。以推理的步伐邁向科學之路，如此結果可爲人類的福利。反之，若用隱喻或意義模糊的文字就猶如鬼火，就會走上爭奪、叛亂和屈辱之途。

累積許多經驗就是謹愼，科學上稱爲智慧（sapience），雖然都以智慧來表示，但拉丁人對謹慎和智慧是有區別的，前者是經驗，後者是知識。爲了清楚區分兩者，例如有一人擅用武器，另一人除熟練武器外，還習得攻守的知識，前者對於後者而言，就相當於謹慎與智慧的關係，兩者都很實用，但後者力求萬無一失。盲從書本的權威，有如相信擊劍師的虛晃招式，不是喪命就是讓自己顏面無光。

科學的表徵有些肯定無誤，有些則不肯定。如果有人自稱通曉所有事物並能傳授知識，可清晰說明其中奧義，那便是肯定的。如果只有特定事物可與其自稱的知識相符，在許多情況也證明是如此，那便是不肯定的，所有謹慎的表徵都是不肯定的。因爲要經由觀察，並記下所有事情的成敗條件是不可能的，但可依循絕對正確知識的情況下，如果不用天生的判斷力，而只相信權威作家充斥例外的字句，這便是愚蠢和迂腐的證明。即使是議會中喜愛炫耀政治、歷史學識的人，除了極少數人外，在私事上都極爲謹慎，尤其在有關自己的家事中，很少人會炫耀學問。而在公開場合上，他們關切的是自己才智的聲譽，而非他人的成就。

# 第六章　通稱為激情的自發運動：其內部起源、以及表達這些起源的言詞

動物有兩種特有的運動，一爲生命（vital）運動，自出生起終身不輟，如血液流動，脈搏、呼吸、消化、營養、排泄等無須思考的過程即屬此類。另一運動爲動物運動，又稱自發運動（voluntary motion），按心中所想進行，說話、移動肢體便屬於此類。感覺是身體的器官和內在的運動，是由於所見聞的事物所引起。幻象（fancy）是這類運動在感覺後留下的痕跡，已於第一章、第二章所述。因爲行走、說話等自發運動，取決於運動前的想法，所以映象便是自覺運動的開端。當看不見受驅動之物，或運動空間太小而無法感知時，不知者雖無法想像有運動發生，卻不妨礙運動本身。因爲空間無論多小，也是受驅動之物體移動的空間。人體中此類運動的微小開端，在行走等可見的動作以前，稱爲意圖（endeavour）。

當此種意圖是針對引起意圖的原因時，稱爲欲望（appetite）或欲求（desire）。欲求是通稱之名，其他則在多數時候指對食物的欲望（飢渴），當意圖避開某種事物時，稱爲厭惡（aversion）。欲望和厭惡的詞都來自拉丁文，皆指運動，趨近和避開。希臘文的意思也是如此，趨近眞理是人的天性，但超過限度時就會受阻。經院學派在單純的行走或運動中沒有發現實際的運動存在，但必須承認有某些運動，就稱爲隱喻式的運動（metaphorical motion）。其實這是荒謬的說法，因爲語詞雖然可稱爲隱喻式的，但物體和運動卻無法用隱喻表示。

人們所想要之物也可稱爲所愛之物，所厭惡之物可稱爲所恨之物，由此可知，愛、欲是同一件事，只是欲望是指涉對象不在場的情況，愛則是對象當下在場的情形。同理，厭惡與恨的情況亦同。

欲望與厭惡有些是天生的，如食物、排泄和排除等等的欲望，排泄與排除是指厭惡體內的某些事物，其餘的欲望是由經驗而來、對具體事物的欲望。因爲除了體驗以外，我們對毫無所知的事物、或不相信的事物不會產生欲望，但在各種情況下都會產生厭惡之感。

無欲也無恨的情況稱爲輕視（contemn），意指心中抵抗某些事物影響的無動於衷，或堅持不從的狀態，這是由於內心受其他事物的影響，或是對所輕視事物缺乏經驗所致。

由於人體的構成會持續地變化，所以同一類事物，不可能在同一人身上引起同樣的欲望和厭惡，甚至所有人對同一對象有相同欲望就更不可能了。

人稱呼自己所欲求的對象爲善（good），所厭惡的對象稱爲惡（evil）。輕視的對象則稱爲沒有價值、或無足輕重。因爲善、惡、輕視等語詞的用法是牽涉到使用者，並非絕對意義，也不可能從對象得出任何善惡的原則。在國家出現以前，只能從個人身上得出。在國家出現後，則由國家代表人身上得出，也可能由爭議雙方同意下，所選出的裁決人訂出事物的原則。

拉丁文有兩個字的意義接近善、惡，但不完全相同，即 *Pulchrum* 與 *Turpe*，前者指某種表面跡象代表善的事物，後者則是某種表面跡象代表惡的事物。但在我們的語言中，還沒有對應的字可以表示這兩種意義。關於美、醜，各自有很多說法，視情況而定，所指的都是外表。所以善有三種，第一是預期希望方面的善，稱爲美（*pulchrum*），第二是效果方面的善，就像所求目的一樣，稱爲愉悅（*jucundum*），第三是手段方面的善，稱爲效用（*utile*）。惡也有三種，第一是預期希望方面的惡，稱爲醜（*turpe*），第二是效果和目的上的惡，稱爲不悅或麻煩（*molestum*）。第三是手段方面的惡，稱爲無益、無利或有害（*inutile*）。

如前述，在感覺上，眞正存在體內的只是外在對象引起的活動。視覺上是光和顏色，聽覺上是聲音，嗅覺則是氣味。因此，當同一對象的作用，從眼睛、耳朵或其他器官傳至內心時，所產生的效果只是運動或意圖，再無他物。此種運動或意圖，就是對引起趨避運動者的好惡。而這種運動的表象或感覺，即爲愉快或煩擾的心理。

稱爲欲望的運動，從表象來看是高興或愉悅，是加強和輔助生命活動，所以引起高興的事物才因此稱爲高興或愉悅，反之則爲不高興或煩擾。

如此，愉悅或高興便是善的表象或感覺，不高興或煩擾是惡的表象或感覺，因此，所有欲望或愛好伴隨著高興，憎恨或厭惡伴隨著不高興或煩擾。

愉悅或高興，有些是由於現實對象的感覺而生，稱爲感覺的愉悅〔肉欲（sensual）一詞用在貶意，在成爲法律之前無使用餘地〕這類愉悅包括一切身體的增添與排除，此外還包括視覺、聽覺、嗅覺、味覺和觸覺方面的所有愉快事物。另一些愉快則是預見事物的結局而產生，無關愉快或不快。這類愉快是得出此結論者的心理愉快，通稱快樂（joy）。同樣的情況，不愉快有些是感覺方面，稱爲痛苦（pain），另一些則是對結果的預期，稱爲悲傷（grief）。

這些稱爲欲望、喜好、愛情、厭惡、憎恨、快樂和悲傷等單純的激情，在不同情況下有不同稱呼，第一，當它們接連出現時，便會隨著人們對於達成欲望的可能性，而有不同名稱。第二，它們也會由於好惡的對象而有不同名稱。第三，由於激情總是放在一起考慮，第四，由於變動或連續狀態而生。

當人們認爲能達成的欲望就稱爲希望（hope）。

承上，不能達成就是失望（despair）。

當人們認爲對方將造成傷害，厭惡就稱爲畏懼，常存的勇氣稱爲自信（confidence）。

常存的失望就是沒自信（diffidence）。

目睹他人受重大傷害，並認爲是暴力造成時產生的憤怒，稱爲義憤（indignation）。

希望他人好的欲望稱爲仁慈（benevolence）、善意（good will）或慈愛（charity）。這種欲望如果是人類皆有的，稱爲善良的天性。

對財富的欲望稱爲貪婪（covetousness），總是用在貶義。因爲追求財富的人，在別人取得財富時將會不悅。雖然這種欲望是容許或譴責，要視追求財富之道而定。

爲了地位或特權的欲望就是野心，因上述理由也用在貶義。對達成目的沒有幫助的事物，以及畏懼妨害不大的事物都是膽怯。不在意對幫助和妨害自己都很微不足道的情況稱爲豪邁（magnanimity）。

在死亡或受傷的危機時，所表現的豪邁就稱爲勇敢（valor）或剛毅（fortitude）。

使用財富上所表現的豪邁，稱爲大方（liberality）。

在同樣卑微情況下所表現的膽怯，根據是否受人喜歡，成爲可憐或寒酸（parsimony）。

爲了社交來往而表現的愛稱爲親切。

只爲了感官享受而對人產生的愛，稱爲自然的情欲。

回味過去的愉悅而對人產生的愛，稱爲玩味（luxury）。

只愛一人，也想對方只愛自己的愛情，稱爲愛的激情，同樣地，愛人卻害怕得不到喜愛的恐懼心理，稱爲忌妒。加害別人，使別人譴責自己的欲望稱爲報復。

想知道爲何與如何的欲望稱爲好奇心，只有人類具有這種欲望，所以人有別於動物不僅是有理性，還有好奇心。動物由對食物的欲望和受其他欲望支配，也不會探求原因。好奇心是一種心靈的欲望，因爲好學不倦而感到持續的快樂，超越了強烈但短暫的肉體歡愉。

腦中所假想，或根據公認的傳說，對不可見力量的恐懼稱爲宗教。相信沒有公認的傳說就是迷信。當想像出來的力量眞如我們所想時，則爲眞正的宗教。

不理解原因或狀況的恐懼稱爲恐慌（panic）。這種恐懼是從傳說中的牧神（Pan）所創造，眾人皆以爲別人知道而盲從，這種激情只會在烏合之眾中產生。

因理解新奇事物而產生的快樂，稱爲仰慕（admiration），只有人類獨有，因爲會激起深究原因的欲望。

因設想自己的權力而產生的快樂，稱爲沾沾自喜，這種心情所依據的如果是以往經驗，就與自信相同。但如果是根據他人奉承，或想像出來的自得其樂，如此爲虛榮（vain-glory）。有根據的自信可讓人努力，而自認有權力但其實不然，如此稱爲「虛榮」（vain）就理所當然了。

自認爲缺乏權力而產生的悲傷稱爲沮喪（grief）。

年輕人最容易產生虛榮心，自以爲有能力但其實沒有，而且受到英雄事蹟的影響助長，此種心理往往因爲年齡漸長和歷練而緩解。

突發的榮譽是造成笑這種面相的激情，這種現象要不是由於使自己高興的動作造成，便是由於發現別人的缺陷，相較之下給自己喝采而產生。最容易產生這種情況的人，是自知能力不足的人，不得不尋求他人的缺陷來滿足自己。因此嘲笑別人的缺陷是膽怯的表示。因爲偉人的行止就是幫助別人免受訕笑，並且只會見賢思齊。

反之，突發的沮喪則是引起哭的激情，此因突然失去心繫之物或力量的意外情況所造成。主要依賴外界幫助的人，如婦幼最容易發生這種情形。因此，有人是因爲失去朋友而哭泣，有人因爲朋友冷酷而哭泣，有的人因爲報復之心突然受和解所阻而哭泣。然而在以上情形下，哭笑都是突發動作，心情適應後就會消失，因爲沒有人會爲了老掉牙的笑話而笑，或爲了過往的災難而哭。

爲了能力上的缺陷而悲傷稱爲羞愧，亦即羞於見人的激情。這種情緒是由於理解到不體面的事。在年輕人身上爲喜愛名譽的象徵，值得稱道。在老年人身上則爲時已晚，於是不足稱道。

蔑視名譽稱爲厚顏。

爲他人的苦難而悲傷稱爲憐憫，這是感同身受而引起，也稱爲同情（compassion），如此，好人對壞人所遭受的災難最不憐憫，認爲自己最不會遭受此災難的人，對此也最少憐憫。

輕視或對他人的災難無動於衷，稱爲殘忍，這是由於自己的幸福已得到保障所致，而不會無緣無故對他人幸災樂禍。

因爲對手在財富、名譽或其他好事上取得成功而感到悲傷，同時又力圖增強自己能力與對方比肩或超越對方時，如此稱爲競爭（emulation）。如果全力排擠和妨礙對方時，則稱爲嫉妒（envy）。

心中對某事物的欲望、厭惡、希望與畏懼如果交替出現，做不做這件事的各種結果在腦海中盤桓，以致時而想望、時而厭惡、時而失望或害怕嘗試，那麼直到完成這件事、或覺得不可能完成此事爲止，這段期間各種欲望、厭惡、希望與畏懼的一切總和稱爲斟酌（deliberation）。

如此說來，對過去的事物就無所謂斟酌，因爲無法改變。明知不可能或認爲不可能之事也不會產生斟酌，因爲沒有用處。但認爲不可能的事存在一絲可能性，還可以斟酌。之所以稱爲斟酌，是因爲我們不再能任意按照自己的好惡來作爲或不作爲。

其他動物也有欲望、厭惡、希望與畏懼交替出現的現象，因此動物也有斟酌。

當斟酌的事物已經完成，或認爲不能完成時，任何斟酌就終止了。直到結束前，我們一直依照自身的好惡，保有做與不做的自由。

在斟酌之中，與行動或不行動連結的欲望和厭惡稱爲意志。這是意願的行爲而非能力。獸類既有斟酌，則有意志。經院派定義意志爲理性的欲望，這個定義不理想，因爲如此就沒有違背理性的自願行爲了。因爲自願的行爲是從意志產生的。如果不說他是合理的欲望，而說是從前一種斟酌中產生的欲望，那麼定義就如同我所提出的一樣。因此，意志就是斟酌中的最後一種欲望。在一般討論中，雖說某人曾經一度有志做某事但沒有做，這只能說是一種傾向，不能使任何行爲成爲自願的。那麼根據同樣的理由，過程中發生的厭惡便會使同一行爲成爲非自願的。如此同一行爲就會成爲既是自願又是非自願的性質。

由此可見，由於貪婪、野心、情欲，或對該事物的其他欲望而起的行爲固然是自願行爲，因爲厭惡或懼怕不採取行動後果而採取的行動，也是自願的行爲。

表達激情與表達思想的語言形式有部分相同，有部分不同。首先，所有的激情可以用直述句表達。如我愛、我害怕、我快樂、我斟酌、我願意、我命令等。但其中有些特有的表達方式，除非是表達原有的激情外，還有其他用法，否則這種方式就不是斷言。斟酌還用假定式語言來表達，這種表達方式的正式用法是表達假定及其結論。例如：如果做好這件事，則那件事會隨之出現。這和推理的語言沒有區別，只是推理是用一般語詞，而斟酌是用特定語詞。欲望與厭惡是用命令式語言，如做這個、不准做那個等等。如果對方勢在必行就是命令，否則即爲祈求，或是商議。虛榮、義憤、憐憫和報復是用祈求式語言。但求知的欲望卻有特殊的表達方式，稱爲疑問式，如何物？何時？如何做？爲何？等等。此外就沒有其他有關激情的語言了。因爲詛咒、發誓、辱罵等並不能像語言那般表達意義，不過是習慣使用的語言而已。

這些語言是激情自覺表達的形式，而不是特定的表徵。因爲運用者無論是否有這份激情，都可以任意使用這些語言。激情最佳呈現的表徵在於面容、身體的運動、行動，以及透過其他方式明白此人的目的或目標。

在斟酌中，欲望和厭惡是由於預見了好與壞的結果和行爲時序，其好壞效果須取決於預見一長串的結果，這種結果很少有人能看到盡頭。但就能力所及，如果結果善多於惡時，那麼結果之鏈就是外觀的善，反之惡多於善時，即爲外觀的惡。因此經由經驗和推理，最能預見結果的人最善於斟酌。如果此人願意的話，也能爲旁人提供最佳的意見。

對於心之所向的事物能持續成功，亦即持續昌盛時即稱爲福祉（felicity），意即此生的福祉。因爲心靈永恆的寧靜無法在此生取得，因爲生命本身是一種運動，必然會產生欲望、畏懼以及感覺。至於上帝賜福給虔誠的信徒，人只要理解此事便在享福了。這種快樂就如同經院派所謂的至福直觀（beatifical vision），令人無法理解。

所有關於善的語言形式，稱爲讚美（praise）。表示權力或宏偉的形式稱爲推崇（magnifying），希臘人表達別人有福的意見稱爲 μακαρισμος，我們沒有相當的詞來表示。目前關於激情的說明大致如此。

# 第七章　論述的終結和決議

論述由求知而起，在取捨中達成其目的，在論述中若遭到中斷，則在中斷的時間點自會產生論述的目的。

若論述尚未說出，只在內心想著將發生、將不發生、已發生、未發生，因此論述無論在何時中斷，必有其中以上幾種情況，這些就是意見（opinion）。於斟酌善惡之時，有交替的欲望。探求過去和未來的眞理時，則有交互的意見，思考到最終就是意志（will），對於追求眞理的最終意見則爲判斷（judgement），最後的決定就是論述的終局，欲念的進程中好惡起伏，稱爲斟酌（deliberation），意見的進程中是非交錯，稱爲懷疑（doubt）。

任何論述都無法獲得對過去或未來的絕對知識。知識的根源在於感覺（sense），之後則爲記憶，上述序列的知識則爲科學（science），可見知識並非是絕對的，而是有條件的。論述無法確定事物的現在、過去或未來的狀態，所能知的僅是如果一物存在，另一物也會存在，如果一物已經存在，則另一物也已經存在，如果一物將會存在，那麼另一物也將存在。所知的並非物與物的連續關係，而是同一事物名詞間的關係。

當論述由語言傳達，並從字詞的定義開始，然後將字詞的定義連接起來成爲肯定句，然後成爲三段論，最後得出結論，此即有條件的知識，或關於字詞因果的知識。如果論述最初沒有定義，或沒有連成三段論，其結論就只能是意見，有字詞而無意義。如果有二人同時知道一件事，則此二人互相爲最佳證人，就稱爲互相知道事實，等同於共同知道此一事實。古往今來，最惡名昭彰的惡行是違背良心說話，或是威脅別人不說實話。後來的人將良心用於人的自省，或受良心的監督。最後，還有人堅持己見，認爲自己所言的就是基於良心，好似有人反對就是違背良心一般，認定只有自己的意見是正確的，但充其量不過自以爲是而已。

人的論述若不是從字詞的定義開始，則必須由自身的意見開始，或是源自於深信某個人的言論，此等論述非關事情本身，而是關於人。因此稱爲信仰（belief）或信念（faith），信念是指人，信仰是指人與人所言的事。所以信仰有兩個意見，言論與發言人自身，信念、信任（trust）與相信（believe）其實是同一回事，都是指意見的眞實性，所謂的相信指的是眞實的意見，但希臘文、拉丁文的「我相信」一詞從未出現在《聖經》裡面，而是「我相信他」，神職人員對相信一詞的獨特使用方式引起了諸多爭議。

宗教上的相信，並非指相信某個人，而是相信教義，因信仰上帝的方式各自不同，不只基督教信仰上帝，而基督教的教義是基督教所獨信。

我們相信某一個說法，並非相信它本身的主張，或是依理性的原則，而是根據權威所言，因此我們相信《聖經》是上帝所言，並非親自聆聽上帝金言，而是信賴教會的詮釋。先知以上帝名義立說，人們信仰此說是因爲相信先知。史書所記載的皆爲如此，現在我們對史書上亞歷山大和凱撒的事蹟有所懷疑，我想即使亞歷山大和凱撒地下有知，必然不會表示意見，因爲我們懷疑的是著書的史家，例如李維（Livy）說上帝會讓牛說人話，我們不相信此說並非因爲不信上帝，而是不信李維。因此相信沒有理論根據的記載，是因爲相信記載的人。

# 第八章　論智慧的德行及缺陷

在所有事物中，德行就是以出類拔萃而受重視。如果所有人都無分軒輊，就沒有值得重視的事了。所謂智慧之德行，是為人稱道、重視，並希望自身具有的心理能力，通稱為良好的智慧。只是智慧一詞也用來指有別於他人的某一種能力。

智慧之德共分為兩類：自然的和獲得的。所謂自然的並不是與生俱來的，如此僅是感覺。在這方面，人與人間的差異很小，而且和禽獸相去不遠，不能視為德行。我所說的是不用培養、教導和專門的方法，只由習慣和經驗得來的智慧，這種自然的智慧主要有兩點：第一是想像的敏捷，亦即思想與思想的緊密連結。第二是持續地朝向既定目標。反之，想像緩慢就是一種心理缺點，稱為遲鈍或愚笨，有時則用其他意指運動緩慢的詞來表示。

這種速度之分，是由於人們不同的激情，亦即不同的愛恨而生。結果就是人的思路分道揚鑣。如此，對想像的事物也有不同看法。在思考進行中的觀察有：在哪些方面相似或不相似、有何目的與如何達到目的。如果很少人能發現這些相似處，那麼這些人就具有良好的智慧，也具有良好的想像力。在情況不易應付的情況下，能見到事物的差異來區分、辨別和判斷事物，如此就稱爲良好的判斷，尤其是在談話與辦事中，必須識別人、時、地，這種德行稱爲思慮周延（discretion）。想像如不加以判斷，就不能評爲德行，但判斷不需依賴想像，本身就值得推崇。除了良好的想像必須對人、時、地的明辨外，人們還必須經常將自己的思想應用在目標上，亦即須經常想起思想的用途。如此，具有這種德行的人就能很容易掌握到許多比喻材料，使他不但可以在議論中提出大量例證，並用新奇且適當的隱喻加以美化，因別出心裁，獨具匠心而使人樂於聆聽，甚至目眩神馳。如果不能保持恆定的目標，那麼經常幻想就會是一種瘋狂狀態。有些人不論在任何討論中，腦海中每出現一次事物便會使他們離題，說話喋喋不休且斷斷續續，以致於不知所云，瘋狂的人就屬於這種情形。在這種情形下，旁人覺得沒有新奇之處，他們卻以爲新奇，有時是一些微不足道的原因，他們卻格外重視而言語狂悖。

在詩歌佳作中，無論是史詩還是戲劇，必須兼備想像和判斷，但要特別著重在想像，十四行詩、諷刺詩也是如此，因爲這類文字講究藻飾，不應輕率而讓人嫌惡。

良史必須以判斷見長，因爲其長處在於方法，在於眞實，以及所擇事件最爲人所知，除了雕琢文字外，想像在判斷的方面無從發揮。

在稱頌或貶斥的演說中，想像占主要的地位，因爲此處的目標不是實際狀況，而是藉由高貴或卑鄙的比較以進行褒貶。判斷只能提示在何種條件下，形成可褒或可貶的行爲。

在勸告或請求中，如果在當前的情況下最需要實情，則此時最需要的是判斷，如果僞裝最有效，則需要想像。

論證、商討以及所有探求眞理的嚴肅文字中，都需要判斷來完成，只是有時要以一些恰當的比喻來使人理解，想像力也就只能在此時發揮作用，但隱喻在此時則完全派不上用場。這種文辭既然出自虛構，用在商討或推理方面就愚不可及了。

無論在何種討論中，如果思慮有明顯缺陷，那麼想像無論如何奔放恣意，都會讓人視爲是缺乏智慧的討論，當思慮眾所周知時，則想像無論如何平庸，都不致如此。

人們隱密的思想是無所不包的，無論是神聖的、褻瀆的、淫穢的、莊重的、輕佻的事，應有盡有。既沒有羞愧，也沒有譴責。由口頭宣布時，則不能超出判斷所能許可的時間、地點和人物。解剖學家或醫師可以談論或寫下他們對汙穢知識的判斷，因爲這對人有益，而非只爲了取悅人。但如果另一人在同一事上大放厥詞，任意馳騁想像，那就像是跌落汙泥之中的人去迎接貴客一樣，其中的差別只在於缺乏明辨。在放鬆的心情下與老友閒談時，一個人不妨玩弄一下字音的把戲，以及一語雙關的字詞，比較誰的想像奇特。但在布道時、在公開場合下、或在陌生人面前、或在應尊敬的人面前，玩弄字詞就顯得愚蠢，欠缺深思熟慮。因此，缺乏智慧不是缺乏想像，而是缺乏思慮。如此說來，有判斷而無想像可以稱爲智慧，但只有想像而無判斷則無法具有智慧。

當謀劃者考慮了很多事物後，如果發現如何有助於謀劃，或對何種計畫有利，而此種觀察實屬難得時，這種智慧就稱爲審慎（prudence）。這種智慧依賴大量的經驗和對相似事物的記憶。在這方面人與人間的差別，不若想像和判斷來得巨大。因爲年齡相仿的人，其經驗相差甚微，只在面對情況不同而各有盤算。擅長理家和治國並非程度不同的審慎，而是不同性質的事。正如大於、小於或等於原物的畫，並不是程度不同的藝術一樣。一個農民對自己的家務，比一個大臣對別人的家務更能深謀遠慮。

如果在審慎之外，又加上不正義或不誠實的手段，就像恐懼或貧困往往使人從事的行爲一樣，就是所謂的狡詐的邪惡智慧，此爲膽怯的象徵。因爲豪邁就是蔑視不正義或不誠實的幫助。拉丁文中的 *versutia* 就是英文的權宜之計，亦即爲了避開當下的危險或阻礙，而陷入了更大的危險或阻礙。正如搶劫他人來還債，只是使用了短視的狡詐辦法一樣，稱爲便宜行事。*versutia* 意指借高利貸來償還利息。

至於獲得的智慧，意指藉由專門的方法和教導所得的智慧，這個類別就只有推理。推理是基於正確的使用語言來產生知識，已於第五章和第六章說明。

智慧出現差異的原因在於激情，至於激情的差異，有部分原因是因爲體質不同，另外則由於教養的差別。如果這種差異是由於大腦或內外在感官的不同而來，那麼人們在視覺、聽覺和其他感官上就會和想像、明辨相同。因此智慧是從激情產生，激情不僅會因體質而異，也因習慣和教養不同而有分別。

最能引起智慧差異的激情，主要是不同程度的權力欲、財富欲、求知欲和求名欲，可以通稱爲第一種欲望，亦即權力欲，因財富、知識和榮譽只是不同種類的權力。

因此，如果人不熱衷權力，而是抱著可有可無的心態，如此雖不失爲好人且與世無爭，但卻無法有豐富的想像與判斷。因爲思想對欲望而言，如同斥侯或間諜一樣，四處打探通往目標的道路。所有心理活動的穩定和敏捷性都由此產生。沒有欲望如同死亡，激情淡薄就顯得遲鈍。對所有事物抱著無所謂和冷漠的態度，就是輕浮和精神渙散。而對所有事的激情比他人強烈即爲瘋狂。

因此，瘋狂的種類幾乎和激情的種類一樣多。過分異常的激情，係因身體器官的結構不良或受了傷害，且激情過強或過久所致。但在這兩種情形下，瘋狂都屬於同一種性質。

過強或過久而讓人瘋狂的激情，是因爲極度虛榮的驕傲與自負，或心情極度沮喪所致。

驕傲使人易怒，過度發怒就是一種瘋狂，稱爲憤怒（rage）或狂怒（fury）。因此，報復的欲望過度且成爲習慣時，就會傷及器官成爲憤怒。過度的愛情加上嫉妒也會導致憤怒，在靈感、智慧、學識以及外表等方面自視甚高的人，就容易精神渙散或輕浮，同理，加入嫉妒就會走向憤怒。此外，對眞理的意見過於執著，一旦遭到反對時，也會勃然大怒。

沮喪讓人產生莫名的恐懼，即稱爲憂鬱的瘋狂，表現方式也有種種不同，諸如常去荒野、墓地、迷信行爲以及懼怕特定事物。總之，產生奇特與反常行爲的一切激情都稱爲瘋狂。至於瘋狂的種類，只要肯下工夫，就可以列舉許多種。如果過度激情就是瘋狂，那麼毫無疑問，當激情有不好的傾向時，就是不同程度的瘋狂了。

舉例而言，在自以爲受到天啓，而且對這種看法著迷的一群人當中，這種愚行在一個人身上並不明顯，但在群聚時，許多人的狂怒就十分明顯。他們對於以往保護他們的人也能發出鼓譟，加以打擊和傷害。如果這是一群人的瘋狂狀態，那麼在個人身上亦然。因爲個人在海中雖然聽不到身旁的水聲，但卻可以肯定，形成海濤的水同樣可以怒吼。同理，在一、兩個人身上，雖感覺不出很大的騷動不安，但可以確定他們各自的激情都是組成動亂的一部分。如果他們沒有表現出瘋狂的情緒，那麼他們妄稱天啓便是明證。

對於天啓的看法通稱爲密啓精神（private spirit），經常是由於幸運地發現旁人的犯錯而來。他們由於不知道或忘記了如何得出此眞理（他們自信見到眞理，但往往並非如此），於是沾沾自喜，以爲得到上帝的眷顧，以超自然的方式向他們昭示眞理。

瘋狂不過是過分表露激情，這一點可由酒的效果推論得知，和器官失調的效果相同。因爲飲酒過量的行爲如同瘋狂，有人狂怒、狂愛與狂笑，都是依循激情而發，因爲酒解除了一切僞裝，使他們看不到自己醜陋的一面。我想清醒的人在優遊漫步時，也不願公開表現狂放浮誇的樣態，這等於承認，不受規範的激情就是瘋狂。

自古以來，關於瘋狂的原因有兩種看法：或因激情、或因善惡的鬼怪精靈造成，有人認爲鬼怪或精靈會附身人體，產生如同瘋人的舉動。所以前者爲瘋人，後者爲幽靈附體（demoniacs）的人，或邪氣發作（energumeni）的人。義大利人稱爲 pazzi，或 spiritati。

某次希臘城市阿布德拉（Abdera）上演悲劇阿德羅米達（Andromeda），有許多觀眾都發燒了，這種意外情況是由於天熱，以及悲劇的效果所共同造成。這些人只把帕修斯和阿德羅米達的名字連成長短句覆誦，直到冬天來臨時，發燒的情況才平息下來。當時的人認爲這種瘋狂狀態，是由於悲劇所造成的激情所致。還有另一個希臘城邦也發生過類似瘋狂，那次只有少女發狂，造成許多人自縊而死，當時的人以爲是妖魔作祟。然而有人懷疑是因爲心靈的激情造成他們輕生，於是向當政者獻策，將自縊者裸身示眾，據說如此就治好了當時的狂態。但另一方面，希臘人往往將瘋狂歸因於憤怒女神（Eumenides）或其他神祇。當時的人十分相信此因幻象造成，稱其爲精靈（spirits）。羅馬人與猶太人也有如是看法，因爲他們稱瘋人爲先知，或根據他們對幽靈的看法，稱瘋人爲受幽靈附身的人。有些人稱先知及幽靈附身的人爲瘋人，有些人則區分兩者。對非猶太人的異教徒而言不足爲奇，因健康與疾病，惡行與美德以及許多自然現象，他們都稱爲命運之神而禮敬有加，當時的人視命運之神爲魔鬼，有時也視瘧疾爲魔鬼，但猶太人也如此想就有些奇怪，因摩西與亞伯拉罕都不曾自稱是幽靈附身而預言，只說是得自上帝之聲，或來自於異象與夢境。在摩西的律法、道德和儀典中，亦無教導神怪之說。有人說，上帝從摩西身上取靈分給七十個長老時（民數記十一章二十五節），上帝的靈並未分割，《聖經》所謂在人身上的聖靈，所指的是傾向神性的靈。出埃及記說：「就是我用智慧的靈所充滿的，給亞倫做衣服。」（二十八章三節）意思並非體內的靈可以做衣服，而是在這方面，靈的智慧可以做衣服。當人的靈產生汙穢行爲時，就稱爲不潔之靈，其他的靈也是如此。當德與惡非比尋常時則是如此。《舊約》中的其他先知也沒有自稱神靈附身，而只說上帝以聲音、異象或夢境啓示他們。因此降聖靈不是附體，而是命令。那麼猶太人如何相信神靈附體的說法？他們缺乏探究自然原因的好奇心，並認爲幸福是卑下的肉體之樂以及引起這種快樂之物。因爲發現某人心靈的不尋常或缺陷的人，除非發現可能的原因，否則很難認爲這是自然發生的。如非自然，他們就會認爲這是超自然的，即神魔附體。以往就出現這樣的情形，當我們的救世主遭人群包圍時（馬可福音三章二十一—二十二節），他的親屬懷疑他瘋了，要拉著他，但有個文人卻說他是因爲別西卜（Beelzebub）附身，又說他是靠鬼王驅鬼，意謂由大瘋子制伏了小瘋子。還有人說：他是被鬼附著，而且瘋了（約翰福音十章二十節）。而認爲他是先知的人說：這不是鬼附身的人會說的話。因此在《舊約》中，給耶戶（Jehu）行膏禮的人雖是先知，但有人向耶戶說：「這狂妄的人見你有什麼事呢？」（列王紀下九章十一節）總之，可看出任何人行爲異常時，猶太人會認爲是善靈或惡靈附身，唯有撒都該人（Sadducees）不如此想，反而不信精靈鬼神，是接近無神論。因此，當他們不稱這種人爲幽靈附體的人，而稱爲瘋人時，會更容易激怒別人。

那麼耶穌基督爲人醫病時，爲何視他們爲鬼魂附身，而不認爲他們瘋了呢？在這方面，《聖經》只是向人宣示天國，使他們爲上帝的子民，至於世界與哲學則留待世人爭論，以增進他們的天賦理性。無論晝夜是否由地球轉動，還是太陽轉動所造成，也無論人的異常行爲是由激情或魔鬼所造成，因而使我們不敬魔鬼，以上種種對我們服從全能的主沒有分別，《聖經》就是如此。至於救世主對疾病和對人講話時，與念咒醫病的人使用一樣的詞句。不是說耶穌基督斥責過風嗎？（馬太福音八章二十六節）他豈不是還曾斥責過熱病嗎？（路加福音四章三十九節）但這並不能說明熱病是鬼上身，據說許多魔鬼還曾向基督懺悔。其實這些無須解釋，而只需要說明這些瘋人曾向他懺悔。耶穌還曾講到一個汙鬼離開人的身體，在無水之地徘徊，找不到安歇之處，就回到人的身體內，還帶了七個更凶惡的鬼進去（馬太福音十二章四十三—四十五節）。這是比喻爲棄絕情欲的人再度受情欲征服且更嚴重。《聖經》上所載，直指受魔鬼附身的人就是瘋子。

還有一種毛病也可視爲瘋狂，就是第五章曾論及的語詞濫用，當人使用個別語詞時，連結在一起看沒有什麼意義。有些人是由於誤解才使用這類語詞，有些人則有意使用晦澀的詞語來欺世，這是經院哲學家或談論哲學問題的人所使用。普通人很少會講沒有意義的話，因此卓越者以爲他們是愚人。爲了確認這些人所言毫無根據，尚需試舉幾例：不妨找幾個經院哲學家試試，是否能將三位一體、神性、基督的本質、體位轉化、自由意志等這類難題翻譯成可懂的現代語言，或是翻譯成通俗化的拉丁語。當人們讀了這些長篇累牘的文字，豈非要使自己和別人發瘋嗎？尤其是體位轉化的問題，他們在開場白後就說道：白色、圓形、量値、性質、腐朽性等無形物，從聖餐麵包中進入我們救世主的體內。如此，他們豈非要把這「性」、「値」、「質」等當成附著在耶穌聖體上的眾鬼嗎？因爲他們所謂的鬼是指沒有形體，然而又能從瞬間轉移所在之物，因此這類荒謬言詞完全可以列爲瘋狂之類。他們除了短時間內神智清醒外，受到塵世欲望支配時，就會容忍這般的討論或寫作。關於智慧的德行及缺陷就討論到此。

# 第九章　論知識的分類

知識有兩種：事實的知識與因果的知識，前一種知識是感覺與記憶，稱爲絕對的知識，法庭上的證人是屬於這類的知識，後者是科學，是有先決條件的知識，例如有一圓形，那麼通過中心點的任何直線都會將其分成兩等分，哲學家所論述的就是這類知識。

將事實的知識記錄下來就是歷史，有關於自然的歷史，不受人的意志影響，如金屬史、植物史、動物史、區域史等等。另有人文史，意即國家內部人群的自主行爲。

科學的記載是關於推理論證的書籍，稱爲哲學，所論的事物浩繁，可見下表的分類：

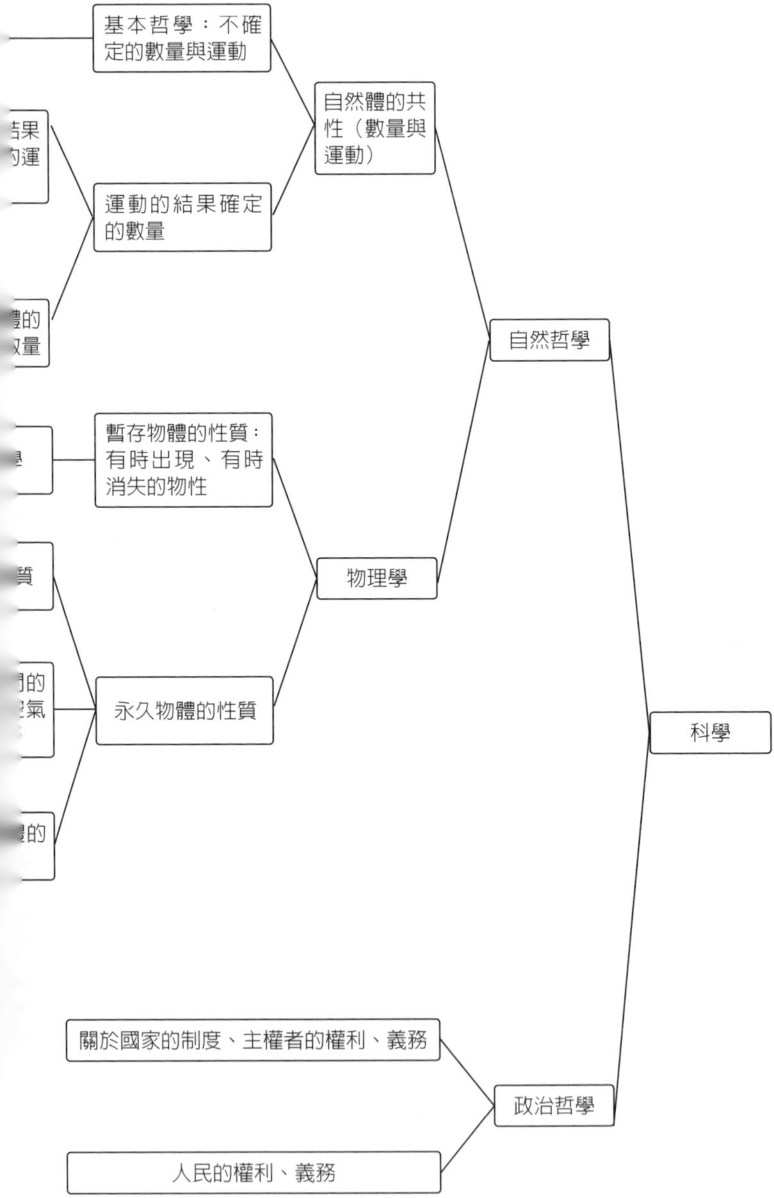
基本哲學：不確定的數量與運動
自然體的共性（數量與運動）
運動的結果確定的數量
自然哲學
暫存物體的性質：有時出現、有時消失的物性
物理學
永久物體的性質
科學
關於國家的制度、主權者的權利、義務
政治哲學
人民的權利、義務

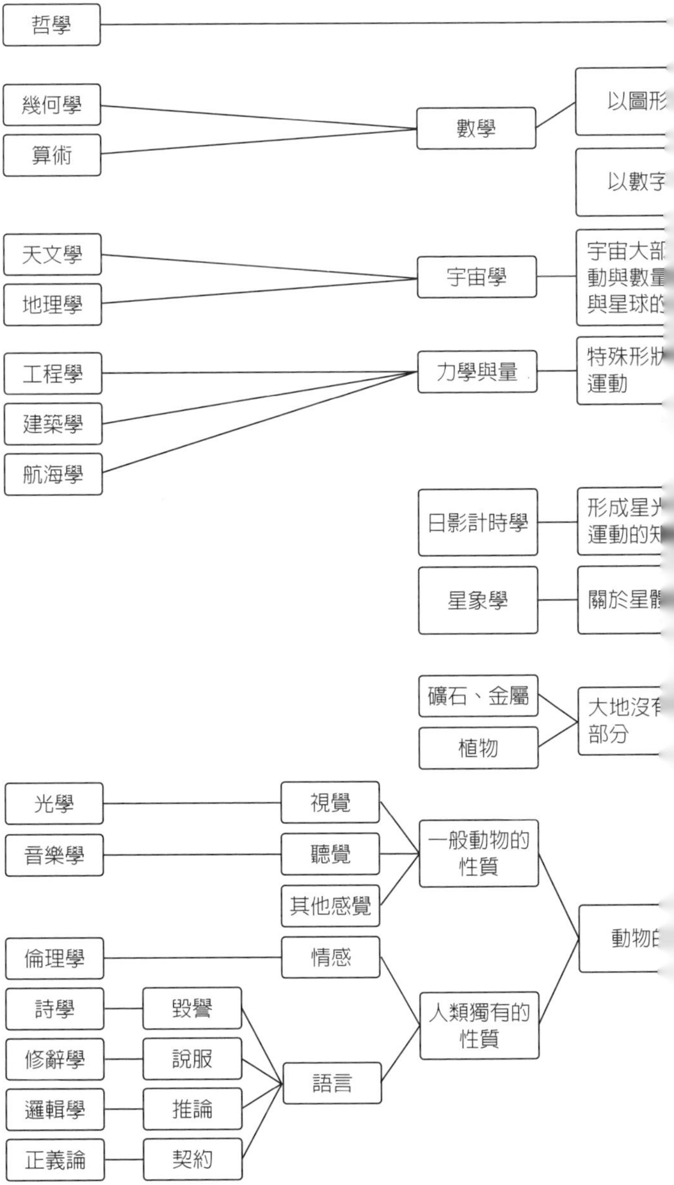
哲學
幾何學
算術
數學
以圖
以數
天文學
地理學
宇宙學
宇宙大
動與數
與星球
工程學
建築學
航海學
力學與量
特殊形
運動
日影計時學
形成星
運動的
星象學
關於星
礦石、金屬
植物
大地沒
部分
光學
音樂學
視覺
聽覺
其他感覺
一般動物的性質
動物
倫理學
情感
詩學
毀譽
修辭學
說服
邏輯學
推論
正義論
契約
語言
人類獨有的性質

# 第十章　論權力、身價、尊嚴、榮譽及身分

人的權力是指以現有之物獲得將來之益，或爲自然的，或爲手段的權力。自然的權力是指身心的卓越，如體強、挺拔、精明、精湛的技藝，能言善道、雍容大度，出身高貴等皆是。手段的權力，如財富、名譽，交友、幸運，此類權力如重物的運行，走得愈遠，速度愈快。

人類最大的力量爲人群互相團結，聽從一人或一機關的指揮，如國家。一黨一派的同盟的力量甚鉅，僕從和朋友都需要權力，使力量能結合。

有財富而布施就是權力，因爲可以獲得朋友和僕從。有財富而不好施則不得人助，且會招人嫉妒，引人偷盜。

以力量聞名就是權力，會讓人前來尋求保護。

舉國愛戴的聲譽也是如此，理由同上。

使人受到許多人愛戴或畏懼的特質都是權勢，因爲這是獲得許多人幫助或服務的方

式。

成功是權力，因爲造就了財富與幸運的名聲，使人對他恐懼或依賴。

掌權者和藹可親可增加權力，如此會受人愛戴。

在平時或戰時處事愼重的人會掌握權力，因爲我們會把事務交給謹愼的人處理。

高貴的出身掌握權力，但非適用在所有地方，而是在出身有特權的地方，此特權掌握了權力。

雄辯掌握權力，因爲他貌似謹愼。

儀容是權力，因爲它許以善，使婦人和外人喜愛。

知識是微小的權力，在任何人身上都不顯著，除了少數人外，連小權力都算不上，即使在這些人身上也只占少數。因爲知識的本質是除了少數造詣極深的人外，極少人能明瞭。

公共事業的技藝，如修築城堡、製造兵器，和其他戰爭武器的技藝，由於對國防與戰勝有幫助，便是權力。雖然都來自於數學，由於需要藉由工匠之手才能問世，於是世人便將助產士當成產婦了，以爲都是由工匠產生，其實是源自數學。

人的價值或身價就如同物品，以價格表示。使用多少力量就付多少，因此，身價並非絕對，取決於他的評價和需要。擅於帶兵者在戰時身價水漲船高，在平時則乏人問津，無用武之地。學識淵博，奉公清廉的法官在平時身價不凡，戰時則無人聞問。決定身價的是買方而不是賣方。即使標榜自己的身價，最終還是由旁人的評價來決定。

互相評價對方稱爲尊重或輕視，高度評價一個人就是尊重，低度評價則是輕視，所謂高低是以旁人對自己的評價來理解。

一個人在公眾的身分也就是國家賦予此人的身價，通稱爲地位（dignity）。藉由發號施令、裁定訴訟、公共職務，或是稱號或名義來區分地位。

求助某人就是尊重他，係因認定他有幫助人的力量，愈困難的事愈能彰顯尊榮。服從即尊重，如果認爲別人沒有力量幫助或傷害自己，就不會服從他。因此，不服從就是輕視。

餽贈厚禮就是尊重，爲了買下保護，承認他的權力。贈與薄禮就是輕視，不過略施小惠，代表只需要一點幫助而已。

盡心爲人謀福利就是尊重，阿諛奉承也是如此，因爲這表示我們尋求其保障或幫助，反之則是輕視。

在有價值事務上對人退讓是尊重，這表示承認對方的權力高過自己，反之擅自取用則表示輕視。

對人表示愛或畏懼是尊重之意，因爲只有愛和恐懼值得重視，否則就是輕視，因爲這表示給予低度評價。

頌揚、推崇、或稱人幸福都是尊重，因爲只有善、權力和幸福值得重視，反之，辱罵、嘲笑或憐憫則是輕視之意。

以尊重的態度說話，或對人謙恭有禮就是尊重，因爲這表示唯恐冒犯別人。反之，粗言相向，以猥褻、魯莽或無禮冒失的方式行事就是輕視。

相信、信任或信賴他人就是尊重，這表示重視他人德行與權力，反之，不相信和不信任則是輕視。

傾聽對方的建議或言論就是尊重，這表示我們認爲對方有卓見、口才或聰明才智，反之，打瞌睡、逃避或胡言亂語就是輕視。

爲別人做他視爲在法律和習慣上尊敬的事，這代表尊重。因爲尊重眾人尊重的事，就是承認眾人所認可的權力，反之則爲輕視。

同意別人的意見就是尊重，因爲這表示我們贊同別人的判斷和灼見，反之，不同意就是輕視，即責難他人的錯誤。如果不同意的事很多，即爲責難其愚昧。

仿效就是尊重，表示贊同之意。反之，仿效某人的仇敵就是輕視此人。

尊重別人所尊重的人，就是尊重他本人，這表示我們尊重其判斷，反之，尊重他的仇敵就是輕視。

和別人商量或請人解決困難就是尊重，這表示我們尊重他的灼見或其他權力。如果拒絕別人要求幫助則是輕視。

所有尊重方式都是天生的，在國內外皆然。但在最高權力者可以決定尊重事項的國家中，就會有其他尊榮的方式。

君主會以自己的稱號、職位、任用或行爲，賜予臣民尊榮。

波斯國王對莫德凱（Mordecai）表示尊榮，令他著王服，騎御馬，戴王冠，由王子前導開路遊街，沿路宣告：「國王如此對待喜愛尊榮的人。」但另一位波斯國王遇到一位因功請求穿王服的人，准許後卻說：「他是穿王服的弄臣。」含有貶義。因此世俗的榮寵來自國家人格，取決於君主的意志，因而是塵世的，稱爲世俗尊榮，如官職、爵位、封號以及盾飾和華服，人們把這類尊榮事物認爲是國家尊榮而禮敬有加，這類尊榮稱爲權力。

所有能成爲權力象徵和證明之物品、行爲和特性皆令人尊重。

因此，受許多人尊敬、愛戴或畏懼就是令人尊重的人，代表了其權力。少數人或無人尊敬便是不受尊重的人。

統治地位和勝利令人尊重，係因以權力取得。迫不得已、或因畏懼而接受的奴役地位則讓人輕視。

幸運如果能持久會讓人尊重，表示受上天眷顧。厄運和損失則讓人輕視。財富讓人尊重，代表著權力，反之貧窮則讓人輕賤。慷慨、大方、希望、勇敢、自信都讓人尊重，因爲都來自權力的意識。膽怯、吝嗇、畏懼和缺乏自信則讓人輕視。

果決讓人尊重，代表無視微小的困難和危險，猶豫不決則讓人輕視，表示只看重蠅頭小利，因爲在有限時間內無法決斷時，表示利害的差別微不足道，此時是拘泥小節，則爲膽怯。

來自於豐富經驗、學識、明辨或智慧的言行都令人尊重，以上都是權力。出自錯誤、無知或愚昧的言行則讓人輕視。

如果是內心所思而發的沉著，會讓人尊重，因有所用心是權力的象徵，如果是故作沉著則使人輕視，因前一種沉著有如滿載貨物的寶船，後一種沉著猶如砂石壓艙的破船。

由於財富、職位、偉大的行爲和傑出的善行而聞名，則令人尊重，因爲這是權力的表現，反之，沒沒無聞則讓人輕視。

出身望族讓人尊重，容易獲先人庇蔭和世交，反之，出身寒門讓人輕視。

因主持公道而蒙受損失的行爲讓人尊重，此爲高尙（magnanimity），爲權力的象徵。反之，狡詐、矇騙、不義則讓人輕視。

垂涎巨富和熱衷名聲讓人尊敬，這是獲得權力的象徵。貪小便宜與追求小幅升遷則讓人鄙視。

只要是偉大艱鉅的行爲，成爲宏大權力的象徵時就會讓人尊重，正義與否不足以改變尊重，因爲尊重在於是否有權力。因此，古代異教徒在詩中描述眾神的淫穢、偷盜等不義行爲時，是以敬神之心加以歌頌。於是朱庇特（Jupiter）以姦淫私通聞名，莫丘瑞（Mercury）以詐欺偷盜爲人所知，荷馬歌頌他早上出生，中午發明音樂，晚上從阿波羅的牧人處偷走牛羊。

在大國形成前，人們並不認爲海盜和強盜行爲是不名譽的，反之認爲是正當職業，不僅希臘人如此、其他民族皆然，古史可鑑。現今的國家，私人決鬥雖不合法，卻是榮譽的。除非規定拒絕決鬥的人是光榮的，且挑起決鬥的人是可恥的，否則會永遠如此。因爲多數情況下，決鬥讓人覺得是勇敢的行爲，來自力量和武藝，都是權力。當然決鬥在實際上多半是由於出言不遜，或害怕丟臉所造成。因爲無法控制衝動，終究進行決鬥，以免有失顏面。

世襲的盾飾和紋章，在可以彰顯特權之處會使人尊重，反之則否。因爲權力在於這些特權、財富或在其他身上同樣受到尊重之物，稱爲門第（gentry）。來自古日耳曼人，因爲只有日耳曼人講究門第。古代希臘將領赴戰場時，會根據喜好在盾牌上刻花紋，如果沒有花紋就代表貧窮和一般士兵的地位，此類盾牌不世襲。羅馬人的家徽是世襲的，是祖先的形像而非紋章。亞洲、非洲和美洲的民族則沒有出現過此類風俗，只有日耳曼人才有。英國、法國、西班牙、義大利等地，則是在幫助羅馬人或自己去征服這些地方時繼受而來。

因爲古代的日耳曼地區是由無數的小領主和宗族割據，彼此征戰不已。這些領主或族長爲了在披上甲冑時，能讓士卒認出，還有部分原因是爲了裝飾，不僅在甲冑、盾牌和戰袍上畫上野獸等圖形，同時在頭盔上加上顯著的標誌。這些裝飾是傳給子孫嫡長，庶幼的裝飾則略加變化，由族長決定。而這樣的家族聯合爲一個王國時，族長區分盾飾紋章的職責就成了非官方的獨立執掌。這些領主的後裔就成了豪門貴族。多數以猛獸爲標記，或是城堡、城垛、帶綬、武器、柵欄和其他象徵戰爭的標記，因爲當時以武德爲尚。後來不僅是國王，連民主國家也對凱旋者頒發各種盾飾紋章作爲褒揚。

公爵、伯爵、侯爵、男爵等封號讓人尊崇，這表示主權所賦予的身價。這些封號在古代都是職位和管轄權的名稱。或來自羅馬人，或從日耳曼人與法國人而來。公爵的拉丁文是*duces*，原指戰爭中的將軍，伯爵則是*comites*，原指伴隨將軍出征，留下來治理和戍守征服地區的人，侯爵爲*marchiones*，原指管轄帝國邊疆的伯爵，這些稱號大約在君士坦丁大帝時傳入羅馬帝國，從日耳曼民兵處獲得。至於男爵（baron）似乎是高盧人封號，原指大人，如國王或王子在戰爭中隨身的人，這個字的來源似乎是從拉丁文士兵一詞（*vir*）變成*ber*或*bar*（在高盧文中和拉丁文的士兵相同），再從*ber*或*bar*變爲*bero*或*baro*，所以稱爲*berons*，後來改爲*barons*，西班牙人則稱爲*varons*。經過一段時間後，這些尊榮的職位由於戰亂而成爲虛銜，後來用以區別臣民的地位，這些封號沒有領地和實權，後來陸續增添其他封號。

資格既然和身價有所不同，也和功績和賞罰有別，取決於人的特殊能力，稱爲勝任或才能。

最有資格爲將帥、法官等職務的人，是最具資格和特質能執行這些職務的人。最有資格當富翁的人，就是最能善用財富的人。缺乏這種特質的人，仍有資格在其他事物上顯示價値。同時，有資格取得財富、職位，但不能要求比他人優先取得，也就不能稱爲應得，因爲應當就預設了一種權利，由於允諾而獲得，此點在論述契約時再詳談。

# 第十一章　論舉止的差異

這裡所談的舉止不是行爲端正有禮，如怎樣行禮，如何在人前漱口、剔牙等枝微末節，而是指在團結和平中共同生活的人類素質。爲此，必須了解此生的幸福並非心滿意足而不思長進，而是傳統道德哲學家所主張的終極目的與至善根本不存在。欲望停止的人，與感覺與印象停頓的人同樣無法繼續生活。幸福就是不斷追求目標的欲望，達成前一個目標是爲了下一個目標做準備。因爲人類的欲望沒有止境，需要留在前往欲望的道路上。因此，所有人的自願行爲不僅是求滿意的生活，而且要維持這種生活，只是方式不同，部分是人的情感不同，另外是對產生欲望的原因有不同的想法。

因此，全人類首先共同的傾向是得隴望蜀，永無止境且至死方休的權力欲。原因並非總是人類希望獲得更大的快樂，或不滿足於一般的權勢，而是不進則退，如不思進取，則連現況也保不住。因此，至高無上的君王就必須在國內立法，與外國作戰來保住權勢。達成後又有新的欲望。有些人致力開疆闢土，有些人耽溺安逸和肉體之樂，有些人希望在藝術或智慧上出類拔萃而受人稱頌。

財富、榮譽、統治權和其他權力使人互相競爭、敵對和戰爭，因爲競爭者達成欲望的方式就是殺害、征服、排擠和驅逐他人，尤其是爲了榮譽的競爭，使人厚古薄今，因爲人不與死者競爭，才會厚古薄今，給前人過譽的尊榮，讓生者的榮耀相形失色。

追求安逸和肉體之樂使人願意服從一個共同權力，如此使人放棄用自身努力才能獲得的保障。畏懼死傷也是如此，理由相同。反之，貧困、耐勞、渴望兵權的人的人則不滿現狀，因而傾向戰爭。因爲有戰爭才有戰功，一旦失敗，也需透過戰爭才能捲土重來。

在承平時代，致力追求知識和藝術創作也使人傾向服從一個共同權力，因追求閒暇，也就使人需要權力來保障自己。

爲了追求讚譽，人會去稱讚所敬重之人，是爲了借重其金玉良言。反之，也就不看重所輕視的人，愛惜身後之評價也是如此。在死後，塵世的榮譽和天堂之樂相比，實微不足道，或是在地獄的痛苦中灰飛煙滅般沒有意義。但這種榮譽並非虛設，因爲人們渴求榮譽並庇蔭後代，光是想像就使人寬慰。

從同等地位的人獲得難以回報的恩惠，表面上使人假意熱絡奉承，實則懷恨在心。好比使此人處在欠債絕望的狀況，由於不願見到債主，暗地裡希望他不會再出現。因爲恩惠是枷鎖，無法回報的恩惠就是永恆的枷鎖，這會令同等地位的人懷恨。但若是從長輩受惠，則使人由衷敬愛，此時恩惠是一種尊榮，以致於認爲是回報。恩惠雖來自同輩或地位較低的人，只要有希望回報就會使人心懷敬愛，因爲這在受惠者心中是互助，就成爲在施惠上的競爭，此爲最可貴和有益的競爭，使勝利者發自內心的歡喜，回報對方則是讓他心服口服。

自知傷害別人，不能也不肯賠償，則加害人將更痛恨受害人，因他會料到受害人不是仇視便是原諒加害人，而仇視和原諒對加害人而言都是可恨之事。

恐懼受到侵害，將使人先發制人，或尋求團結，如此皆是保全性命與自由的方式。

人若知道才智不如人，則在騷動叛亂時會比自以爲聰明的人更能取勝。聰明人會先坐而言，而讓平庸者在騷亂時取得先機。

虛榮無能者會自我炫耀但沒有作爲，一旦遇到困難將原形畢露。

虛榮心強，或因他人的阿諛而沾沾自喜，或僥倖有成但問心有愧者，則成敗會非常迅速，一旦遇到危難就會不顧聲名，先保全自身。他們知道先周全自己，就算有損聲名，還可藉故掩飾。

對於政治見解有自信的人，則必意在仕途，因爲不在其位則無法彰顯其知識，所以雄辯家往往是野心者，而雄辯公認爲是知識的象徵。

膽怯的人往往猶豫不決而錯失良機，只有思慮而沒有付諸行動，思索最好的方法，但又無法得出最佳解法，因此懸而未決，如此錯失時機、虛度光陰，成爲膽怯的人。

節儉是窮人的美德，然而節儉無法聚眾來成就大事，因爲需要獎賞才能聚集民氣成事。

能言善道又八面玲瓏的人容易得到信任，因爲雄辯看似聰明，面面俱到看似仁慈，如此人擅於用兵，則民心容易歸附。同時具備才智和仁慈，會讓人卸除心防，擅於用兵則能使眾人保持警覺，抵禦外侮。

缺乏科學知識以及不知因果關係的人，不得不依賴別人，如果人不能自立自強，就不得不向比自己聰明的人求教。

不知文字含意者想要求教他人，無論是否正確，必然會相信他人所言，因爲此人沒有能力分辨是非。

接上述，人對同一物有不同情懷，會給予不同名稱，贊成的稱爲意見，反對的稱爲異端邪說，都是指同一件事，只是反映喜好。

同樣的，不學無術的人無法分辨眾人的同一個行爲，或眾人的許多行爲，因此羅馬元老院誅殺卡提林（Cataline）是一個行爲，刺殺凱撒則是包含元老院和人民在內的多個行爲，此例說明煽動者在暗中操縱群眾，會讓人以爲是民意所向。

不知權利、義務、正義、法律之由來的人，則必將從俗依循先例行爲。以爲受罰的人是不義的，獲賞的人是正義的，律師援引先例就是如此。猶如兒童不知善惡，會遵從父母師長的教誨。所不同的是兒童會持續遵從，成人則否。成人會視情況，對自己有利則選擇從俗，對自己不利則編織理由。因此是非之爭，或以文字，或以武鬥，只有像幾何學一樣，和利害不相關就沒有爭議。如果連三角形三角之和等於兩直角的定理，都有人質疑對國家不利，那幾何學的書都可以燒了。

人不能發現事物的遠因，只能以視線所及的爲原因。爲徵稅所苦者，往往會攻擊稅吏，一發不可收拾，爲免受刑就鋌而走險，走向叛變一途。

對事物不明所以，連不可能的事物都容易輕信，輕信的人想要讓人相信自己所言，則會編造更多誑言。因而駑鈍的人雖無惡意，卻輕信並散布、甚至捏造誑言。

因憂思未來而尋求事物原理，明瞭原理則能規劃及展現自我優勢。

好奇心或樂於求知會使人去探求因果，抽絲剝繭直至最終原因——即上帝。故探求事物原理終究會溯及永恆之上帝，但人無法得知上帝的本質。譬如天生眼盲的人，聽聞人談論火，才知道火是熱感的原因，但無法如明眼人能認知火的意象。人見世間萬物井然有序，才知道有上帝造物，但無法產生上帝的概念和形像。

即使不探求事物，也能發覺世間有力量能賜福降禍，也相信可以祈求無形的權力，如達成心願則表示酬謝，將這股力量想像為神。人有不同想像，就產生了不同神明的形像。對不可見的力量敬畏有加，而使宗教的種子萌芽，稱為宗教，因恐懼這股力量而產生迷信。

因宗教的種子，使人將所見所聞作為養分，灌注並形塑成法律。進而陸續增補意見，藉由法律來統治他人，使自身權力能有最佳的發揮。

# 第十二章　論宗教

我們沒有理由認爲只有人類有宗教，但宗教是除了人類以外，其他生物所沒有的特性。

首先，探求事物原因是人類特有的天性，程度或有不同，但足以讓他去探究自身的好運或厄運。

其次，當人看到事物有起始時，就會想到事物必有一個決定起始的原因。獸類幾乎沒有預見未來的能力，對所見所聞的順序、後果和關聯缺乏觀察與記憶。因此除了享受飲食、安逸和肉欲之樂外，別無其他幸福可言。人類卻能觀察到事件如何產生，得出前因後果。因爲好運或厄運是無形的，當人對事物的原因沒有把握時，就會依據自己的想像，或是仰賴權威來推知原因。

上述兩項原因使人焦慮，因爲人既然相信過往和將來出現的事必有原因，所以想探究原因，以避免災禍。得到幸福的人害怕失去幸福，就會擔心未來。於是人會處在類似普羅米修斯的狀態中，釘在高加索山上，白天受老鷹啄食肝臟，夜晚又長出來，周而復始。一個關注未來、深謀遠慮的人終日受死亡、貧困，和其他災難的恐懼所苦，除了睡夢之外，總是憂心忡忡，坐立難安。

這種經常存在的恐懼，在不知原因的情況下，如同黑暗常伴人類左右，必然以某種事物為對象。因此，當我們看不見任何一物時，無法找出禍福之因，只能歸於某種不可見的力量。也許在這個意義下，有位詩人說：神最初由人類的恐懼所創造。這是指異教徒的眾神，但永存、無限和全能的上帝讓人更想探知自然的原因，及明瞭不同性質的欲望，而較不會陷入未知的恐懼中。因為人如果見到結果，就會往前推論發生的原因，以致陷入不斷的探求，最後得出一個連異教徒哲學家都會承認的結論：認為世界必有最初的推動者。亦即有一個萬物初始和永恆的原因，此即上帝此一名稱的意義。這不會讓人聯想到自己的命運，對命運的關注會使人恐懼，阻礙人追問其他事物的原因，如此有多少人假想，就會產生多少神明。

對於想像出來的無形力量，人們只能由自然思維得出此與人的靈魂相關，人將睡夢之中，與清醒後在鏡中所顯現的影像皆視為眞實的形體，於是稱之為鬼神，認為是精靈，亦即虛無飄渺之物。他們認為這種不可見的力量，形體和自己相似，且可以任意出現或消失。不過人並非生來就有這種想法，因爲人雖然可以將精靈和無形等詞放在一起，卻無法想像可以對應之物。因此玄想出一個全知全能上帝的人，只好承認上帝是不可思議、超乎自己的理解，而不用無形的精靈來表示，如此，他們等同承認自己的定義是不可理解的。即使他們給予上帝無形的靈這一名稱，也不是由於教義。爲了使人理解神的性質，而是虔誠的、不使用形體來尊崇神明。

關於人們認爲這些無形力量如何作用的問題，亦即如何產生事物的問題，不知道起因的人都無法加以推測，而只能觀察並記憶出現過的現象和經驗，而完全無法得知前因後果。因此就根據以往經驗，預期未來會出現類似的事物，並以迷信的方式，根據與禍福無關的事物來期盼好運。雅典人把自己的命運歸因於旁觀者，歸因於地點是否吉利，以及咒語，相信有一種魔力可以使石頭變麵包，再變爲人，或是任意變換事物。

人對於不可見的力量的敬拜方式，也是對人表示尊敬的方式，如獻祭，祈求，謝恩、獻身、祝禱、肅靜、宣讀祭文、宣誓等等。或是爲了找出更多的儀式，而請教比自己高明的人。

最後，關於這些不可見力量如何昭示未來將發生的事，尤其是禍福成敗，人們無從得知，只能依據經驗來推測未來，於是很容易將發生一兩次的事物當成徵兆，且輕信某些人類似的預言。

以下四個方面就是宗教的自然原因：一、對鬼的看法；二、對第二因的無知；三、崇拜所畏懼的事物；四、將偶發事件當成預兆。對於不同人有不同想像、判斷和激情，形成各式各樣的儀式，以致認爲別人的儀式荒謬可笑。

有兩種人在培育這些宗教種子，第一種人依自己的創見加以整理，第二種人則依據上帝的命令和指示，但這兩種人的目的都要使信眾更服從、守法、和平共處、合群互愛。

至於宗教對不可見力量的看法，只要是有名稱的事物，異教徒都曾視爲神鬼，或是詩人曾假想有精靈依附其中。

宇宙未成形的物質是一種名爲渾沌的神。

天空、大海、星辰、火、土、風等皆爲神祇。

男人、女人、鳥、鱷魚、小牛、狗、蛇、蔥、韭菜等都被奉爲神，此外，他們認爲各地充滿神靈，稱爲魔鬼，平原有林神潘（Pan, Panises）和羊人（Satyrs），森林有鹿（Fawns）和精靈（Nymphs），海裡有特里頓（Tritons），河流有水神和妖怪，家裡有家神，每個人有守護神，地獄有眾鬼和冥官卡隆（Charon），地獄犬（Cerberus），和復仇女神，夜間成充滿冤魂怨鬼和群妖。此外，對於抽象事物也賦予神性，建廟祭祀，諸如畫夜、和平、愛情、競爭、美德、榮譽、健康、遲鈍、熱病等。當人祈求這些事物時，就有相對應的神可以祈求賜福除災，他們還以謬思（Muses）之名祈求智慧，以福氣（Fortune）爲自己的無知祈禱，以邱比特爲自己的欲望祈禱，以佛里斯（Furies）之名爲憤怒祈禱，以普萊雅普斯（Priapus）之名爲生殖器祈禱，並將汙穢之氣歸於邪魔因庫比（Incubi）和蘇庫巴（Succubae）。舉凡詩人所提及，都是人格化的神鬼。

第二個基礎是人們對原因的愚昧無知，以及將幸運歸因於完全不相關的原因，於是利用其愚昧提出第二級掌職之神，他們將受胎歸因於維納斯，藝術歸於阿波羅，陰險狡詐歸因墨丘里，風暴歸於歐魯斯（Aeolus），凡此種種。以致於在異教徒中，每種事物都有對應的神。

除了人們自然認爲適用於神的奉祀方式，如獻祭、祈禱、謝神、以及前面所舉各項，這些異教徒的立法者又加上繪畫與雕刻的神像，以便使愚民認爲神就在神像之中，使他們更加敬畏。此外還爲這些神像分地建廟，設官祀奉，將洞穴、園林、森林、山岳、甚至整座島嶼奉獻給神。他們不僅以人、獸、妖魔賦予這些神形像，還賦予其感覺、語言、性、欲望、生育等和人一樣的官能激情，這種生育不只是神，而且有神與人的後代，這些半人半神也住在天上，如酒神巴庫斯，大力神赫丘力斯等。此外，還賦予他們和人一樣的感情，憤怒、報復，以及欺詐、竊盜、通姦等和權勢與享樂有關且違法的種種惡行。

最後，未來的徵兆是根據過去的經驗的猜測，或是神的啓示。這些異教徒的創教者或自稱經驗，或自稱得到神啓，以及添加種種迷信的占卜。他們有時要讓人相信，人的命運要從神廟中模稜兩可或晦澀難解的神諭中尋求解答。這些解答可任意詮釋，從哪方面都說得通。此外，人們也受到神廟中故作神祕的煙霧擺布，此番情境顯得荒唐可笑。有時又讓人從西貝爾（Sybils）的預言書中尋找，有時又讓人從神靈附體者的話語中尋找，稱之爲神諭或預言。或從占星術，或從巫術、或從鳥占、或從面相、手相中尋找，其實這些不過是欺騙而已，利用人的無知和恐懼心態，以溫和的手段來欺騙。

因此，那些使人民服從並和平相處的外國立國者都應注意，首先要使人民認爲宗教信念是神靈的指示，並非立法者的發明，或是讓人民相信自己不是凡人，使法律更易爲人接受。因此，羅馬王政時代的君主努瑪（Numa）自稱從水神（Egeria）得到法律。祕魯開國君主自稱爲太陽的子女，穆罕默德自稱可以和化身成鴿子的神靈交談。其次，他們使人相信，法律所禁止的事就是神意。第三，他們還規定儀式、祈禱、祭祀與節日可平息神怒。並使人相信戰爭失敗、大瘟疫、地震以及個人的災難都是因爲觸怒神明，由於敬拜不夠殷勤或儀式不周到所引起。古羅馬雖然不禁止否認詩人對來世苦樂的說法，也沒有當權者會公開嘲笑這種說法，這般信仰總是會得到重視。

藉由此等或彼等制度，他們爲了國家安寧，讓平民百姓在遭受不幸時，可以歸咎於祭儀有失，或自身不從法律，就不傾向反抗統治者，再加上節日的儀式和娛樂，以及敬神時舉行的公共競技，於是只要讓人民衣食無缺，就可以免除人民的不滿、抱怨和叛亂。因此，除非他們違抗世俗政權，征服了已知大多數土地的羅馬人，毫不猶豫地對任何宗教採取寬容態度。同時，史冊所載，除了猶太教以外，沒有其他宗教遭到禁止。因爲猶太人認爲服從任何世俗的君主都不合法。由此可見，異教徒的宗教如何成爲政策的一部分了。

上帝以超自然的神啓建立宗教，也建立了一個特殊的王國。上帝不但爲人神之間的行爲建立了法度，也爲人與人之間的行爲立下了法度。因此，在上帝國度中，世俗的政策和法律皆爲宗教的一部分，於是便無世俗和宗教的區別。誠然，上帝是世界之王，也是特殊國度之王，如同統帥指揮全軍和指揮自己專屬的軍團一樣並不矛盾。上帝成爲世界之王是依權力而來，但成爲選民之王則是依據契約而來。關於上帝的自然國度和契約國度將在以下專章討論（第三十五章）。

我們不難理解宗教最初散布的原因，是關於神力與超自然力的看法，這始終是人性的一部分，且將由名人去發揚出新的宗教。

已知的宗教是根據對某一人的信仰而成立，信徒不但相信此人不辭辛勞的爲他們謀福利，並且相信此人是上帝的使者，以超自然的方式來傳達神意。因此，可推知當掌教人的能力和道德受到質疑，或無法彰顯神意時，所傳布的宗教本身也會受到質疑，如沒有武力維持，就會遭到拋棄。

散布自相矛盾之說，將使傳教者失去智慧的聲譽，顯得自己愚昧無知，無法取信於人。即便可以顯示天啓，但違抗天賦理性將遭到棄絕。

要求別人相信自己都不相信的事，這樣的人會失去誠信的聲名，這些是可恥的言行，因這是會使人在宗教之路上的絆腳石，諸如不公、殘暴、瀆神、貪婪和奢侈皆屬此類，如果有人經常如此，還有誰會相信此人呢？

暴露私人目的使他們失去仁愛之名，當信仰成爲促成私人統治權、名利或逸樂時，情形就是如此，爲自己取得利益的事絕非爲了愛別人而爲。

最後，人們能證明神意的只有奇蹟、眞正的預言（有時也稱奇蹟）、或超凡的福氣。因此，從發生過奇蹟的人身上接收的教義，如不能以奇蹟證明爲上帝的旨意，除了已有的舊慣與法律之外，將無法得到人們的信服。如同證明自然現象，需要理性判斷才能讓人相信一樣，要使人相信超自然現象就需要發生奇蹟方可。

削弱信仰的原因可見以下事例，首先是以色列人的例子，摩西是以奇蹟以及爲他們逢凶化吉，並引導他們出埃及，向他們證明自己所受的天命。但當摩西離開四十天後，他們就背叛摩西所帶來對眞神的信仰，並立小金牛爲神（出埃及記三十二章一—四節），如此和埃及一樣的墮落到偶像崇拜中。此外，當摩西、亞倫、約書亞以及曾在以色列目睹上帝神蹟的那一代人逝去後（士師記二章十一節），會有下一代人興起，敬奉巴力（Baal）[1]，自此奇蹟與信仰告終。

此外，撒母耳在別是巴（Bersabee）立其子爲士師（Judg）[2]後，他們收賄並判決不公，於是以色列人請求撒母耳，像其他國家一樣立一個王來統治，此即正義滅則信仰絕，以致他們不要上帝來統治。

當基督教傳入羅馬帝國時，各國的預言絕跡，而在使徒和福音書的傳布下，基督教人數與時俱增，這個成就有大半歸因於異教徒僧侶的貪汙欺詐，遭到人民的唾棄而來。羅馬天主教的教會在英國和許多地方遭廢除，部分原因也是如此，因教士的失德讓人民信

[1] 腓尼基人傳統信奉的主神。

[2] 以色列人在西元前一三九〇—一〇五〇年間的政教領袖。

仰動搖。另一部分原因是經院學者將亞里斯多德哲學滲入宗教，產生了諸多矛盾和不合理之處，爲教士帶來愚昧和詐欺的惡名，並使人民違抗國王的意志來對抗他們，如法國與荷蘭；或在國王的同意下對抗他們，如英國。

最後，羅馬天主教會宣布得救必備的條件中，其中有許多顯然是爲了教皇的利益、與基督教王國內眾教徒的利益，如果不是各國互相競爭，他們本可以像英國一樣輕鬆地排除外來勢力，沒有變亂與干戈。羅馬教會要讓人相信，沒有主教加冕的國王，權力就不是來自基督；國王如果是教士就不能結婚，王子的婚姻合法與否要由教廷判定；教廷判定國王爲異教徒，臣民就能解除效忠的義務；教皇可任意廢黜國王，並將王國交給指定臣民，如同扎加利教皇（Pope Zachary）對法國國王席德利（Childeric）所爲；國王不能審判教士和修士的刑案；以上種種是爲了何人的利益已昭然若揭。收取彌撒費、煉獄費，是進了何人的腰包？如果對世俗官員和風俗習慣的支持不如對教士的評價，那麼將足以扼殺最富生命力的信仰。因而世俗宗教的興衰只有一個原因，即令人生厭的教士們，不僅天主教如此，連主張宗教改革的教會亦然。

# 第十三章　以幸福與苦難論人類的自然狀態

自然使人在身心各方面上約略相等，有時某人的體力比其他人強，或是天資較人聰穎，但加總起來，人與人之間相差甚微，不能要求別人不能同享利益。體力上弱小的人可以用智謀、或和別人聯手除掉體力強健的人。

至於智力上的差別更小，除了科學上的技能。但了解科學的人少，涵蓋的範圍小，也不屬於天生的能力，很難無師自通。由此可知人與人之間在這方面更加平等，因爲審慎就是一種經驗，同樣的時間使人獲得同樣的事物。人自以爲比別人聰明，實際上只是自以爲是的假設，除了少數佩服的人以外，以爲其他人都不如自己。因爲人性如此，不論多少人比自己機靈、比自己能言善道、比自己有學問、卻不以爲有人比自己聰明。因爲人可以隨時了解自己的才智，卻只能遠處觀察別人的智慧，如此證明人在這一點上是平等的。因爲人在分配時，會對自己分配到更多而心滿意足。

因能力相等，也就希望達到相同的目的，因此，任兩人想要一物，卻不能同時得到時，就會互相敵對，他們的目的是自我保全，有時只是爲了自我安樂，在追求目的的過程中，彼此都試圖摧毀或征服對方。因此在人群中取得有利的地位，其他人就會聯合起來剝奪其所有，甚至是生命或自由，而侵犯者也將面臨如此險境。

由於互相猜疑恐懼，因此欲求自保就必須先發制人，也就是用武力或機詐來控制所能控制的人，確保沒有人能危害他時方能干休，爲了自我保全而不得不然。但人類的征服欲有時會超出所需要自衛的限度，而以征服爲樂。那麼其他安分守己的人無法單靠自衛而生存，結果統治權的擴張，成了人們自我保存的必要條件。

此外，在群體中若不能使別人敬畏自己，就無法得到樂趣，反而會因此困擾。因每個人都希望別人對自己的評價符合自我評價，如果受到輕蔑，就會加害此人，使他不得不敬畏自己，並藉此殺雞儆猴，讓眾人信服。

因此在人類的天性中，有三個引起爭鬥的原因：競爭、猜疑和榮譽。

競爭是爲了獲利，猜疑是爲了安全，榮譽是爲了聲望，第一個原因會讓人以武力奴役別人及妻兒財物，第二個原因會使人保全自己的妻兒財物，第三個原因則無法容忍別人一絲對自己，以及親友、國家、職業和名譽的蔑視。

因此在沒有共同權力來震懾一切時，人與人之間會處在戰爭狀態下，是人與人之間的戰爭，不僅在戰鬥行爲本身，也存在以戰爭來爭奪的意圖中，如此意圖是普遍爲人接受的時期。因此，戰爭的性質須考慮到長期因素，譬如天氣，惡劣的天氣並非僅考慮一時的暴雨，而是幾天內是否持續暴雨。戰爭的性質亦然，並非只關注實際的戰鬥，而在於整個缺乏和平保障下的戰爭意圖，除此之外就是和平時期。

在互相爲敵的狀態下，人只能依賴自己的體力和智力來求生存，此時還無法產生工業，因爲無法穩定生產。如此就沒有文化、航海通商，也沒有建築交通等，這些都需要更強的力量去支持。也沒有地理知識、時間曆法、更遑論藝術與文學、以致於社會本身都無法存在。此時人類持續面臨驟死的危懼中，處在孤獨、貧困、齷齪、殘忍、短暫的人生狀態。

人性使人離心猜疑，互相侵犯攻擊，對沒有細察此事的人而言會覺得奇怪，因此不相信人性的天生傾向，而寧可訴諸經驗。那麼試著考慮以下情形：當他外出旅行時，就要隨身攜帶武器，設法結伴而行。就寢時必須閉上門戶，鎖上箱子。如果已經有了法律和官員，還需要如此防範，試問，攜帶武器無異提防國人，閉門無異提防鄰人，鎖上箱子無異提防家人，如此行動已然符合我先前所述，但皆非否定人的本性，因人的天性並沒有罪，法律產生之前的行爲同樣是無辜的。

也許有人認爲戰爭狀態從未出現過，我也認爲並非所有地方會有如此狀態，但有許多地方的確有如此情況，如美洲的蠻族，除了小家族以外沒有政府統治，小家族中的事務由自然欲望決定，他們就處在我所說的殘忍狀態。因此，在和平政府統治下生活的人，在內戰後會陷入何種狀態，就可以發現沒有共同權力會出現何種生活方式。

人人相互戰爭的狀態沒有眞正發生過，然而各自獨立的國王們、主權者們始終互相猜忌，保持戰鬥姿態，並把矛頭指向對方，築碉堡、駐軍架砲，派間諜刺探敵情等等，如同戰爭狀態，正因爲如此，百姓得以安居樂業，沒有發生伴隨著自由的悲慘情況。

在戰爭狀態下無所謂是非曲直，因爲沒有共同權力的地方就沒有法律，沒有法律就談不上正義問題，戰時的德行就是暴力和欺詐。正義的觀念不屬於個人天生具有的情感，而是群居產生的，獨處的人不需要正義。戰爭狀態也沒有財產以及你我之分，只要能力所及就能保有。以上所言有賴人的感性與理性才能免除如此境況。

因爲畏懼死亡，於是渴望和平，於是以理性提出眾人同意、方便易行的和平條款，亦稱自然法，在以下兩章將詳加討論。

# 第十四章　論第一與第二自然法以及契約

自然權利是人依自己的方式，以自己的力量保全生命的自由。因此，就是以自己的判斷和理性做最適宜的處置。

以字義來看，自由就是排除外在障礙，這種障礙使人失去一部分行爲的力量，但卻不能妨礙依理性和判斷去運用剩餘的力量來行爲。

自然法是理性所發現的戒律或通律，自然法禁止人去損毀自己的生命，或剝奪保全自己生命的手段，而會採取最有利的方式來保全生命。論者往往將權利和法混爲一談。權利是做或不做的自由，而法則是強制選擇其中一種，因此權利與法的區分，如同義務與自由的區分，兩者各自對立。

因爲人的狀況是彼此交戰的狀態，由天賦理性所控制，會利用各種方式來對抗敵人，保全生命。在此情況下，每個人對每個事物和身體都有權利，因此，這種自然權利持續存在時，無論多強壯和聰明的人，都無法獲得保障以安享天年，於是產生理性的戒律或通則：人只要有和平的希望時，就會力求和平，無法獲得和平時，就會尋求戰爭中的一切有利條件以及幫助。這個法則的第一部分包含了基本的自然法：尋求並遵守和平；第二部分則是概括自然權利：以各種方法保全自己。

這條自然法規定人力保和平，進而衍生出第二自然法：當別人也願意這樣做時，當一個人爲了和平和自衛的目的，必要時會自願放棄對一切事物的權利，以互不侵犯爲滿足條件。如果保留自然權利，則人與人會永遠持續戰爭狀態。而如果不自己放棄權利，則任何人沒有理由剝奪別人的權利，如此將自取滅亡。此即福音書上所言：你們願意人怎樣待你們，你們也要怎樣待人[1]。或是規範所有人的準則：己所不欲，勿施於人。

停止行使對任何事物的權利，就是放棄自己妨礙他人享有同等權利的自由。放棄或讓出自己權利時，並非給予他人原先沒有的權利，因爲人人皆有自然權利，會讓渡的原因是不讓自己妨礙他人，但不及於其他人對此人的妨礙，所以如此做的效果只是減少了此人行使權利的障礙，而非完全消除。

讓渡權利可以單純放棄，也可以轉讓他人，當讓出的人不知權利歸屬何人就是單純放

【1】引自馬太福音七章十二節。

棄（renouncing），讓給特定對象時就是轉讓（transferring）。無論以何種方式讓出權利，皆意謂不得妨礙他人接受這項權利。此人的責任是不能使這個讓渡行爲無效。由於權利已經事先轉讓或放棄，所以這種妨礙就成爲損害或不義。因而世人關於損害或不義的爭論，如同經院哲學家爭論般荒謬。因爲這類爭論中的荒謬都是反對自己一開始的主張。而所謂的不義或傷害，是指放棄本人原本自願做的事。而單純的放棄或轉讓權利的方式，是以自願的明示轉讓權利給接受者，有時是言詞，有時是行爲，更常見的是言行兼具。使人受約束或負擔義務的契約也是如此，契約之所以有約束力並非其本身，而是畏懼毀約要承擔的後果。

當人轉讓或放棄權利時，總是想得到對方的某項權利或好處，因爲這是自願行爲，而任何人的自願行爲總是爲了讓自己得到好處，所以有些權利無論是否有表示，都不能認爲已經轉讓或放棄。首先，如果有人以武力要奪去別人的生命，此人不能放棄抵抗的權利，因爲如此對自己不利，同樣的情形也適用在傷害及拘禁。一方面沒有好處，另外當人遇到暴力對待，無法預期是否會致死。最後，如此放棄或轉讓權利的動機與目的，無非是保障安全和生命，且不厭倦生命。因此，如果有人表示想放棄生命，並不能認爲此人眞的有如此意圖，只能認爲他陷入了茫然無知的狀態。

所謂的契約就是權利互相轉讓。

某物權利的轉讓與物本身的轉讓，意即交付是不同的，因爲物體轉讓可以如現金交易、以物易物或土地交換一樣，隨權利的轉移一起交付，但也可以延後交付。

此外，立約一方可以將約定之物先交付，而讓對方在某確定時期履行其義務，在這段期間先託管，此時契約稱爲條約（pact）或合約（covenant）。雙方也可在當下立約但延遲履行。此時履約者是受到信任的，如履約則稱爲守信，沒有履約（如出自本意）則是失信。

如果契約的轉讓不是互相的，而是單方轉讓，目的是希望獲得對方及其友人的友誼或服務，博得慈善或慷慨之名，免除內心的同情之苦，期望天國的回報，如此就不是契約，而是贈與、無償贈與或恩惠，這些字詞皆爲同義。

契約的表示有的是明確（express），有的是推定（inference），明確是表示言詞上能理解本意，有的是現在式，有的是過去式，如我給予，我允許，我已給予，我已允許，我願將此物給你。還有些是未來式，如我將給予，我將允許等等，這些稱爲允諾。

推定有時是語言的後果，有時是沉默的結果，有時是行爲或不行爲的結果，一般說來，契約推定的表示就是足以說明立約者意願的所有事物。

包含單純允諾的未來式語詞，並非能充分表示無償贈與，因此沒有約束力，因爲這種語詞如果是未來式，如明日我將給予，就表示還沒給予，因此權利還沒有轉讓，還在我身上。但如果是現在式或過去式的語詞，如我已給予，或我給予並將在明日交付，那就是把明天的權利讓給別人，雖然還沒有其他證明表示我的意願，但語詞的性質已經肯定了。我願意在明天將它給你，和我將在明天將它給你，這兩句話有很大差別，因爲「我願意」表示現在的意志，而「我將要」是表示未來意志的允諾，前者是現在式，轉讓了未來的權利，後者是未來式，表示還沒有轉讓。但除了語詞之外，還有其他徵兆表示轉讓權利的意願的話，那麼贈與雖然是無償的，卻可以理解爲由未來式的語詞轉讓了。好比獎賞賽跑比賽的第一名，其贈與就是無償的，雖然以未來式的語詞表示，但權利已經轉讓了。若非如此，就不會舉辦賽跑比賽了。

在契約中，權利不但由現在式或過去式的語詞來轉讓，在未來式也可轉讓，因爲所有的契約都是權利的轉讓或交換。因此，僅僅因爲得到對方允諾，立下承諾欲交換利益的人，應理解爲打算轉讓權利，否則對方不會先履行義務。因此，在交易及其他契約行爲中，承諾等同於契約的約束力。

首先，履行契約的一方因對方履約而收受之物稱爲應得，是作爲應得之分收受，對許多人獎賞而僅給優勝者時，或是在許多人中投下錢幣讓取得者享有時，雖然也是無償贈與，但如此的話，獲獎或取得錢幣也是應得且能保有，因爲權利在獎賞和投錢時雖然還沒有決定歸誰，而是根據競爭的結果決定，但當下就已經轉讓了。然而這兩種應得仍有分別：在契約中，我之所以應得是因爲我的權利和訂約對方的需要而來。但在自由贈與的情況下，應得則是因爲贈與人的善意。在契約使對方放棄利益是理所當然，而在贈與的情況下，無法理所當然地請贈與人放棄權利，而是當他放棄贈與物時，此物應當歸我而非別人。我認爲此即經院學派相宜與相稱的應得之間做區隔的意義。因爲，全能的主允許受欲望蒙蔽，又能遵守戒律，並限制從塵世來的人上天堂。根據他們的說法，便沒有人可以依此條件進入天堂。於此，我認爲此乃這種區別的意義所在。然而由於爭論者只在對自己有利時，才同意這些詞語的意義，於是我不予評論，而想說：當贈與如競賽頒獎的方式，受獎者就應該得到，並有權將獎品當作其應得之分。

如果合約成立後，雙方彼此互信，都不立即履行，那麼在單純的自然狀態（戰爭狀態），只要出現合理的懷疑，此契約就無效。如果有一個共同的、並可強制履行契約的力量凌駕雙方之上，此契約就不是無效的。此因語言的約束太軟弱無力，如果沒有強制力使人畏懼，就無法約束人的野心、貪欲、憤怒與其他激情。在單純的自然狀態下，由於所有人都平等，且會自行判斷失約是否正當，並無強制力可約束，因此，首先履約的人無法保證對方也將履約，因爲這違反了不可放棄的維護生命和生存的權利。

但在世俗國家中，由於建立了共同權力來約束失信之人，因而沒有恐懼失約的理由了，而首先履約者就有履約的義務。

使這種合約失效的恐懼心理，原因在立約後的某種效應，如足以說明意圖不履行契約的跡象，否則就不能使合約失效。因爲一種事物既不能在提出承諾前阻礙，也就不應當在履約時妨礙。

轉讓權利時意指轉讓權力範圍內的權利。比如賣地者將地面上生長的牧草及一切都讓出。出售水車的人就不能將溪水引走，將主權讓與他人，就是讓出徵稅、置軍、任官與司法權。

和野獸立約是不可能的，野獸不懂我們的語言，不能理解和接受權利的讓與，或轉讓他人，無法相互接受就不會產生合約。

除了上帝以超自然神啓，或透過助手以上帝之名傳給代理人外，人類不可能和上帝立約，因爲人類也無法得知合約是否爲上帝接受。如此，違反自然法而發誓的人，其誓約無效，因得到的報酬是不義的。如果此事是自然法所規定的，那麼約束力並非誓約，而是自然法。

合約的內容或主題始終是深思熟慮的事物，因爲立約屬於意志的、以及深思熟慮的行爲，因此經常理解合約內容爲未來的事，同時也是立約者判斷可以履行的事。

於是承諾已知不可能的事就不是合約，但如果原先認爲可能，後來證明爲不可能之事，如此合約仍爲有效且有約束力，這種約束力雖然不及於事物本身，仍及於其價值，如仍不可能，只能約束此人以誠實的努力盡可能履行契約，因爲超出此限度就無法負擔義務了。

解除合約的方式有兩種，一種是履行，另一種是寬恕，因爲履行是義務的自然終結，寬恕則是藉由權利與義務的再次轉移來恢復其自由。

在單純的自然狀態下，因恐懼而訂立的契約是有約束力的，比如當我答應以贖金或勞務來贖回生命時，我就受到這種合約的約束，因爲此爲契約，其中一方得到的是生命，另一方則獲得金錢或勞務。因此，在單純的自然狀態下，沒有法律禁止履行時，這類契約就是有效的。因此，戰爭中的俘虜，如果受信任可用金錢贖回時，就有義務付錢。如果小國的君主因爲畏懼，與強國君主訂立對己國不利的合約時，他就有義務要遵守，除非如前述，出現了引起恐懼的新理由而重新開戰。甚至在國內，如果被迫付贖金給強盜才能贖身，在民法沒有為我解約以前，我就必須給予，因為在我沒有義務可從事合法的行為，也可以因為畏懼而立約去做，如此，違反合法的約定就是不合法了。

前約可使後約無效，因為權利在今天轉讓給某人後，就不能在明天轉讓給別人，因此，遲來的承諾不能轉讓任何權利，而成為無效。

不以武力成立並守護的契約永遠是無效的，如前述，任何人都不能放棄或讓出從死傷或監禁自救的權利，因此，在任何合約中，不能抵抗武力的承諾無法轉讓任何權利，也就沒有約束力。例如我們可以這樣立約：除非我做某事，否則來殺我。卻不能這樣立約：除非我做某事，否則你來殺我時，我不做抵抗。因為抵抗而死的危險是小害，不抵抗而死肯定會死，如此是大害。人的天性是兩害相權取其輕，只要看看囚犯解赴刑場或送進監獄時，仍需要武裝人員押送就可窺知。

在沒有獲得赦免的保證而控告自己的合約同樣無效，因為在自然狀態下，人人都是自己的法官，沒有控告之事，而在文明國家中，控告之後便是具強制力的懲罰，在此情況下，人民沒有義務不反抗，控告父親、妻子或恩人，判刑後會讓本人陷入痛苦，因為這類控告者的證據，如果不是自願提供的，根本上是不足為據，因此就沒有義務提供。刑求逼出的控告不能為證據，因為刑訊只能在進一步查究，以及探求事實時的手段。如此手段是受刑者爲了減輕痛苦而吐實，而不能給施刑者提供材料，就不能當作證據。因爲無論是眞或假的控訴，皆是以保全自己的生命權爲出發點。

如前述，詞語的力量不足以讓人履約，人性之中只有兩種助力足以加強詞語的力量，第一是恐懼食言的後果，第二是因履約而帶來的光榮與自負。這是罕見而不能作爲憑據的慷慨，在名利和肉欲之樂的人中尤其罕見，但多數人皆追求名利欲望，因此只能指望恐懼感。恐懼感有兩種主要對象，一種是無形的神鬼力量，另一種是失約時引起的制裁力。雖然神鬼力較強大，然而人類還是懼怕人的制裁力。對神鬼之力的畏懼就是宗教，在文明社會以前，宗教在人性中就占有舉足輕重的地位。人的制裁力則無此地位，不足以使人信守諾言。因爲在單純的自然狀態中，除了戰爭的情況下，無法看出權力的不平等。所以在進入文明社會之前，或因戰爭使文明社會中斷時，除了擔心受敬畏的不可見力量報復以外，沒有其他力量可以保障和平條約，使人可以不受貪婪、野心、肉欲，及其他欲望的引誘所危害。因此，不受世俗權力管轄的雙方，所能做的就是一同到神明面前發誓，這種發誓是附加在諾言之上的語言形式，立下諾言的人藉由發誓表示：除非他履行諾言，否則就將自絕於神的慈悲，並請神明降罪。異教徒的誓言形式如下：如我不履約，就請神明如我殺此獸般殺我。而我們的誓言形式如下：我將如何做，願上帝保佑我。如此發誓，再加上個人在各自宗教慣用的儀式，使人對背信的恐懼更加強烈。

由此可見，除了發誓者所用的形式，或在儀式所立的誓言外，任何其他誓言都無效，而且不能對發誓者不認爲是神的事物發誓。因爲人們有時因爲畏懼或阿諛，往往以國王之名起誓，無異向人表示，他們將神的尊榮賦予國王了。因此，不必要的向神起誓就是褻瀆神明，而像一般談話中用其他事物起誓則根本不是起誓，而是言詞激動所養成的不虔敬習慣。

由此可見，誓言不能增加約束力，因爲合約如果合法的話，無論有無誓言，在神面前都有約束力，如果不合法，就算山盟海誓也完全沒有約束力。

# 第十五章　論其他自然法

根據第二自然法，讓出會妨礙和平的權利，於是產生了第三自然法：應履行成立的契約。無此法則契約無用，形同具文。而所有人的權利仍然存在，也就持續在戰爭狀態。

這一自然法就包含正義的源頭，因爲沒有契約就沒有權利的轉讓，每個人對一切事物也都有權利，因此不存在不義的行爲。在立約之後，失約就成爲不義，所有事只有不義與正義之分。

如前述，當互信的合約中，其中一方有恐懼對方失約的疑慮時就是無效的，所以正義的來源雖然在於合約成立，但在這種恐懼的因素沒有消除以前，實際上不可能存在不義，而當人們在自然的戰爭狀態時就無法消除這種恐懼。如此說來，在正義與不義的名稱出現之前，就必須先有某種強制力存在，以使人們恐懼受懲罰比毀約所得的利益更強烈，就能迫使人們以對等方式相互約定，放棄普遍權利，以所有權來補償。這種共同權力在國家成立前是不存在的，此點可從經院學派關於正義的定義中推論得知，他們說：「正義就是將自己所有事物給予自己的恆定意志。」如此說來，沒有所有權的地方就沒有不義存在，而沒有強制力的地方（即沒有國家的地方）就沒有所有權存在，他們對所有事物都具有權利，因此沒有不義之事。因此，正義在於遵守有效的契約，而契約是否有效，在於強制的社會權力建立後才成立，所有權也自此開始。

愚昧之徒認爲沒有正義存在，他們鄭重的斷定，每個人的自我保存交給自己照看後，大家就會按照此一方式行動。因此，立約和守約與否，只要有助個人利益，就不違反理性。以上推論並沒有否認契約存在，也沒有否認契約遭破壞稱爲不義，遵守契約爲正義。但問題是在去除對神的畏懼後，不義是否無法和謀求自利的理性一致，尤其是這種利益能讓人不顧譴責辱罵，且不顧他人權勢的情況下，是否能和理性一致。神的國度是用暴力得來，如能用不義的暴力得來，又將如何？像我們這樣獲得神的王國又不可能受到傷害時，難道是違反理性嗎？不違反理性就是不違反正義，否則正義就永遠不值得推崇了。根據此推理，獲得成功的惡便得到了美德之名。有些人在各方面都不容許背信的事，卻又容許背信竊國之事。異教徒相信撒騰（Saturn）是遭其子朱庇特（Jupiter）廢黜的，但又相信朱庇特是懲罰不義之神，此等情形猶如寇克所編的《立特頓著述評註》中的一條法律：「法定王位繼承人因叛逆罪喪失公權時，仍可授予王位，公權自即位起恢復。」據此，人們很容易如此推論：在位之王雖是父親，王位繼承人弒父時雖然不義或有罪，但不能說違反理性，因爲人的自願行爲都是爲了私利，而最有助於達成其目的之行爲，就是最合乎理性的行爲。不過，這種似是而非的推論是站不住腳的。

這個問題並非是在沒有建立世俗權力，以管轄做出承諾的兩方，因而其中任一方沒有履行承諾的保證那般，是互相承諾的問題，因這種諾言不是契約。這裡的問題是立約一方已經履約，或是有個使他履約的權力下，究竟履約是否違反理性或違反對方的利益？我認爲這不違反理性。原因是：第一，無論人多有把握能預料事情，當他去做一件足以導致其毀滅之事時，那麼無論有什麼偶發事物有利於他，也不能使他做上述事情成爲合理或明智的。第二，在戰爭狀態下，由於沒有使人共同信服的權力，使每個人視別人爲敵人，如沒有聯盟的幫助，難以依靠自己的力量和智慧保護自己。每個人都希望透過聯盟得到防衛，要是有人宣稱欺騙幫助他的人是合理行爲，那麼他期待的保護力量便只能憑一己之力獲得。因此，宣稱破壞合約爲合理的人，不可能得到謀求和平自保的社會接納，如受接納，此人定會發現錯誤中隱藏的危機。因爲按理說，人不能指望由別人的錯誤獲得保障，因此遭社會逐出或遺棄時就會毀滅。要是只依靠別人的錯誤在社會生存，既不能預見，也不能指望，就是違反自我保全的理性。如此，既然大家沒有促使他毀滅，那麼這種情形只是不清楚在怎樣對自己有利的情況下而容忍下來。

若論可以任何方式進入天國而獲得永恆至福的例子，這是不可靠的說法，只有一個方式，就是遵守契約。

如可以叛亂取得主權，並非常理能預期，而只能出現相反情況，即不斷的動亂，因其他人不斷仿效，因而此舉違反理性。因此正義是一個理性的通則，禁止我們做危害自己生命的事，故爲自然法。

甚者，有人不以自然法爲有助於人保全生命的法則，而視爲有助於死後獲得永恆至福的法則。他們認爲破壞契約有助獲得永恆至福，因此合乎正義與理性。這種人把殺戮、廢黜或反抗主權者認爲是功德。但我們對人死後的狀況無法從任何自然法則得知，更遑論對失信會有何回報的知識，這種信念不過是道聽塗說，聽聞別人以超自然的方式得知，因此，背信不能稱爲理性或自然的法則。

另外有些人承認守信是自然法，但認爲有些人可以例外，例如異教徒以及一向不履約的人，這說法也違反理性，因爲如果發生足以解約的過錯，那這種過錯理應讓我們不會去訂約。

正義與不義用於人，與用於行爲上有所不同。用於人時，表示其品行是否合於理性。

用在行爲時，不是指品行或生活方式，而是具體的行爲是否合於理性。因此正義之人會使其行爲完全合於正義，不義之人則罔顧正義。在語言中稱爲有正義感與沒有正義感，比正義與不義更常見，但意義上沒有分別。因此，正義之人不因一兩次衝動而做出不義的行爲，而使他失去此稱號。同樣地，不義之人也是如此，因爲他是根據利益而非依正義而行爲。而正義是種罕見的高貴品質，或俠義精神，使人以欺詐和背信爲恥，這種品行上的正義就是以正義爲德，以不義爲惡的意義而言。

但行爲正義無法使人榮膺正義之名，而僅爲無罪，行爲不義則只能使人獲有罪之名。此外，品性的不義意指進行侵害的傾向或居心，不需要付諸行動，也無須假定有人受到侵害，就已經認定爲不義。但行爲不義則假定已有受侵害的人，亦即與此人立約之人，於是多數時候受害者是此人，損失則在另一人。比如當主人命令僕人送一筆錢給陌生人，但僕人沒有送達，受害的便是主人，但此陌生人也受損失，僕人對他沒有義務，因此不算侵害此陌生人。同理，國內的平民可互相免除債務，卻不能赦免使他們受損失的搶劫或其他暴行，因爲債務是侵害個人，而搶劫和暴行是侵害國家。

個人所受的行爲，如果符合他向行爲人表示的意願，就不構成侵害，因爲行爲人沒有先立約放棄其自然權利，就不成立毀約的情況，也就沒有侵害的行爲。但如立此約，那麼他讓此行爲的意願一經表示後就解除了此約，因此亦不構成侵害。

行爲的正義有兩種：交換的和分配的正義，前者是算數比例，後者是幾何比例，因此，論者以爲交換的正義意指立約之物等値，而分配的正義則是對條件相同者分配等同的利益。似指賤買貴賣是不義，給人多於應得的物品也是不義。一切立約議價之物，由立約者的需求來衡量其價値。條件不是正義應該得到多少，而是來自恩惠，但有契約規定的條件則不在此例。如此，立約一方履約就成爲使另一方履約的條件，於是成爲交換的正義，而非分配的正義。由此可知，上述區別在一般意義下便不正確。正確說來，交換的正義是立約者的正義，亦即在買賣、僱傭、借貸、交換、以物易物以及其他契約行爲中履約。

分配的正義則是仲裁者的正義，亦即確認何爲正義的行爲，個人受託爲仲裁人後，如果履行受託事項，就是將每人的分額分配給他們，誠然是一種合於正義的分配，可稱爲分配的正義，更確切的說是公平，此亦爲自然法。

正義取決於事先存在的契約，感恩則取決於事先存在的恩惠，也就是事先存在的自由贈與，此爲第四自然法。可如此表述：「接受他人單純依恩惠施予的利益時，應努力使施惠者不對自己的善意感到後悔。」因爲要不是爲了自己的好處，則沒有人會施惠。原因是贈與出於自願，而所有自願行爲都是爲了自己的好處。如果人們認爲自己會吃虧，就不會有恩惠和信任，以及互助與協調了。如此人類仍會處在戰爭狀態中，這違背自然法所尋求的和平，違反此法稱爲忘恩（ingratitude）。忘恩對恩惠的關係，猶如不義對契約義務的關係一樣。

第五自然法是順應（complaisance），意即每個人都應當盡力使自己順應其他人。人類社會傾向於感情不同，而有本質上的差異，有點像砌在一起的大樓石頭，如有形狀不規則，凹凸不平，有礙觀瞻，這種石頭就會遭遺棄。同理，如果性格乖張，力圖占有自己不需要但對他人不可或缺之物，且無意悔改，這種人就會遭社會鄙棄。我們既然知道個人不僅依權利，且依本性盡力謀求自我保全所需的一切。所以爲了不必要之物而違反這一點的人，就必須爲可能造成的戰爭負責。此行爲已違反尋求和平的自然法，遵守此法可稱爲合群（sociable），拉丁文稱爲 *commodi*，反之稱爲頑固、不合群、剛愎自用與桀驁不馴等。

第六自然法是：當悔過者保證不再犯罪，並要求寬恕時，就應寬恕他過去的罪愆。因爲寬恕是謀求和平，雖然對堅持敵意的人，容許求和不能算求和，而是畏懼，但不讓保證將來的人求和，則表示不願求眾人的和平，如此則違反自然法。

第七自然法是：在以怨報怨、報復的過程中，人們所應看到的不是過去的惡有多大，而是將來有多大的收益。這一自然法規定除了使觸犯者改過自新以儆效尤外，禁止以其他方式懲罰。這一自然法是第六自然法（要求在保證將來的條件下寬恕）的必然結論。此外，不考慮前例和未來的利益而進行的報復，即是對隨機傷害他人感到得意或光榮。因爲目的屬於未來的事，而無目的之光榮就是違反理性的虛榮，沒有理由的傷害就會造成戰爭，就違反自然法，稱爲殘忍（cruelty）。

一切仇恨與輕視的表示都足以引起爭鬥，因爲大部分人都寧願冒生命的危險而不願受辱，於是便有第八自然法，任何人都不能以行爲、言語、表情、姿態來表現仇恨或蔑視他人。違反此法的人稱爲傲慢無禮（contumely）。

在自然狀態下人人平等，沒有優劣之分。現今的不平等狀態是由於民法所致。亞里斯多德在《政治學》第一卷中以此爲基礎：人類依天性來說，有些人適合治人，是較賢明的一群人。另一些人則受人驅策，是身強體壯而不屬於哲學家的人，其意似爲：主僕之分不是由於人同意而產生，而是因爲智力的差別。這說法不但違反理性，也不符合經驗。因爲世上很少人會不願自我管理而寧願受治於人，當智者驕傲地和不相信自己智慧的人相爭時，並非都能獲勝。因此，如果人生而平等，就應當承認這種平等。如果人生而不平等，那也由於人認爲自己平等，除了在平等的條件下，不願進入和平狀態，因而同樣必須承認這種平等。因此，第九自然法是：每個人都應承認他人與自己生而平等，違反者就是倨傲。

根據上一自然法，進入和平狀態時，任何人保留給自己的權利需與他人相等。正如所有尋求和平的人都必須放棄某些自然權利，亦即沒有爲所欲爲的自由，人也必須爲了自己的生命而保留某些權利，如支配自己身體的權利，享受空氣、水的權利、運動的權利，道路通行的權利，以及一切生活必需的權利。在這個問題上，如人們在建立和平時，爲自己要求不承諾給別人物品，此即違反了天生平等的法則，亦即違反了自然法。遵守此法的人稱爲謙虛，違反此法的人稱爲驕縱，希臘人稱爲 *πλεονεξία*，即逾矩的貪念。

同時，人如果受託進行裁決時，那麼會有一條自然法要求他人秉公處理，如無此法，則人與人的爭端只能以戰爭來解決。如此判決不公的人就是濫用職權，妨礙別人任用公正的裁判人，因而違反了基本自然法而引發戰爭。

這一自然法是按理平等分配應屬於個人之物，遵守此法稱爲公平（equity），如前述，亦稱分配的正義，違反者稱爲偏袒（favouritism），希臘文爲 *προσωποληψία*。

根據此一法則又可推論出另一法則：不能分割之物如能共享，就應共享，數量許可時就不應限制，否則就應按比例分配給有權分享者。若非如此，則會分配不均而違反公平。

然而有些物品既不能分割，也不能共享，那麼求公平的自然法便要求以抽籤方式來決定，否則就輪流使用，以抽籤決定首位占有權，因爲公平分配是自然法之一，而又沒有其他更公平分配的辦法，故以抽籤決定。

抽籤的方式有兩種，一種是人爲意思，另一種是自然的，前者是由競爭者協議同意，後者由長子繼承權決定，希臘人稱 *κληρονομια*，就是以原占有權決定。因此，不能共享也不能分割之物就應給予第一占有人，在某些情形下，就按命運應得之分給長子。

以下也是自然法之一：應給予斡旋和平者安全通行的保證。因爲以和平爲目的的自然法，也規定人們以調解爲手段，而安全通行就是達成調解的方式。

人們雖然願意遵守這些自然法，但涉及個人行爲時仍可能發生問題，首先是到底有無實行，其次是實行的話，究竟合法或非法。前者是事實問題，後者是權利問題。因此除非有關方面相互立約，服從其他方面的裁決，否則他們仍會和以往一樣不能得到和平。其他所服從的裁決是由裁判人（arbitrator）所爲。因此，自然法就規定，爭議各方應將其權利交付裁判人裁決。

我們既然假設每個人所爲都是爲了自己的利益，所以不適合在自己的案件擔任裁判人，即使他非常適任，但由於公平的原則允許雙方利益均霑，如果一方爲裁判人，另一方也當爲裁判人，若如此，爭端將會持續而違反自然法。

同理，如果個人在其中一方勝訴時所獲利益，榮譽或快樂顯然比另一方獲勝時大，那麼他不適宜在爭訟中成爲裁判人，因爲如果此人收受賄賂，則任何人沒有義務相信他，爭端和戰爭仍會存在而違背自然法。

在有關事實的爭執中，裁判人對任一方的信任需同等公平，如沒有其他證據時，就必須信任第三方，或更多其他人，否則問題會懸而未決，並訴諸武力就違反自然法了。

以上各條皆規定人以和平爲手段，在社群中保全自己的自然法，是與文明社會有關的原理。此外還有其他事對個人有損害，如酒醉和其他一切放縱行爲皆屬此類，因此也可列入自然法所禁止之事，但毋須在此討論。

由於多數人都忙於餬口，其他人則因疏忽而無法理解以上關於自然法的奇妙推演。然而爲了使所有人無法託辭，這些法則已精簡爲一條簡易的總則，甚至庸人也能理解，亦即「己所不欲，勿施於人」，意謂當一個人同時衡量自己和他人的行爲，發現他人的行爲比重太多時，就要移到天平的另一邊，再將自己的行爲換到他人行爲的位置，如此不會過於激情和愛自己，如此自然法就顯得十分合理了。

自然法對於內心是有約束力的，亦即對內心欲望有約束力。但在外部範疇中，也就是付諸行動時，就不總是如此。因爲一個人如果溫良恭儉，在其他人不履行諾言之時，依然履行自己的諾言，那麼此人只是旁人的犧牲品，必然傷害自己，違背了保全自己本性的自然法。另方面，一個人如有足夠的保證知道旁人不因此而遵守自然法，他所尋求的就是戰爭而非和平，結果是讓暴力吞噬自己的心性。

約束內心的任何自然法，不僅可能由於與之相違的事實而遭破壞，當相符的事實遭人認爲相違時，也可能因此遭破壞。因爲人在這種情形下的行爲雖然與法相符，但其目的則與之相違，當約束成爲內心範疇的約束時，這個情況就是破壞此約束。

自然法是永恆不變的。不義、忘恩、驕縱、倨傲、不公、偏私等等皆不合於自然法，因爲絕不會有戰爭能保全生命，而和平反而殺人的道理。

這些自然法由於對欲望和努力具約束力，我所指的是眞誠與持久的努力，所以容易遵行，因爲既然自然法要求人要努力，努力實踐自然法就是正義的。

關於自然法的知識是眞正且唯一的道德哲學，因爲道德哲學就是研究人類善與惡的知識，善惡是表示我們欲望與厭惡的名詞，在不同的氣質、習慣和學說中互不相同。不同的人非但是在味覺、嗅覺、聽覺、觸覺和視覺上的好惡不同，而且對共同生活行爲的判斷也各自不同，甚至同一個人在不同時間也是前後不一。在此時稱爲惡的，在彼時可以爲善，如此就產生了爭執而釀成戰爭。因此，當個人的欲望就是善惡的尺度時，人類就處在單純的自然狀態（即戰爭狀態），於是所有人皆同意，和平是善，因此達成和平的方式如正義、感恩、謙虛、公正、仁慈以及其他自然法也是善，亦即美德（moral virtues），反之則爲邪惡。由於關於美德與邪惡的知識是道德哲學，所以有關自然法的眞正學說就是眞正的道德哲學。這方面的著述者雖然也承認同樣的道德與邪惡，但因爲他們沒有看到這些美德的善，也沒有看到他們是作爲達成和平、合群和舒適生活的方式而爲人稱道，於是就認爲美德是適度的激情，似爲勇敢不在於無畏的動機，而在於程度。慷慨大度不在於餽贈的動機，而在於餽贈的數量一樣。

人類稱這些理性的規定爲法律，但如此稱呼不太恰當，因爲這不過是有關於哪些事物有助於人自保的法則而已。正式的說，所謂法律是有權支配他人者所說的話，但如果我們認爲是有權支配萬物的上帝宣布這些法則，那麼也可以稱爲法律。

# 第十六章　論人、授權人、由人代表的事物

人的言語行爲代表自己，或代表別人，或可歸結給他的其他事物。

言行由自己發出的稱爲自然人，代表他人的言行稱爲虛擬人或人造人。

「人」這個字原來是拉丁文，希臘文是以面貌來表示，在拉丁文是指外表，在舞臺上的化裝，特別是面具或面甲，演變爲舞臺上的人等同現實上的人，表演者成爲代表者，代表以自己的名義行事。西塞羅說：我有三個身分，我自己、我的對手和裁判者，即爲此義。這種代理人在不同情況有不同名稱，如代表、代表者、副手、副牧師、代訴人、代理人、演員等等。

有些模仿人的言行得到當事人的認可，於是模仿人成爲代理人，當事人成爲授權人，此時代理人是依授權而行動，此處的授權人，在貨物和財產上稱爲所有人（owner），拉丁文爲 dominus，希臘文爲 *κύριος*。在行爲上稱爲授權人（author），授權是指任何行爲的權利，根據授權行事就是依授權人所委託。

因此行爲人依據授權訂約時，授權人也要受約束，同樣對契約的後果負責。因此，先前十四章所言關於人與人依自然人資格訂約的性質，對於獲得授權的行爲人，不逾越委託的範圍下，所訂的契約也同樣適用。

因此，授權人和行爲人訂約而不知授權內容的話，發生危險時須由授權人自行負責。在違反授權範圍外的契約時，行爲人不受此約規範。

當行爲人依約須服從授權人時，在違反自然法的情況下，違法的是授權人而非行爲人，因爲此非行爲人所自願的行爲，但如拒絕行爲，反而違反了破壞契約的自然法。

如果行爲人透過代理人和授權人訂約，而不知道代理人的權限時，所憑藉的只是代理人的說詞，當他提出授權證明，而代理人無法出示證明時，則此約無效，行爲人不受其拘束，沒有授權人保證的契約是無效的，但如事先得知只能取得代理人的言詞保證時，則此約仍有效，因爲在此情況下，代理人就等同授權人。因此，如授權明確，契約係對授權人有約束力。如授權是代理人揑造的，便只能約束代理人，因爲代理人就自動成爲授權人。

不能透過代表的方式來行事的方式是很少見的，如教堂由教長代表，醫院由院長代表，橋梁由工頭代表。無生命物不能成爲授權人，也就不能授予代理人，但仍可以由無生命物的主人或管理人授權，由代理人來維護保養。由此看來，這類事物在國家成立前，無法由人來代表行使。

兒童、智能不足者、瘋人可以由監護人代表，但除非他們由監護人判斷已恢復理智，否則無法成爲授權人。在他們不能運用理智的期間，管理人可以授權給監護人，這種情況只有在國家成立後才會發生，否則人與人之間就沒有統治權的情況。

偶像與神怪也可以由人來代表，如異教的神就是如此，由國家指定的官員來管理信徒奉獻的財產、供品。但偶像不能成爲授權者，而是由國家授權。所以國家成立之前，異教的神也不能由人代表。

眞正的上帝可以由人來代表，首先是摩西代表上帝，以上帝之名統治以色列人。然後以上帝之子——耶穌基督來代表，教誨猶太人並引導各民族歸屬天國。其後以聖靈和使徒來代表，言行皆稱上帝之名。

一群人可由一人來代表，便成爲單一人格，係因代表人的統一性，如果沒有代表人的群體，則無法以統一性來理解。

一群人終究非一人，而是許多人。代表人以他們的名義所發的言行，必須理解爲有許多授權人，個別以自己的身分授權代表人。若授予的權力沒有限制，則仍須承認代表人的一切行爲。若授權有所限制，超過授權的事項就沒有義務去承認。

如果代表人由許多人組成，就必須以多數人的意見爲全體意見，如果少數人贊成而多數人反對，贊成與反對的人數相抵，剩餘的反對意見就代表多數人的意見。

若代表人數爲雙數，在人數不多時，正反意見的數量可能會相等，而難以決議，但有些情況可以解決此問題，如法庭宣判是否有罪時，如兩邊意見數相等，則會宣判無罪，不能因此宣判有罪，又如立即執行或延緩執行的問題，如兩邊意見相等，視同宣告延緩執行之意。

若代表人數爲單數，在表決時，人人有機會藉由反對票來成爲多數，如此可抵銷所有的贊成票，如此情況不足爲代表性，因爲在重大情況下，往往極富爭議，難以形成共識，不適用在管理群眾的政府，尤其是戰時緊急情況下更不適用。

授權人有兩類：一是單純的授權人，完全承認另一代表人的行爲。二是有條件地承認授權，如某人在期限前沒有做到某事，就是承認授權者。這類有條件的授權者稱爲擔保人，拉丁文爲 Fidejussores、Sponsores，專指債務則稱爲擔保人（Praedes），在法官和行政長官前稱爲保證人（Vades）。

# 第二部　論國家

# 第十七章　國家的起源、發生和定義

人的天性喜好自由與支配別人，在國家的範疇內則會抑制自己，專注在求生存和福祉，這是因爲人天生想要逃離悲慘的戰爭狀態。如同之前第十四章和第十五章所提到的自然法，這時還沒有產生使人恐懼的處罰來迫使他們立約。

自然法是正義、平等、謙遜、仁慈以及同理心（己所欲，然後可施於人），這時沒有權力嚇阻人們順從，而人的本性充滿偏見、傲慢、報復。沒有武力爲後盾的合約形同具文，無法保障人們。人們理當願意遵從自然法，也有意遵守，雖然無力去建立自然法或維護安全，這時會以自己的力量來對抗別人。在小型部落社會中掠奪其他人，不會遭人視爲違反自然法，掠奪愈多則愈有聲名。此時人只知道以榮耀至上的律法——不殘忍、不殺生，和不奪人謀生工具，此爲小型部落社會的做法。如今大城市和國家也是如此做法，以防衛之名侵略和削弱鄰國，以武力和陰謀巧取豪奪，竭盡所能來擴張領地，歷經數代後爲世人所紀念和稱頌。

少數人的聚合很難讓人有安全感，因爲力量無法取得優勢，在對抗中不足以獲勝，而容易予人可乘之機。人數眾多則給人安全感，原因並非取決於數目，而是與敵人比較後，敵人自覺沒有取勝的優勢和機會，就會影響戰爭結果甚至動搖敵人進犯的意圖。

在人數不多的情況，人的行動會按照自己的判斷和喜好，沒有防禦保護，也無法對抗和傷害共同敵人，因爲對於力量如何發揮到極致的看法分歧，就無法互助而是彼此牽制，削弱彼此力量，此時人們很容易受少數人征服，而且因爲沒有共同敵人，很容易爲了特定利益而交戰，我們可假定多數人同意不需要權力就能使大家遵從正義和其他自然法。如此不需要任何政府或國家，因爲不需要去征服就能得到和平。

人想要維繫生活，需要受統治和受人指引，不限於平時或戰時。在戰爭中缺乏安全，他們都想抗敵取勝，取勝後沒有了敵人，就會互相爲敵，或敵或友，因利益不同而瓦解而陷入戰爭狀態。

某些生物像是蜜蜂、螞蟻有社會群性，是亞里斯多德曾歸類的政治動物，任憑自身的判斷和欲望行動。沒有言語，由其中一隻來傳達指揮以便公益。因此如想知道爲何人類不能像這些蜜蜂和螞蟻如此行爲，我回答如下：

起初，人爲了榮譽和尊嚴而爭，而蜜蜂和螞蟻則否，而人爲了忌妒仇恨掀起戰爭，同樣蜜蜂和螞蟻則無此情形。

其次，蜜蜂和螞蟻不區分私利和公益，追求私利即追求公益，但人樂於和他人比較，私心想勝過別人。

第三點，這類生物不具理性，無法了解和發現共同事務是否正確，人則自以爲比別人聰明，足以治國治人。一旦國政變革沒有定向，就會導致變亂和戰爭。

第四點，這類生物雖然會使用聲音傳達意念，但不像人類有言語可以顚倒黑白，積非成是，隱惡揚善，憑一己之欲蠱惑人心來影響和平。

第五點，不具理性的生物無法區辨受傷（injury）和損害（damage），爲了安心不會攻擊同伴，但人類比較麻煩，在安逸的情況會想要賣弄聰明，控制治國者的行動。

最後，生物的協議是自然而然，人的協議則是由人爲的契約而來，需要其他的力量來確保契約持續，使人們爲了共同利益而行動。

想要建立共同權力只有唯一的辦法，用以抵禦外侮，保衛自身安全，辛勞收成，安居樂業，因此需要賦予所有權力給一人或一群人，使眾志集中在一人，進一步說，指定某人和某些人爲代表，承認此人可代表行使眾人意志，來關切眾人的和平安全，將他們的意志和判斷交付此人。如此不只是眾人同意和一致的意思，而是合而爲一，相互訂約，彼此宣稱：我交出權力並授權給此人或此會，你也一樣授權給他們。此約成立，則眾人合爲一人名爲「國家」（commonwealth），拉丁文爲 civitas。偉大的利維坦（Leviathan）從此誕生。是凡人的上帝（Mortal God），僅次於永生的上帝，保障我們的和平。眾人的權力集中在一人，眾人授予此人有極大力量使人服從，彼此互助，安內而攘外，國家的根本維繫在此一人身上，是由眾人互相約定授予此人權力，而此人爲了安全和國防，在權宜之下運用權力。

此人稱爲主權者（Sovereign），有統治權（Sovereign Power）來治理屬民（Subject）。

有二個方法可以取得統治權，一爲自然力，即個人使自己的後代服從以及服從政府。或透過戰爭征服敵人，留其生路。另一個方法爲眾人彼此同意，相信和自願服從某些人以求保障。後者稱爲政治國家（political commonwealth）或制度建立的國家（commonwealth by institution），而前者稱爲取得的國家（commonwealth by acquisition）。

# 第十八章　論主權的確立

當多數人同意彼此立約，賦予一人或一群人代表他們行使權力。無論是否贊成，都應授權給此人，此人的行動和判斷力等同所有人的行爲，以確保和平抵抗外侮，國家就從此形成。

國家的成立是經由眾人同意，將主權授予一人或一群人。

第一，眾人既已立約，則不能行違反契約之事。既已成立國家，則受規約所制，必須服從主權者的決斷和行動，沒有取得主權者的同意前，不能私下另立新約，因此，眾人是君主國的屬民，未得君主同意前不能廢除君主制，回到混亂狀態，也不能將統治權讓與他人。依合約規定，代表者是爲了眾人行動，才授予主權，因此不滿統治者，想破壞契約的人是不正義的。統治權是由眾人授予，如任意罷免是奪人之物，是再次的不正義。此外，假如統治者想廢棄自己的權力遭到殺戮刑罰，是自我了斷：因爲他是以統治者的身分來行使廢黜統治者，此舉也背上不義的罪名。人民不服從統治者是因爲與上帝締約，這個說法也是不義，因爲除了統治者之外，沒有任何代表可與上帝締約，因此與上帝締約的說法是謊言，立論者心裡明白這說法不僅不義，而且是邪惡和不負責任的說法。

第二點，代表人的統治權由眾人約定而成，並非代表人與眾人締約，因此代表人沒有違約之虞。而任何人不得解除服從的義務，而主權者並未與人民締約是自明之理，因爲他並未成爲締約的一方與整體所有人訂約，也沒有和個別的人立約，這兩種情況皆無法出現。無法成爲締約的一方是因爲人民還未成爲整體，而和個人訂約，在此人有主權權之後的約定都無效。主權者的行爲是執行人民權力，並非代表自己，不能以此來追究個人責任。此外，假如有人認爲主權者違反合約，其他人反對，則無人能仲裁爭議，就會回到以武力對抗，如此有違締約立國、授予主權的本意。立約授予君主權力，簡而易懂，書面立約沒有拘束力來保障個人，只有公共武力能保障，所以必須使主權者和統治集團不受拘束，而統治集團得到權力，很難想像有任何立國契約的存在，舉例而言，沒有人會認爲羅馬人曾和「羅馬」立約，如治理不佳可以廢止羅馬。不似君主國，在人民主導的政府，有少數野心的人更偏好議會政府以便參與其中，而不喜君主制。

第三點，當多數人推舉一位主權者時，少數反對者也必須同意此決定，否則必遭剿滅。當自願參加集會時，足以表示和默認多數人的決定，如有異議則是違反合約而且是不義的。因此無論是否參加集會或是否表示同意，不是服從命令就是留在先前的戰爭狀態，人人得而誅之。

第四點，每個人民都是國家的締造者，凡主權者所爲必不傷害人民，人民也不能控訴統治者不義。人民授權給代表者，讓代表者依職權行事，按理不應危害授權者。在國家成立後，人人是主權的創立者，因此抱怨主權者加害等同抱怨讓出統治權的自己，而傷害自己是絕不會發生的事。所以行使主權或有不公正的情況，但不至於到不義與加害的情況。

第五點，如上述，人民不得處決主權者，或對主權者施加刑罰，因爲人民授予其行使統治權，因此處罰主權者等於處罰自己。

立國的目的在於和平與保障，可用各種方法來達到目的，因此主權者和議會有權來判斷維護和平與保障的方法，以及會受到的阻礙。爲了維護和平與安全，需安內攘外，失去和平與安全時則當力圖恢復。

第六點，主權者有權判斷對和平有利或有害的意見和學說，進而決定在對群眾演說時的場合和內容。在書籍出版前的審查，人往往言而後行，因此爲了和平與和諧需善加管理言論，方能管理行爲。就學說而言只需要考慮是否爲眞理，也不能違反和平，違反和平的學說必不能爲眞理，因爲和平與和睦乃自然法。如主權者無知駑鈍，就會讓謬論以訛傳訛，甚囂塵上。眞理往往具震撼力，雖不破壞和平但可能引起戰爭，或因主權者疏忽偏私而導致戰爭，主權者需體察一般的意見和學說，避免開啓戰端、危害和平。

第七點，主權有一個附屬條件，制定法規使人人知道所享之物，行爲不受他人干擾，這就是所有權（propriety），沒有主權以前，人人可做任何事，但必然導致爭戰。「所有權」會導向和平，行使主權是爲了公共和平，這樣的禮在屬民的行動中有善有惡，有合法的和非法的，稱爲國內法（civil law）。每個國家的法律稱爲國內法是因爲古羅馬法的關係，是所有民法的先驅。

第八點，審判權也是主權的附屬條件，裁決爭議、判斷關於國內法、自然法或事實的爭執。如果沒有解決爭端則無法保護人民免於受害，如此關於私人財產的法律也是徒勞，人人爲了生存，以自己的力量自衛，導致戰爭而有違立國目的。

第九點，宣戰權和媾和權也是主權的附屬條件。判斷何者有利大局，武力調度和糧餉後勤，向人民徵稅支付軍隊開銷等等。保護人民的力量來自軍隊，軍隊的力量來自事權統一。指揮權在統治者，無論將領是誰，有指揮權者爲總司令或大元帥（generalissimo）。

第十點，選擇首相和各部官員的權力也附屬在主權，因主權者要維護和平，他有權運用任何方式來達成目的。

第十一點，主權者有權依法裁決賞罰，如無法律明文，則主權者會自行判斷獎懲。最後一點，人總是自視甚高而輕視他人，引起競爭、爭執、黨派對立以致於戰爭。內鬨引來外侮，因此必須產生關於榮譽的法律，來表揚和尊崇有功之人，這需要以武力為後盾，確保法律能執行。因此關於軍隊，國防和司法權都是附屬在主權上。所以贈與榮譽也屬於主權者的權力。

以上是主權的要素，可藉此區辨何人可擔當統治責任，主權是不可轉移和分割的。至於鑄幣權、管理未成年人財產、以及市場先占權和其他特許權都可以轉移他人，只要留著能保衛人民的權力。然而一旦轉移軍權，空留司法權則無用，因為沒有武力來執行。而一旦讓出徵稅權則軍權就沒有用處。讓出政府管理知識（government of doctrines）的話，人民則會恐懼生亂。前面所列的權力沒有保住的話，則和平、正義和國家都將不復存在。分權的話，則國家分裂無法持續，除非軍隊事權統一。就像將英國分成國王、上議院和下議院，人民就因此陷入內戰。有異議者在政治上持反對立場，接著是宗教自由，這些情況讓人明白主權是不可分割的，如此和平才會回歸並能持續。

因為上述都是主權的元素且不可分割，主權不能任意放棄，讓與是無效的。

附屬在主權的權威不能分割，有個謬誤是主權者大於個別人民，而小於全體人民，所謂總體等於一人是謬誤。同理，說總體可理解爲個人，總體權力等同主權，這說法同樣謬誤，如果主權在一群人手上，而君主國則不是如此，如此說法無法成立。

主權的權力和榮譽應大於所有人民，因爲主權是榮譽的泉源，而王公貴族的尊榮身分都是主權者所賜予，就像在主人面前，所有奴僕都是平等，沒有任何榮譽可言。在主權者面前，所有人民都是平等。就像星星在夜晚時爭相閃爍，但在陽光下皆黯然失色。

也許有人反對，人民的處境會太過悲慘，任由無限權力的主權者所宰制。人民生在君主國下而反對君主體制，在民主國下則歸因於民主國帶來的不便。然而任何形式的權力，只要能保護人民即可。人類事務的管理總有不周到之處，然而相較於悲慘的內戰，以及與沒有法律約束的失序狀態相比，實在不值得一提。

主權者的壓力並非來自一己的好惡或利益，而是國家的富強繁榮。而人民不願爲了公共事務納稅，但如果平時不納稅充實國庫，一旦國家有戰事，主權者將無以制敵。人民天生短視近利，只在意納稅的剝奪感，而渾然不覺可用納稅來阻止無形的禍患。

# 第十九章　國家的種類和主權的繼承

不同的國家有各自的主權者，代表所有人民。因爲主權者不是一人就是議會，議會有人人可以參與的，或只有部分人能加入的，所以國家有三種，主權者只有一人就是君主制（Monarchy）、由全民議會統治則是民主制（Democracy）、由少數人統治則是貴族制（Aristocracy），除此再無其他形式。主權必然由一人控制、或由少數人掌握，或由全體人民來行使。

在歷史典籍上曾出現過政府形式如僭主制（Tyranny）和寡頭制（Oligarchy），這並非政府的形式，而是厭惡政府而如此稱呼政府。對君主制不滿稱其爲僭主制，不喜議會制則稱爲寡頭制，對民主制失望就稱其爲無政府（Anarchy），我想無政府不是一種政府形式，而政府形式也不是因人的喜好而定。

當人有絕對自由時，可授予權力給某人或議會來代表他們。無論君主制和議會制，人民皆服從主權者。如果同時有兩個主權者，代表主權分離，而主權本不可分割，如此則讓人民陷入戰爭狀態。有主權的議會讓人民推舉代表參與統治，提供意見給他們，而變成了人民的代表，超過議會本身，如此則太荒謬了，君主國的人民這麼想則再次荒謬。有一君主國統治超過六百年，人民尊稱君主爲陛下，無疑的是他們的國王，而人民不認國王是代表，反而認爲陳情和提供意見的人爲代表。主權者爲人民眞正的代表者，職責是勸誡人民如果要撤銷這樣的信任下，必須承認任何形式的代表權，不能任意撤銷。

三種國家的不同並非在於權力，而是達成人民和平與安全的方式不同。相較其他兩種國家，在君主制中，有公職身分的人，同樣具有私人身分，在執行公務時會努力追求公益，但或多或少會有著顧及家人朋友利益的私心，一旦公私利益衝突時，往往會以私害公，人的感情往往可以凌駕理性。所以如果使公益和私益結合，則公益受惠最多。在君主國，君主的私利即民眾的公利，國家的光榮富強是由於人民的光榮富強，反之，如果因人民的貧窮、卑劣和懦弱與不合，無法抗敵，則君主就無法擁有富有、安全和光榮。但在民主制或貴族制，國家是否繁榮無法依賴這些只會滿足私人財富的人，以及腐敗、野心、沒有誠信的陰謀行爲。

第二點，君主可以在任何時地徵求意見，可以傾聽意見，心中所思與行動的次序及品質可以在行動之前保密，但議會無法如此，他們追求財富甚於求知，用長篇大論來煽動民眾，卻沒有實質內容。議會人數眾多而且公開，沒有祕密。

第三點，君主的決斷取決於人性，議會不只因爲人性，還有人數在影響決議，即便產生決議，一旦今日支持者出席減少，而反對的人數出席增加，則很容易推翻昨日的決議。

第四點，君主不會因爲妒忌及利益來反對自己，但議會則會發生此事，容易導致內戰。

第五點，君主制有一不便的事，就是會奪取人民財產來讓佞臣中飽私囊，這的確是無可避免的重大缺失。不過議會也是如此，議會往往受其中一些議員的煽動，成爲如同君主制下的佞臣，互相滿足貪欲。君主旁的奸佞人數尚少，僅嘉惠親族，但在議會則貪婪人數比君主制更多。此外，不喜君主制者則不會援友傷敵，但議會裡的演說者雖然有權力害人，但不會救人，因爲指控別人要比爲人辯護來得容易。

第六點，君主制的不便在於主權者如果是幼主，他無法區分善惡，權力必須依賴他人或某些人，以監護人的名義保護幼主和監護人自身的權威。但如此對主權非常不利，或說所有的政府都會更加不利，會導致混亂和內戰。而所有的危險都是由權位的爭奪和名利的競逐而來，而這樣的缺失並非君主制的問題。仔細想想，前任君主指定了保護幼主的人，即便沒有遺囑，是在默認的情況下接受，此非因君主制造成不利的情況，而是因爲野心和不義的臣民。如此不論在任何形式的政府，主權者和人民都無法善盡義務。而前任君主未必能掌握號令，就依循自然法。攝政者最關切的是保全幼主，不讓君主死亡或削減權力。人本質上會追求功名利祿，如果君主身旁圍繞一些會毀滅以及傷害他的人，這是背叛而非輔政。爲了防止爭議，如因這樣的爭奪來破壞和平，並不能歸因於君主制，而是因爲臣民的野心和怠忽職守所致。此外，議會主政的政府，往往在和戰以及立法上的表現如同兒戲。幼主需要仰賴議會指引，而議會性好自由，善惡任憑多數決，而幼主需要輔政來維護其臣民和權威，而議會政府在危急時需要自由監護人（*custodeslibertatis*），即獨裁者（dictators）來保護權威。獨裁者是臨時君王，最後往往會變成掌握實權的人，比起攝政監國者更會剝奪幼主的權力。

如前述，統治權的方式有三種：由一人統治的君主制、民選議會的民主制，和特定菁英統治的貴族制。考察各國實際情況，如有其他體制必由這三種體制的混合而成。例如君主制內有選舉，實爲有限君主制，又如民主國家征服異國，指派總督治理都是混合制。雖然選舉產生的和權力有限的君王都是國會總理，而非統治者，不能稱爲君主國。而總督施政之地，雖然母國是貴族制或民主制，也必須歸在君主國的類別。

首先，選舉出來的君王，在位期間或爲終身，或爲若干年月，如可任意指定繼位者，則此王位就是世襲而不是由選舉產生。如果此君王無權指派繼位者，則在君主死後可指定繼位者的人，就是擁有主權的機關。因爲有權給予他人物品的人必爲物主，可將此物留給自己或給予他人。如君王死後，沒有人或機關可行使主權的授予，則在君主在世時應該先指定繼位者，此爲責無旁貸的事，否則國家會回到悲慘的戰爭狀態，失去立國的本意。無論如何，選舉出來的君王就是絕對的主權者。

第二點，如王權有限制，能限制王權的人，地位必在君王之上，若如此，此君王不能稱爲主權者，而限制王權的議會才是眞正的主權者。因此這個政府並非君主制，而是民主制或貴族制，古代的斯巴達即爲一例，國王可以統帥軍隊，但由議會選出的五人督政小組（*ephori*）來掌握實權。

第三點，如羅馬任命總督來治理猶太人，這時猶太人並非實行民主制，因爲沒有猶太人可參與全民會議，也沒有猶太人貴族可以選進議會，而只是由羅馬任命的官員所統治。由羅馬人來看是民主，由猶太人觀點來看則是君主制。由自己所選的議會統治，才能稱爲民主制或貴族制，由他人選的議會進行統治，而無法親身參與，則仍舊是君主制，此時的君主是指由一個民族統治另一個民族而言。

所有形式的政體都有壽命期限，不只是君主，議會也會消亡，爲了長治久安，必須創造一個不朽的「人造人」（artificial man）來統治，這個永生的人造人就是繼承權（right of succession）。

繼承權必須由現任主權者控制，否則政權難以完備，即便繼承權由特定人或議會控制，只要臣屬於主權者，主權者可隨時取回繼承權。如不在主權者身上，則國家形同瓦解。因此有權力的人才能取得，這有違立國意旨，係因爲了永久安全而非只有暫時安全的緣故。

民主制的議會不會消失，除非所有人民都消失了。所以繼承權在民主國家不構成問題。

在貴族制，議會成員身亡，則議會可自行補上缺額，因爲議會是主權者，可以挑選任何議員和官員，議會的行爲代表全民，因此議會可以授權給他人，選舉新議員，但主動權仍在議會，而因應民意的罷免也是比照處理。

最難處理的繼承權是君主制，因爲由誰指派和指派何人都煞費苦心。指派權由現任君主所屬，否則歸於無組織的群眾，一旦君主駕崩則國家就沒有正式代表，更無機構可以選出領導人，於是人人可以任意指派屬意人選，則將陷入爭鬥而重返戰爭狀態，所以君主制的繼承人應當由現任君主決定。

至於選定何人爲統治者，或以文字宣告，或以其他法定方式宣告。以文字宣告者，指的是當君主在世時，以口頭或文字宣布，如同羅馬最初幾位皇帝宣布儲君的情況。儲君未必是現任君主的子女或近親，任何人都可以。儲君經過宣布，如君主去世則可繼位。

如果沒有見諸文字，則應當依據其他自然的表徵來決定，如遵從習慣。如當地的習慣是以血緣最近的親屬爲繼承人，則由此人繼承大統。假如在位者無意如此，則必須及早宣布繼位人選。若習慣是以最親的男眷繼承，則依循此習慣。如果習慣是女性比男性優先繼承，則同樣依循此習慣。因爲君主如不要這樣的習慣，可以自行更改，沒有更改的話則應遵循當地原有的習慣。

若無習慣也無明令可遵循時，有幾點需要了解：一、依循君主的意志，國體仍爲君主制，因爲這是現行制度；二、君主的親生子女應有優先繼承權，因爲人總是偏愛自己的後代，而男性比女性優先，因爲國事繁重險峻，男性較能勝任；三、如果君主無嗣，其手足可優先繼承，而近親比遠親優先繼承，因爲親屬關係愈近，感情愈深厚，近親的榮耀顯貴最能引以爲榮。

君主以約定給予他人王位繼承權，如此有人會反對一些不利之處：將王位賣給外人，在習慣和語言都不同的情況下，此人必然輕視以及鎮壓人民，此爲不利之處。雖然此不利之處並非因爲外人統治的緣故，係因統治者的無能。因此羅馬在征服各國後，往往給予當地領袖和人民特權，甚至許以羅馬人的名稱，讓他們在羅馬城進入元老院和擔任官員。我們英明的詹姆士國王想合併英格蘭和蘇格蘭，用意相同。假使國王此舉成功，則內亂十之八九可避免。而英格蘭和蘇格蘭的人民又何至於如此顛沛流離！因此君主指定繼承人，本來對人民無害，但有時錯誤決策反而導致不利。指定繼承的合法可以此證明。如不能傳位給外國人，則君主和外人聯姻而影響繼承權也是不可。但這類婚姻本來就認定是合法的，因此傳位給外人無疑也是合法的。

# 第二十章　論父系統治和專制統治

所謂取得（acquisition）的國家，是指以武力獲得統治權，在這情況下，人民在恐懼中，不得不單獨或成群地受人統治，其生命和自由皆受人管轄。

這類統治和建立起的國家不同，建立的國家是因爲人民彼此相互恐懼而建立，並非懼怕統治者。而取得的國家則是人民懼怕統治者。相同的是，這兩種國家都是因爲恐懼而成立。要注意的是，主張因恐懼而產生契約無效者，端看何種情形，在國家成立後，因脅迫而同意的行爲視作無效。但並非因爲恐懼而無效，而是允許者無權的行爲，此並非契約無效，而是主權者的裁決，反之，個人無論何時依法立下承諾後，違反承諾就是不合法的，而主權者身爲代理人，強迫解除承諾，無異是代替威脅者來解除契約。

這兩種國家的統治權力及效果都相同，非經統治者許可，權力不能轉移，也不能取消，人民不能控訴主權者傷害，主權者也不能受到處罰。其維繫和平，判斷思想學說是否正當，制定法規和裁決爭端，決定宣戰媾和，選任官吏，執行賞罰。如前述，國家元首的權力皆相同。

取得統治權有世襲與征服兩種方式，世襲的如同父母之於子女，因此稱爲父系的（paternal），但這並非自然而然，如父母生養子女一般，而是經由子女的同意、包括明示和默示的同意。人都有父母，而統治權理應由父母親同時擁有，但事實上人無法擁有兩個主人。若認定由父親所有，意謂男性比女性優越，實爲謬誤，此事並非以武力決定。建國後如有此類爭執，男性在法律上常得勝訴。但係因國家多由男性建立，因而偏袒男性，若在自然狀態，無婚嫁和教育之法，則只能以父母之愛來決定。在此情況，其統治是由父母雙方所約定。歷史上，亞馬遜國曾和鄰國立約，若生男送歸其父，生女則留在本國，如此則女子的統治權在母親身上。

如果沒有契約，則統治權在母親，而非在父親身上。在自然狀態沒有婚姻，人出生時，母親可生養，也可棄養，人只知有母而不知有父。若養育、生養皆拜母親所賜，統治權在母親身上而應服從。若棄養，爲他人收養，此收養人則有統治權，因爲維繫生命皆仰賴此人的緣故。服從對自己有生殺大權的人是天經地義的事。

如果母親爲父親的屬民，則小孩亦屬父親統治；若父親爲母親的子民（女王和其中一位子民結婚），則小孩的統治權屬於母親。

假如父母各爲一國之君，對小孩的統治權，有契約則依照契約，無契約則由所屬當地統治，因爲主權者對本國有統治權的緣故。對子女有統治權，則對其子女的後代皆有統治權，因爲統治權不但統治人，也及於其所屬的人事物，否則有名無實。

父系統治權的繼承與君主統治權的繼承相同，已如前章所述。

由征服和戰勝而來的統治權，或稱爲專制統治（despotical），從希臘文 *δεσποτης* 而來，如一家之主之於奴僕，因爲受到征服的人，唯恐其性命不保，或以口說或其他方法來表示臣服，以免受刑罰或牢獄之災。受征服者在表達臣服後就成爲奴隸（servant）。奴隸和俘虜（captive）不同。俘虜是身在牢獄中等待處置者，若能脫逃、手刃或擄走敵人，皆屬正當行爲。但若爲奴隸，則以人身自由保證不逃亡和忠誠，才能受到主人信賴。

因此這類統治權不是因戰勝而統治，而是由契約產生，受征服者的義務是由於從戰勝者的手中倖存。而戰勝者也沒有因敵人求饒而有免其一死的責任，這全仰賴戰勝者的意志。

求饒者是想要避開戰勝者當下的暴怒，以求保全性命，更爲了贖身和歸降做打算，因此求饒者並非眞的能免死，只想先解燃眉之急，以求保全性命，等待戰勝者願意信任而准予身體自由，就開始以奴僕的身分來服侍主人。若在牢獄中，身戴枷鎖來服勞役並非由於義務，而是爲了避免受到虐待。

家主對奴僕的權力爲包含奴僕所有的一切，舉凡貨物、勞力、子女和家屬，因爲奴僕依契約保全性命，是以服從爲條件，認可主人的行爲。如果因不服從主人而遭到殺害和刑罰，奴僕不能控訴主人，因爲這是契約所許可的行爲。

總之，父系的統治和專制的統治，權力及結果和由建立所產生的國家並無不同，理由也相同：如前章所述，君王統治不同國家，或建立而取得，或征服而取得，征服的國家是因爲其人民爲了求生存而取得，如因此而提出比建立的國家更多要求時，便是不知主權的意義。因爲主權是絕對的，且放諸四海皆準，否則就沒有主權，而人民會回到戰爭狀態。

假使有一個大家族，不屬於任何一個國家，那麼這個家族就是個君主國，由家長和子女，以及奴僕共同組成，由家長或主人來統治。但家庭還不足以稱爲國家，除非有足夠能力自衛，萬一無法自衛，則人人自求多福，如同小部隊遭遇大敵，敗逃或投降，甚至遭到殺害。關於統治權的性質，人類建國的理由和必要性，以及君主和民主的區分大致如此。

在出埃及記中，以色列人對摩西說：「求你和我們說話，我們必聽；不要神和我們說話，恐怕我們死亡。」（出埃及記二十章十九節）表示對摩西絕對的服從，關於君主的權利，上帝藉由撒母耳說道：「管轄你們的王必這樣行：他必派你們的兒子為他趕車、跟馬，奔走在車前；又派他們作千夫長、五十夫長，為他耕種田地，收割莊稼，打造軍器和車上的器械；必取你們的女兒為他製造香膏，做飯烤餅；也必取你們最好的田地、葡萄園、橄欖園賜給他的臣僕。你們的糧食和葡萄園所出的，他必取十分之一給他的太監和臣僕；又必取你們的僕人婢女，健壯的少年人和你們的驢，供他的差役。你們的羊群，他必取十分之一，你們也必作他的僕人。」（撒母耳記上八章十一—十七節）。這是絕對的權力，而「以你們為其奴隸」一語足以說明一切。當時的人知道君權如此，仍表示允諾，說：「使我們像列國一樣，有王治理我們，統領我們，為我們爭戰。」這證明君主有軍權和審判權。所羅門王（king Solomon）向上帝祝禱說：「所以求你賜我智慧，可以判斷你的民，能辨別是非。」（列王紀上三章九節）所以君王應制定善惡的規則，這些規則成為法律。掃羅（Saul）想取大衛性命，卻陷入大衛手上，大衛的僕人想替其取掃羅性命，遭大衛阻止：「我不敢伸手害我的主，因為他是耶和華的受膏者。」（撒母耳記上二十四章十節）。關於奴隸的服從，聖保羅曾說：「你們做僕人的，要凡事聽從你們肉身的主人」（歌羅西書三章二十二節）、「你們做兒女的，要凡事聽從父母」（歌羅西書三章二十節）。這是在父系和專制的統治下單純地服從。耶穌在馬太福音說：「文士和法利賽人坐在摩西的位上，凡他們所吩咐你們的，你們都要謹守遵行。」（二十三章二—三節）。聖保羅又說：「你要提醒眾人，叫他們順服做官的、掌權的，遵他的命，預備行各樣的善事。」（提多書三章一節）。此等皆爲單純的服從。此外，耶穌承認，人民要向國王繳稅，說：「凱撒的物當歸給凱撒[1]。」而耶穌自身也要繳納。國王有令可以徵收任何人民之物，是否需要則由國王自行決定。所以耶穌以猶太王的身分，令門人取他人的驢馬載他到耶路撒冷，說：「你們往對面村子裡去，必看見一匹驢拴在那裡，還有驢駒同在一處；你們解開，牽到我這裡來。若有人對你們說什麼，你們就說：『主要用牠。』那人必立時讓你們牽來。」（馬太福音二十一章二—三節）此話足以證明人民不會懷疑國王需要與否，以及決斷是否正當，而只是默許上帝的意旨。

創世記也道：「你們便如神能知道善惡。」（三章五節）又說：「誰告訴你赤身露體呢？莫非你吃了我吩咐你不可吃的那樹上的果子嗎？」（三章十一節）。因爲善惡之分本來不是亞當所應該知道的，所以上帝才會以樹果表示禁忌，來測試亞當的服從心。沒料到魔鬼引誘夏娃，告訴亞當服食禁果後會和神一樣通曉善惡。食後能知曉善惡，但沒有分辨

[1] 路加福音二十章二十五節。

善惡的能力。他們吃了以後，見到自己光著身體。沒有人說他們先前眼盲，沒有看到自己的皮膚，而是說他們自覺光著身體不美觀。有人說裸體是上帝所賜，現在覺得羞恥，於是責備上帝，所以上帝說：你應該服從我，怎能評斷我的命令？這表示凡具有命令權的人所發出之命令，不是子民能評論和爭辯的。

就我的理解，以根據理性和《聖經》，統治權無論是在君主、民主制或貴族制，皆奉行權力至上。雖然無限的權力必有弊端，但還是比讓人民陷入戰爭更加理想。人的生活當中難免會有不便之事，然而一國之內，最大的不便是臣民不服從，以致於違反立國契約。因此認為統治權過大而想限制權力，結果必然導致更大的權力產生，所以只有更大的權力才能限制權力。

實際上最大的反對是：如此龐大的統治權曾幾何時、何地受人民承認？我們很難反駁這點。但亦可反問，無論哪個國家總會發生內亂，若要永續國祚，不受外力摧毀，則必須保有統治權。人類愚昧的行為微不足道，例如世上如果人人將房屋蓋在沙灘上，不能因此說房屋的建築就該如此。建國之道有一定的原則，猶如算術幾何的定理，不是像打球一樣單純累積經驗而已，必須去探索其方法和原理。

# 第二十一章　論人民的自由

自由是沒有阻礙的意思，可以適用在具有理性和無理性之物。若受到環境拘禁限制，可說是失去自由。所有生物受到高牆拘禁或鎖鏈限制，抑或是水流遭池子包圍，就可謂失去自由。沒有外來的阻礙，則行爲不止於此。但如果阻礙是發自物體內部，就不能說是其想要自由，而是想要移動的力量，如同靜止的巨石或臥病在床的人。

自由人是指：個人能力所及而願意做的事，並且不受阻礙。但不會活動之物，就無受阻的可能。所以自由只能適用在身體。因而自由的活動並非指自由本身，而是指沒有停止的行動。如禮物是自由的，非指禮物本身，而是送禮者不受規約拘束而贈禮。又如自由的談話，並非指涉聲音自由，而是指談話不受拘束而言。因此自由意志不是指意志和欲望，而是人的自由，其意志和心念不受控制。

恐懼和自由可以並存，像是爲了害怕船沉沒而把貨物丟到海上，這是自願的行爲，如果不願拋棄，盡可不用丟棄貨物，因此這是自由的行爲。又如恐懼坐牢而還債，並沒有人阻止其欠債，這也是自由的行爲。在國家之中，恐懼刑罰的行爲亦是自由的行爲。

自由和必要性（necessity）也可以並存，比如水流不只是有自由，還必須順著水道往下流動。同理，人自願的行爲從自由意志而起，其意志、欲望等一切的原因形成連鎖，可溯至上帝造物的第一因，成爲必然性。雖然人沒有依上帝的命令而行動，但其熱情嗜欲無一不是源自上帝，假使人的意志不以上帝的意志爲前提，則人的自由就會與上帝的全能及自由牴觸。

人類爲了求和平及保全自身，建出一個人造人（artificial man），稱之爲國家（commonwealth）。進而打造人造的鎖鍊，稱爲法律（civil law）。因此，他們藉此合約，鎖鍊的一頭是統治者的唇，將繫於人民之耳。這種連結不甚穩固，但破壞後可能帶來的危險，讓這個連結得以持續。

所謂人民的自由便是指這樣的維繫，無論哪個國家的法律都無法窮盡人的行爲。所以法律沒有規定的行爲，人可以自行判斷對自己最有利的措施。如將自由定義爲身體的自由，則一般人在沒有受拘禁的情況，何以要求自由？如將自由定義爲不受法律的制裁，則人人將回到自然狀態，更不可行。然而，現在對自由竟然有此不適當的看法，殊不知法律沒有執法利器的保障則無從執行。因此人民的自由，僅限於主權者不過問的行動，如買賣、契約、居所、飲食和營業的選擇和子女的教育等諸如此類。

這等自由未曾限制主權者的生殺大權，主權者對人民的處分，無論如何都不能說是不義和傷害，已如前述。因爲主權者係由人民授權，除了受自然法約束外，享有各種權利，因此主權者可能處決一個未犯罪的人，如耶弗他（Jephthah）讓女兒犧牲；大衛殺了烏利亞（Uriah），這不是傷害烏利亞，而是傷害上帝，這個行爲違反自然法，差別在於大衛王悔悟後說：我對你犯罪了。又如雅典市民的放逐令，驅逐最有影響力的人達十年之久，他們認爲此舉並非不義，而是防範可能造成的傷害。雅典市民將想放逐者的姓名寫在貝殼上，不需要指控其罪名，就放逐了以正直聞名的阿里斯提德（Aristides），有時放逐的是輕佻的希帕波魯斯（Hyperbolus）之流，只想開個玩笑。但我們不能說雅典人想要放逐他們，或雅典人沒有正義和嘲諷的自由。

值得注意的是，古希臘羅馬史和哲學著作所稱頌的自由，並非個人的自由，而是國家的自由，以及沒有國家和法律時的個人自由。在沒有國家之前，人與人之間處在永久的戰爭狀態，當時沒有子承父業，沒有正式的貨物與土地所有權以及對生命安全的保障。自國家形成後，國與國之間仍舊如此，各謀其利，彼此爲敵。因此希臘和羅馬都是自由的，是指統治者可以侵略他國和抵禦他國的自由。路加市的國門上寫著自由，然而當地人民的自由權、對國家的義務與君士坦丁堡沒有分別。因爲國家有君主制和民主制的區別，但人民的自由並無區別。

然而，自由的美名容易使人誤解，以爲人天生就有自由，又逢名人著書鼓吹，於是產生了政爭甚至革命。在當今的西方世界，我們將亞里斯多德（Aristotle）和西塞羅（Cicero）等希臘、羅馬人的見解奉爲金科玉律，殊不知他們所言的不是自然律，而是當時正在實行的民主制，就像是語法學家所沿用的語法詩句，都是從荷馬（Homer）和維吉爾（Virgil）的作品而來。爲了避免政變，雅典人聲稱自己是自由的，認爲君主統治下的人都是奴隸，因此亞里斯多德在《政治學》說道：「在民主制下，自由是理所當然的，而在其他制度下沒有人是自由的。」西塞羅也持相同看法。羅馬人痛恨君主制，在廢黜君主後共享統治權，自此世代相傳。閱讀這些希臘、拉丁著作的人，以爲作亂是理所當然，導致失序的流血政變，由此可知，我們爲了學習這些希臘、羅馬文化付出了巨大的代價。

要論何謂人民的自由，即爲當主權者下令時，受統治的人民可因不義而拒絕服從，我們可細察當建國時所放棄的自由，和賦予主權者的權力到底爲何。人原本有同等的絕對自由，之後所負擔的義務是由本身的行爲來決定。因此人民對主權者負有兩種義務：以明文表示，使人民了解賦予統治者的權力；以及雖無明文表示，但可推斷人民之所以服從統治者的目的，就是使人民安居樂業、抵禦外侮。

首先，建立的國家由人民相互立約而成，取得的國家則由受征服者對勝利者所立之約，人民的自由是不能由契約轉移的權利，我在第十四章中曾說過：放棄自衛的契約無效。因此：

如主權者命令一人自殺（縱然有罪）、自殘，或任人宰割，或絕食、閉氣、不服藥來斷其生路，則此人有拒絕服從的自由。

又如統治者訊問某人所犯的罪，在沒有赦免擔保的情況下，此人可拒絕承認。因爲已如前述，人沒有指控自己犯罪的義務。

人民同意讓出主權，應該宣稱：「我授權並承擔他的一切行動。」如此則不會限制人民固有的自由：雖然允許他殺我，但不允許他命令我自殺。好比此一說法「我任由你殺我，或殺我的朋友」，另一類說法是「我將自殺，或殺我的朋友」兩者的意思不同。

人沒有自殺或殺人的義務，如果受主權者的命令，去從事危險或不名譽的事，此行爲並非依照上述授權的宣稱，而是由於此命令之目的而爲。如果拒絕服從，違背了任命主權的目的，那麼人民沒有拒絕的自由，反之則否。

如果有人受徵召服兵役，在某種情形下可以拒絕做不義之事，例如他已經找到其他更勝任的人可代替。又如天生膽小的人，亦當格外體諒。不只女性應免役，以及有女性特質的男性也應當免役。兩軍交鋒有逃亡者，如果是因爲恐懼而非叛逃，則此行爲並非不義，僅爲不名譽。但如果是透過招募從軍，領了軍餉，則不能怯戰，必須勇敢赴戰，沒有命令不得撤退。若當國家危急之時，必須舉國出戰，則人人都有上戰場的責任，如果不這樣做則枉費爲國家。

爲保護一人而對抗國家的武力，無論此人是否有罪皆爲不可。沒有人能脫離保障我們安全與自由的主權，因爲這將會顛覆國家。假使有一群人，曾抗拒國家或犯下重罪，他們自知難逃一死，在這情形下，這些人是否可互相團結，互相防衛？當然可以。這是爲了保全性命，無關乎有罪或無罪都可以這樣做。其不義在於初犯，其後以武力對抗，不會更加不義。假如接到國家頒布的赦免令，不能以自衛爲由仍繼續防衛，如此做就是非法的行爲。

至於其他類型的自由是法律沒有規範的自由。法律無明文規定，人可以自行斟酌行爲，然而行爲的範圍則因時地而不同，要由主權者來定奪。例如從前英格蘭地主得用武力驅逐侵占田地的人，後來遭到國會禁止。又如他國男性有多妻的自由，但有些國家並不允許。

人民如爲法律上的債務、田地、貨物、以及傜役、刑罰，而與主權者有爭議時，可依法訴訟。主權者是依法行事而非依恃權力。若主權者的行爲係因法律所賦予的權力而來，則非法律所能約束。因爲主權係由人民所賦予，人民控訴主權者等於在控訴自己。

如果主權者允許人民絕對的自由，此爲無效的允許，除非主權者將權位傳給他人。若僅聲明放棄，但實際上並沒有放棄，主權依然在原主權者身上，保有宣戰媾和、立法、任官、徵稅等權力。

人民對主權者所負的義務，在主權者喪失其保護能力時就隨即解除。人類天生有自衛之權，如沒有人能保衛他們的話，亦即沒有契約能約束。主權是國家的靈魂，靈魂若和軀體分離，則軀體便不會再受靈魂指揮。服從是爲了得到保障，保障的力量或在自身，或於他人，服從保障的力量是爲了維持和平。然而，建立主權的用意在於永續生存，避免因內亂外患等諸多因素而崩毀。

人民因戰爭遭到俘虜，由戰勝者擔保性命及自由，從此成爲戰勝者的人民，否則將無法存活。即使不是因爲戰爭，而是在國外遭到劫持者亦然。如囚禁在敵國而失去人身的自由，則沒有臣屬的義務。此時可用一切手段來逃脫。

如有君主自動放棄王位及其後裔的主權，則其人民就回復到絕對的自由。雖然可以知道何人是血緣最親的繼位者，但決定之權仍在君主自身，如果沒有子嗣，就沒有主權，也就沒有人民從屬的問題。如君主死後無嗣也是同樣的情況。

如人民遭到君主驅逐出境，則不復爲其屬民，若受命出國，在國外時仍爲君主屬民，這是國與國之間的約定，而非按照建國之約。但凡進入他國，就應服從當地法律，除非有特許或國際間的善意才有例外。

若君主受俘而降敵，則人民當下就解除原有的義務，改爲服從戰勝者。若僅遭俘而失去自由，則沒有讓出原有的主權，人民依然受到官員以君主爲名的統治。

# 第二十二章　論政治的和私人的團體

前面討論過國家的產生、形式和權力，現在開始討論國家的各部分，首先是團體（systems），團體猶如身體的肌肉，眾人爲了某事而團結就是團體，有正式（regular）和非正式的（irregular），有一人或一群人代表全體者是正式的，其他則是非正式的。

正式的團體是絕對獨立的，服從自己的代表，此團體即爲國家。其他非正式的團體則是從屬的，隸屬在一些統治權下，包括他們的代表也是屬民。

從屬的團體，有政治的和私人的。政治團體：也稱爲政體（bodies politic）或法人（persons in law），由國家權力所建立，私人團體爲人民自行成立或外人成立，是私人的，不具公共性。

私人的團體有合法（lawful）和非法的（unlawful），經國家許可即爲合法的，未經國家許可就是非法的。非正式團體沒有代表者，由群聚而成，若沒有惡意（如在市集、看表演的群眾等無害的目的）就是合法的，若意圖不軌，或在人數眾多的情況意圖不明則爲非法。

政體代表的權力有限，這是由主權者限定的，因爲只有主權者才有無限的權力，可以代表全體人民，除外沒有人能代表他們。如果主權者准許一部分人有代表者，就是放棄國家對這部分人的統治，分割統治權是背離了和平和防衛，以及建立主權的原意。如有此意，則是錯誤和錯估的訊息，此爲人之常情，不足爲信。

政體的代表權限具有兩個方面，主權者的命令、許可狀，以及國家的法律。

建立的國家和取得的國家不需要任何許可狀，因爲代表人的權力除了自然法外沒有其他限制。而從屬國家的團體，關於其事業、時間、地點等等必須有種種不同的限制，應有明文規定，此許可狀必須有國家的印信，公布讓團員知悉。

然而這些限制並非能形諸明文規定，因此未列舉出來的當以法律規定。

因此，政治團體的代表，如以代表人身分做出超出許可狀和法律規定的事，這般行爲是個人行爲，不能代表團體和其成員的行爲，個人必須負起完全責任。而做出超越許可狀和法律的行爲，即失去了代表的身分。若在許可狀和法律範圍內的行爲，即代表團體的行爲。對於主權者而言，人人都是授權者，因爲主權者有無限權力，不脫離主權者許可狀的行爲，其本身就是主權者的行爲，人人皆是主權者行爲的授權者。

如果團體代表者是議會，那麼超出許可狀和法律範圍的行爲都應視爲該團體的行爲。因爲會議成員投票使規定成立，是因爲多數人投票贊成，投反對票和缺席則與此無關，如果這行爲有罪，則在可能的範圍內懲罰此議會，如解散議會和取消許可狀（對這類團體來說，無疑是死刑）。如果該議會有資金，而無罪的成員沒有在其中時，則可處以罰金，反對和缺席的成員則不需支付。因此，沒有投票的人便爲無罪，因爲議會不能在許可狀外代表其團員，因而這些人沒有涉入這次投票是無罪的。

假如團體的代表爲個人，對團體以外的人舉債（許可狀無須限制借款，因人的本性並不喜歡向人借款），此債務由個人負責，如果此人能讓團員償還舉債，代表此人對團員有主權，如果許可狀有此相關的授權記載，則爲許可狀的錯誤，否則此人就成爲主權者。債權人對團體運作的情況並不知情，只能向借貸人請求負責，如不能以公款歸還，則必須用個人財產償還債務。

如果此人債務是因契約或罰金而來，其責任亦同。

如代表人爲議會，而對外人負債，則舉凡成員於舉債時，投贊成票者，都須負責償還。舉債者本應負責償還，即使其他人也能償還，也須由舉債者負責還債。

如債權人是議會中成員，則只能以公款償還，而責任不及於個人，如公款不足以還清欠款，則此債權人無可控訴，因爲債權人也是其中一員，應知情其經濟情況，仍堅持借出款項是咎由自取。

由此看來，在統治權下的政治團體，其中成員對於團體的行動不僅可以公開表示抗議，而且是必要的抗議，否則他人所招致的債務和刑事責任，自己也責無旁貸。但在有統治權的議會，成員不能抗議，如此會損害統治權。統治權不可違抗，無論願意與否，都是由人民所授權讓予。

政治團體的種類多不勝數，不僅是因事務不同而有區別，還有時間、地點和人數有諸多限制。在事務方面，有些是爲政府服務。首先，一個行省的政府可能交付給一個議會，一切決議係爲多數決，此議會就是政治團體，其權力受委託限制。行省負責掌管事務者將事務委託職位在他之下的人來執行。因此國內不同地區如果法律互不相同，或距離遙遠，政府的行政事務就會交給不同人，主權者不駐在當地，而委託他人代爲管理行政事務的地區就是行省。但行省的政務由議會來管理的例子很少。羅馬人在許多行省具有主權，但始終派政務官和總督來治理，而不似在羅馬城及鄰近地區是以議會來管轄。同樣的，當英格蘭派人移民到維吉尼亞和百慕達時，政府雖然委託在倫敦的議會管理，但並沒有授予當地的議會管理，而是由派駐當地的總督管理。依人的天性，在政治上想要事必躬親，若不能直接管理的地方，就會傾向把該地的事務都交給君主式政府管理，而不會交給民主式政府。大地主亦是如此，當地主不願爲田產操勞，便委託一位下人來代管，而不是委託一群朋友來管理。但無論如何，都可假定行省或殖民政府可以由議會來治理。這議會的舉債和所有非法行爲都只是同意者的行爲，而不是反對者和缺席者的行爲，理由如前述。掌管殖民地的議會，如在外地就不能對殖民地人民行使權力，也不能因債務和義務拘留人民。除了該地法律所允許的辦法，他們不能在其他地方行使司法權和行政權。該議會雖然可以違反規則的成員處以罰金，但無權在殖民地外執行，這裡所談的關於議會的權利，對於管理城市、大學、教會和其他形式的議會式政府都適用。

政治團體的成員如受到團體侵害，應向統治者所指派之法院控告，該團體本身無權受理，因爲此團體與受害人同爲統治者的屬民，但如果是有主權的議會則情形不同，縱然議會是當事人，但如果議會沒有裁判權，則不會出現其他裁判者。

在政治團體中，爲了有效管理對外貿易，最適宜的是由全體成員組成的議會。所有投資者皆可參與，爲了證明此說法，我們須考慮商人從事進出口買賣，合資組成公司之目的爲何，的確很少有商人能獨資將貨物以船運送到國外出售，從國外運回也是一樣鉅資。基此，需要組成一個社團，按出資多寡來分配收益，也可單獨經營。縱然不能成爲政治團體，因為沒有共同的代表約束其服從其他的法律，和所有人民同樣遵守共同的法律。商人結合之目的在於獲取更大利潤，亦即獨占壟斷的買賣。因為在外國組成公司，便只有他們能輸出在該國銷售的貨物，在國內為獨家購買，於國外則是獨家銷售，國內外都只有一個銷售者壟斷，如此商人有利可圖，以較低價在國內購買，用較高價在國外出售，在國外只有一個購買者，在國內也僅有一個銷售者，對投資都有利。

這種雙重獨占對國內人民和外國人都不利，因為在國內可藉由獨家出口來控制農工產品的價格，獨家進口則控制國外產品的價格，這兩種情況對人民都不利。但如果能在外國市場結合為一體，在國內則自由買賣，各自定價才對國家有利。

如此商業團體沒有共同資本，除了造船、人員和糧食支出外，目的不是求團體本身或共同利益，而是出資者個人的利益，這就是要讓每位出資人參與及知曉資金運作的原因。因此，此類團體必須有會議，讓成員參與並表示意見。

如此商業團體如對外舉債，成員皆須對這筆金額負責，因為債權人對此團體的運作並不知情，只會將團體視為個別借貸人。於是，在其中一人償還債務，解除所有成員債務之前，人人都有義務負責還款。但如果是向團體中成員舉債，那麼此債權人也成為債務人，必須自行負責還款，扣除公共資金外不得索取款項。

如國家向此團體徵稅，就要按出資比例向成員課稅，在此情形下，除了個人投資外沒有其他的公共資金。

假定此團體有非法行爲，國家處以罰金，則只有對非法行爲投下贊成票的成員，以及曾協助執行非法行爲的成員需要繳交罰金，除此之外其餘成員沒有參與犯罪。因爲參與團體是在國家規定範圍內，不能因此獲罪。

如商業團體的一員對其他人負債，該團體可以控告此人，但不能自行沒收其貨物，亦不得拘禁此人，因爲這屬於國家權力，如自行判定就是私自審判。

這些商業團體有永久性的，還有明文規定有期限的。有一種有期限的團體，只受本身業務性質的限制。如主權者下令各地派代表來傳達民間疾苦，或爲立法諮詢各方意見，則此類代表會在規定的時、地集合，成爲代表人民的政治團體，但僅限於主權者所召集的事務，任務完成便解散。此團體不能成爲人民絕對代表，若是，則表示人民有兩個主權者了，無法維繫和平。國家只能有一個主權者，除外不能出現人民的絕對代表。至於此團體代表人民的程度範圍，則在召集時就應規定，因爲人民不能在主權者的命令外自行選派代表。

合法的正式私人團體是組成時，所有人必須遵守的法律外，沒有其他許可狀和書面證件的團體。因爲有一人爲統合代表，即爲正式的團體。例如由父親或家長管理的家庭即爲此類團體。因爲他可以在法律許可的範圍內管理子女和僕人，但不能要求其服從法律所禁止的行爲。在家庭管理下，所有家庭成員必須視家長爲主權者般而服從。因爲在國家建立前，父親或家長都是自身家庭的主權者，在法律範圍內仍繼續維持。

正式而不合法的私人團體是由一人來代表統合，沒有公共權力的私人團體，如乞丐、盜賊、流民，爲了增進乞討和偷盜的能力而聯合組成。由外國人所成立的團體，藉此宣傳統戰來對抗本國也屬於非法團體。

非正式團體本質上是一種聯盟，僅是烏合之眾，沒有特定目的，互相沒有義務，只是一時興起而產生，是否合法要視每個人的意圖，以當時的情況來理解其意圖。

人民之間的聯盟是爲了互相防衛，國家等於是全體人民的聯盟，因此私下聯盟並非必要，帶有非法的意味。如此，這類聯盟是非法的，稱爲私黨和陰謀集團。因爲聯盟是根據契約而成，如果不將權力交給一人或議會來強制執行，那麼聯盟只在缺乏互信時有效，沒有人能建立合法且永續的國家間聯盟。但一國人民都可以藉由主權來獲得權利，所以不需要聯盟來維持和平與正義，而當聯盟的目的不軌或國家不知情時是不義的，意圖不明時會危及大眾。

在主權屬於議會的國家，若一部分議員私下串聯，企圖操縱其他議員，便是不合法的私黨或陰謀集團，係以欺詐方式使議會符合其私利。但如果一人的私利要在會議上討論，因此與人交好，對此人而言，此舉並無不正當之處，因爲在此情況下，他並非議會成員，即使對議員行賄，除非法律明令禁止，也不能算不正當，因爲世事如此，有時沒有金錢便無有正義，在審判定讞之前，每個人都認爲自己有理。

在所有國家中，私人的僕役超過家產和合法用途之數目，便是不合法的私黨，因爲既然有國家防衛，就不須蓄積私人武力。至於在沒有完全文明的民族，若干大家族互相對立，以私人武力互相攻擊，很明顯的是不正當的行爲，可說是沒有國家的情況。

上述的家族私黨，以及宗教的黨派，羅馬的貴族派和平民派，希臘的貴族派和民主派都是不正當的，都是有害人民的和平安全，奪取主權者的武力。

人民非正式的團體，合法與否要視情況和人數而定。如果合法及明確，集會就屬於合法，如教堂禮拜或劇場觀眾；若是人數過多，又不能表明理由，則可認爲具有非法意圖。如有一千人寫成一份請願書呈遞法官或行政長官，如此爲合法；但如果一千個人一起到場呈遞就會製造動亂的場面，因爲只需要一、二人出現即可，這分別不在於人數，而是政府官員能壓制的人數。

超乎尋常的人數聚集起來，對付他們控告的人時，這聚集是非法的騷動，因為他們的訴求只需要少數幾個人就可以呈報政府。像聖保羅在以弗所就是如此，底米丟（Demetrius）和一群人帶著保羅的兩個同伴到長官面前，齊聲指控他們的宣教有害當地宗教。根據當地的法律，此控訴是正當的，但他們聚眾並不合法，長官如此回應：「若是底米丟和他同行的人有控告人的事，自有公堂，也有方伯可以彼此對告。你們若問別的事，就可以照常例聚集斷定。今日的擾亂本是無緣無故，我們難免被查問。論到這樣聚眾，我們也說不出所以然來。」（使徒行傳十九章三十八—四十節）因此，人類的團體好比人體各部分，合法的猶如肌肉，不合法的就像異常的膿瘡毒瘤。

# 第二十三章　論政務大臣

在上一章中已討論了國家與人體雷同的部分，本章要談的是感官部分，亦即政務大臣（public ministers）。

政務大臣是主權者所指派在任何事務上，有權代表國家的人。主權者有兩個人格或說是身分：自然的身分和政治的身分。由於君主不僅有國家的人格，且有自然人的人格，因此以自然人身分爲僕的人不是政務大臣，管理公共事務的才是政務大臣，因此在貴族制或民主制國家中，侍衛等庶務內臣不是政務大臣。

政務大臣的職務有些涵蓋國家全體事務，或是僅有部分事務。如幼主即位，攝政者可用君王名義行使主權，總攬國政，指揮文武百官。管理部分事務者，如行省總督，在管轄範圍內處分行省的所有事務，轄下人民都應服從。但行省總督的權力係由主權者決定，並非分割或轉讓主權。這類大臣猶如人類肢體得以運作的神經肌腱。

其他大臣各有職掌，在國內外有特殊使命。國內首先是財務大臣，掌管貢物、租稅、罰金以及公款的出納簿記。

其次有軍務大臣，掌管兵器、堡壘、港口，以及指揮、招募士兵或發放薪餉，以應付海陸戰的準備。沒有命令權的軍人雖為國家而戰，但不因此代表國家，只有具有命令權的人，對管轄人而言才能代表國家。

政務大臣也教導人民了解對主權者的義務，以及分辨正義和不正義，使人民能和平、虔誠地生活，團結一心抵禦外侮，因為這是根據主權者的權力而為。只有君主和主權議會才能有上帝賦予的權力來指引人民。除主權者外，其他人都是從上帝和主權者來獲得權力，承蒙上帝的意旨與恩寵。

執掌司法的人也是政務大臣，因為他們在裁判席上是代表主權者，其裁決就是主權者的裁決。爭議有兩種：事實的和法理的，所以裁決亦包含二者，在同一爭議中會有兩個法官，一個為評斷事實，另一個依據法律裁決。

在爭端中，為避免原告和被告兩造互相質疑，因為彼此皆是主權者的屬民，如果主權者沒有親自到場裁定，就要指定雙方都同意的人來裁決。有幾種方法，第一，准許被告提出對法官的不信任與表示異議，如未表示則為默認同意。第二，如向其他法官上訴，就不能再訴。第三，如果向主權者上訴，由主權者親自審理或指定雙方同意的人審理，則此判決爲最終判決，因爲這是被告所同意的結果。

就上述合理公正的司法制度而言，實在值得推崇英格蘭所立的民事訴訟法庭和公訴法庭。民事訴訟的雙方皆爲人民。公家訴訟（王室訴訟）的原告是主權者。因爲人有貴族和平民之分，貴族犯罪由貴族審判，開庭時貴族有出席者即爲裁判者，這是貴族的特權，因而審判者就是他們所期望的人。至於人民的訴訟就以當地人爲審判者，選出訴訟雙方都同意的十二人爲審判者，因爲是自己同意選定的審判者，因此對於審判結果不得有異議。上述的政務官和司法官好比人體的喉舌。

由主權者授權執行判決、發布命令、鎮壓動亂、拘禁惡徒和其他維護安全事務的人也都是政務大臣，好比人的雙手。

在國外的政務大臣爲主權者的代表，如公務派出的大使、公使、領事等皆是。

在紛亂的國家，私黨派到國外的代表雖得到接待，然而不能視其爲大臣，因爲並非國家所授權的身分。同理，國王派使者赴外國弔唁，雖然是公差，然事務爲私事，屬於主權者的自然人身分。如派一人祕密前往他國探查國情，依據的權力和事務雖是國家的，然而不能正式接待，便是私臣，但其爲國家大臣，好比人體的雙眼。凡受君命接受人民請願、徵詢意見亦爲政務大臣，猶如人的雙耳。

如沒有司法權，只有接受諮詢時才出謀劃策，便不是政務大臣。因爲建言是向主權者提出，只能代表主權者本人，而參議院向來具有司法權或行政權等權力。在君主制中，可以傳達君命給政務大臣，在民主制則將討論結果公諸於世。但當其任命法官，聽審案件，接待使節就成爲人民的政務官。在貴族制中，議會本身就具有主權，本身爲統治者，無須向他人建議。

# 第二十四章　論國家的養分與生育

國家的養分包含生活物資的數量和分配，以及調製（concoction）和備料（preparation），然後是運送（conveyance）以供大眾使用。

物產的數量受自然條件所限，來自海洋和陸上，乃上帝無償的恩賜或讓人以勞力來換取。

養分物包括動物、植物和礦物，上帝將其安置在地面或接近地面之處，讓人只要付出勞力就可以獲得。因此，在上帝的恩賜以外，需仰賴人類自身的勤奮勞動。

物資是一般所稱的商品，有些是國貨，有些是舶來品。除非幅員極廣，不然一國本身的物產不足以供應所有人的日常所需。同時，國內產出的某物供過於求，可以出口換取國內缺乏之物品，透過交易、戰爭或勞動取得。許多國家的物產僅能自給，但不僅能持盈保泰且有餘力擴張，這是由於在不同地方販賣勞力，以及販售進口原物料製成的加工品而來。

有關物資的分配即私有財產，在各種國家中是屬於主權者的權力。如前述，在沒有國家的地方，人與人之間處於永久的戰爭狀態。因此要以武力來取得和保有物質，不是私有或公有制，而是動盪不安的狀態。因此主張自由的西塞羅（Cicero）說過：「假如法律（civil law）遭廢止或無法維持，則從祖先繼承的或遺留給子孫的就沒有保障了。」又說：「沒有法律就沒有人知道哪些東西是自己的，哪些是別人的。」既然私有財產是成立國家的結果，而國家的行爲屬於主權者的權力，以法律來執行，過往有人將法律稱爲 nomos，意謂分配，對法律或正義的定義是將所有物分配給每個人。

分配的第一要務是土地的分配，根據主權者的決定，以公道的方式來分配。以色列人在荒野就已成立國家，直到抵達應許之地前一直缺乏物資。後來土地分配沒有讓他們自己決定，而是由祭司以利亞撒（Eleazar）和約書亞（Joshua）將軍來決定。當時有十二個部族，約書亞將其中的約瑟部族分成兩族，成爲十三個部族，但土地只分配十二份，利未族沒有分得土地，只給他們十分之一的收成，如此分配即爲任意決定的。一個民族因戰爭而獲得土地時，雖然不像猶太人那樣消滅原住民，甚至許他們保留財產，但這所有權成爲戰勝者的恩賜，如同英格蘭人從征服者威廉（William the Conquer）得到土地的情況。

由此看來，人民的土地所有權是排除其他人使用該土地的權利，但不能排斥主權者，因爲主權者是國家的代表，所作所爲是爲了共同的和平安全，土地的分配也是立基於此。誠然，無論君主或議會可能追求私欲而做出違背良知的事，有違人民的託付以及違反自然法，但人民不能以此作亂、控訴或怨恨主權者，因爲授予主權時，主權者的行爲就代表或等同於全體人民的行爲。至於主權者的命令在何種情形下違反正義和自然法，容後再述。

在分配土地時，可以設想國家也分配到一份，甚至可使這份土地的產出提供國家維持和平所需，雖然統治者不能免於犯錯而使這個分配無作用。一旦主權者濫用公帑或輕易發起戰端，則國家將耗資甚鉅而陷入戰爭的泥淖中，無法承受糧荒。因國家的開支並非受自身欲望節制，而是受外部的偶發事件，以及鄰國的欲望來限制。於是公共財不能加以其他限制，需視當時需要來權衡。英格蘭的征服者威廉曾保留多處土地，又在賜予人民的土地上施以徭役，然而這只是爲了供應皇室的開銷，而非給國家使用，因爲威廉和繼承者都認爲可以隨時向人民徵稅。而如果這些土地和徭役成爲國有，則違背立國之約。這些賦稅徭役必然不足，所保留的土地或售或贈，收益日益減少，如此這般規定國家的收入沒有實益。

對外貿易的區域和種類也由主權者掌管分配。如果任由人民自由決定，則會出現爲了牟利而資助敵人，輸入有害國人的物品來危害國家的情況。因此，貿易的地區和項目需由國家，亦即主權者來規定。

要維持國家的運作，除了土地分配公正以外，所有貨物和技藝，往往要透過交易和契約來互通有無，因此民間的買賣、交換、借貸和租賃，舉凡訂立方式，行文格式如何有效等應由主權者來規範。

就我的理解，物品調製是指人們將留待日後使用的商品，現在先換成等值和容易攜帶的物品，使人往來各地都能取得所需，意指金銀貨幣。金銀在各國皆貴重物品，是方便衡量物品價值的標準，而錢幣是國家主權者所鑄造，所以在國內是人民衡量價值的工具。於是，人的動產和不動產皆可隨身攜帶及轉移，在全國流通，猶如滋養人的血液循環不已。

因爲金銀自身的價值不容一國或數國的權力來變更，所以可爲衡量各國貨物的基準，若沒有價值的貨幣則無法如此。此外，金銀的特性可使國家力量延展到國外，供應國外僑民與駐外軍隊使用。而錢幣的價值不僅在本身，是因爲鑄造的形式、印製的字樣只能在國內使用，且可能受變動而減少價值，使持有人受到損失。

將貨幣供應大眾使用有二種方式，將稅收繳入國庫或從國庫發放支出，前者包括徵收、保管和出納人員，後者是保管人和出納官員。好比人的血液，從血管流到心臟，再從心臟送到全身。

國家的孕育後代就是指殖民地（plantations or colonies），在行政長官的領導下，率眾到無人居住或因戰禍而人煙稀少的地方，有兩種殖民地。一種是脫離母國獨立成一國，如古代的許多國家。此時，他們會稱原先的國家爲母國，如同子女解除父親的管轄，彼此成爲尊重和友好的關係。另一種情況是仍舊受母國統治，就像羅馬的殖民地，不自稱爲國，而是行省，是爲國家組成的一部分。因此，殖民地的權力取決於主權者批准開墾的許可狀。

# 第二十五章　論建議

根據日常使用的字詞來判斷事物的性質極爲謬誤，從命令和建議的混淆可見一斑，係因在許多情形下，建議和命令的表達方式都爲命令式。因爲「做這件事」（do this）不僅是命令者會說的，也是提供建議者的語詞。在書面上，則會因爲沒有考慮客觀的情況就任意解釋，有時適得其反，誤將建議當成命令。爲了避免認知錯誤，我提出以下定義：

命令的語句「得如何」或「不得如何」只有表達說話者的意志，沒有其他理由。因此，命令者發號施令只有代表自己的利益，因爲每個人的意志即以利益爲目標。

建議者說「得如何」或「不得如何」時是以對象的利益爲目標。因此，提供建議的人無論內心怎麼想，所建議的只是爲了對象的利益。

因此建議和命令的區別在於爲了利己而命令，爲了利他而建議。人有義務服從並執行命令，對於建議則沒有採納的義務，因爲不涉及他人。若是依約服從，則建議就成爲命令。此外，沒有人能成爲別人的建議者，雖說不爲利己，但強行干預他人採納建議就是利己的行爲。

另外，無論結果爲何，徵求建議的人不能處罰提供建議者，因爲建議者已經提出自己所能提供最好的意見，因此主權者的諮詢結果無論是否符合輿論，也不能因此處罰提供建議的人。如果議會已經詳加討論過，就不應徵詢其他意見。因爲議會產生的意見就是決議。徵詢建議的人就是發起人（author），不能處罰議會。如果人民向另一人建議做違法的事，無論是否有意或不知情，國家都可以處罰，因爲人民應知法守法，不得用不知情爲藉口。

規勸（exhortation）與忠告（dehortation）是建議者希望得到採納的一種建議，進一步說，是強加到他人的建議。規勸者不以說理爲目的，而是鼓動受建議人採取行動。忠告的情況亦然，因爲他們說話時更注意輿論和大眾的情緒，運用譬喻等各種演說術來說服聽眾。

由此可見，第一，規勸和忠告是爲了建議者的利益而非徵詢者的利益，如此違反建議者的義務，根據建議的意義，建議者提供建議並非爲己，而是諮詢者的利益，從講者絮絮叨叨和巧言令色的態度，可以看出是爲了自己的利益，諮詢者的利益只是附帶取得，或者是完全沒有爲了諮詢者的利益。

第二，規勸和忠告只能用在群眾，如聽者只有一人，可隨時提問，將受到更嚴格的檢視，而聽者人數一多，就無法同時和講者討論辯駁。

第三，在對方要求建議時，自己卻進行規勸和忠告，如此是敗壞建議人的身分，彷彿受到自我利益的賄賂，因爲無論提出多好的建議，正如受賄的法官，即使判決公正，也不能成爲公正的法官。同理，建議者也無法成爲好的建議者。但依法可下令的人，就像家長和元帥，他們的規勸和忠告不但合法，而且值得稱道。而命令是爲了執行工作，有時出於必要，更出於人本的考量，不用嚴厲的命令而以鼓勵和建議的方式來取代。

在此可引《聖經．申命記》來細察表達命令和建議的語言，如「除了我以外，你不可有別的神」（五章七節），「不可爲自己雕刻偶像」（五章八節），「不可妄稱耶和華——你神的名」（五章十一節），「當照耶和華——你神所吩咐的守安息日爲聖日」（五章十二節），「孝敬父母」（五章十六節），「不可殺人」（五章十七節），「不可偷盜」（五章十九節），以上皆爲命令。

服從這些命令係因上帝的旨意。然而，「變賣你的所有，分給窮人」，「跟隨我」等都是建議，因爲這樣做的理由是爲了進天國。另外，「你們往對面村子裡去，必看見一匹驢拴在那裡，還有驢駒同在一處；你們解開，牽到我這裡來。」（馬太福音二十一章二節）這幾句話又是命令。因爲是奉上帝的意旨。再舉例，「你們要悔改，奉耶穌基督之名受洗」，則是建議，因爲如此做是爲了自己的利益，而不是爲了主。人的作爲對於全能的上帝無所謂增損，但人不作爲就無法免罪和受罰。

關於建議和命令的區別，已經由上述建議的性質推論出來，至於建議者的適合與否也可推論得知。因爲經驗是先前的記憶，建議就是傳承經驗，建議的優缺點和智慧相同。自然人和國家有類似之處，不同的是：自然人的經驗是從感官的對象獲得，對象本身不具有激情或私利，但爲國家提供建議的人，則常爲了私利和個人目的受到質疑。因此，好的建議者之首要條件是本身和對象兩者的利益、目的不相違背。

其次，建議者在剖析行爲時，以對方能更明確了解情況的方式來表示，因此提供建議的方法爲明白指出行爲後果，在許可的範圍內運用有效的推理和確切的語言。因此，書本上的例子不足以爲善惡的論據，而只是輕率不明的推論。那些模糊的感情、含混晦澀以及隱喻式語言都和建議者的職務不相容。因爲這種表達方式只是欺騙和誘使對方迷失方向。

第三，提供建議的能力是從經驗和長期研究而來，任何人都無法保證具備對國家所有事務的管理經驗，因此除了對自己精通以及深思的事外，不能說自己嫻熟一切。國家的職責是安內攘外，因此治國需要對人性、政府以及法律、正義和榮譽的性質具有淵博知識，且經多年鑽研後累積的成果。對於本國和鄰國的了解情況亦需如此。任何事都需要經年累月的考察研究。如前述，建議所需要的能力是判斷，差別在於不同的教育，若已有通則和定律可循，則所有經驗比不上發現、並致力於此的人。若沒有通則和定律，則這方面最有經驗的人就是最佳的建議者。

第四，要提供有關其他國家的建議，就必須熟悉他國的情報，以及兩國之間的條約和檔案，只有主權者能挑選適當人選。

第五，假設有多位建議者，要分別聽取其建議，而不用聚在一起討論，理由爲：分別聽取才能得到每個人眞正的意見，聚會則容易受與會者影響，出現附和或在意他人看法，或唯恐表現遲疑。其次，與會者眾多，難免會出現公私衝突的情事，人會爲了私利而慷慨陳詞，容易煽動與吸引附和者。人的情緒如火炬，聚集則火焰益發高漲，會波及全國。第三，分別聽取意見，可隨時打斷及詰問立論根據，若眾人聚會則會紛擾而無所得。此外往往有心人會鼓舌如簧，誇誇其談而不得要旨，占用寶貴時間，分別聽取意見則能避免聚會的弊端。第四，審議需要保密的公共事務時，聚會就會有風險，需要託付給最精通及可靠的少數人經辦。

總之，在子女婚嫁、土地處分、家務管理、私產經營等事務上從未依賴多數討論來決定，因爲人多口雜，利益衝突在所難免，可以就個人專長分別諮詢是最好的辦法，猶如打球時能將適當的搭檔放在適當的位置。次佳的辦法是完全依靠自己的判斷。最下策是受到意見左右，非多數通過無法決定者，一方面曠日廢時，此外會受到反對者的阻撓掣肘。誠然，話說多人之眼勝於一人之目，但此時卻是唯有一人決定才是如此。而多人所注視的焦點不同，往往關注的是自己的利益。所以民主國家得以長存，係因外患促使團結，或因傑出的領導者鞏固國家，或因少數人運籌帷幄，或因各黨互相忌憚而產生權力均衡，種種情事均非公開會議而成。至於小國，無論君主制或民主制，只能憑藉大國之間的矛盾，在夾縫中求生存而已。

# 第二十六章　論國法（civil law）

國法是所有國民須遵守的法律。關於特殊法的知識是屬於研究各國法律者的範圍，但國法的知識則是通用。國法源自古羅馬法，是從城市（civitas）這個字而來，意指國家。羅馬統治下的國家仍沿用此稱呼，稱爲civil law，有別於當地原本的法律。現在要討論的不是這類法律，也不是法律的實際情況，而是法理。並非如以前柏拉圖、亞里斯多德、西塞羅等專門從事法學的研究。

首先法律是命令而非建議，也非任何人對他人的命令，而是向有義務服從的人發布。而國法加上了命令者的名稱，此即國家法人（persona civitatis）。

於是國法的定義是國家對人民的命令，以言語、文字或其他符號表示的規則，用來分辨是非，與法律向背的事項。

上述的定義顯而易見，有些法律是對全體人民發布，有些是對特定地區發布，或對某些職業，或對某些人。因此，這些法律是針對特定對象，對其他不相關的人就不是法律。

同時，法律是分辨正義與否的規則，凡不義的事都是違法的。此外，法律必須由國家制定並昭告天下，否則人民不知如何服從，由上述的定義，可以推論出以下的定理：

只有主權者才能立法，只有國家能規定並命令人民遵守法律，因國家的行爲和立法必須由代表人執行，只有主權者是代表人，所以只有主權者是立法者。同理，也只有主權者能廢除法律，因爲必須另立新法來廢止舊法，所以唯有立法者，亦即主權者才能廢除法律。

國家的主權者無論君主和議會都不受國法限制，因爲主權者可以廢立法律，自然不受拘束。人不會自己限制自己，只限制自己並非眞正的限制。

因長時間的習慣取得法律的權威，並非因爲時間長，而是主權者的默認而得。因此，主權者對於某一權利問題，不會依據時間長短，而是依正義行事，因爲許多不義的行爲已然行之有年，習慣不足以成爲法律。至於法律的合理與否以及存廢，只有主權者有權裁決。

國法與自然法是相容的，且範圍也相同，自然法是公平、正義、感念、以及美德，正如我在第十五章所言，在自然狀態下，尚未有成文法，只是使人傾向維繫和平，國家一旦成立後，則成爲實際的法律，由主權者強制人民服從。因爲在人民的爭議中，要判定何爲公平正義，必須有權力的約束，以及對違反法律的懲罰。因此，自然法在世界都成爲國法的組成部分；反之，國法也是自然法的組成，因爲正義、以及遵守契約而各取應得是自然法的根本，而人民應依約遵守（彼此立約推選主權者，或戰爭後向勝利者服從的契約），所以遵守國法就是自然法的一部分。基此，國法和自然法並非是不同的法律，有文字的稱爲國法，沒有文字的則是自然法。但人的天賦自由可以由國法限制，甚至可說國法就是爲了限制天賦自由，如此可使人互助而不相害，聯合抵禦外侮而維繫和平。

主權者如果征服有法律的他國，仍沿用當地法律施政，此法即成爲戰勝國的法律，不再是原來戰敗國之法，因爲法律貴在執行，而不在立法者本身。因此，在國家之內的各省區，因習慣不同而有不同的法律，此法並非實行多年而有效，而是主權者的許可才有效，至於不成文法是通行各地合乎正義者，即自然法。

無論成文或不成文的法律，需有主權者的意志才有效力。令人費解的是法學家的著作竟暗示立法權取決於人民和下級法官。比方說：不成文法唯議會（parliament）能掌管。此說法唯有在議會是主權者時，能控制議會的集會和散會時才能成立。如果另外有人能解散議會的話，就有權掌管議會，因此立法權不在議會（parliamentum），而在議會的統治權（rex）。武力和正義是國家的雙臂，武力在君王手中，正義則由議會掌握，沒有武力則無法執行命令，則國家無法存在。

法律不能違反常理，法律之所以爲法律，並非字面上的意義和條文結構，而在於是否符合立法者的用意。然而要以何人的理性爲基準？並非任何個人的理性，否則會像經院派的衝突一樣不勝枚舉。也非愛德華柯克（Edward Coke）爵士所說，是經由長期研究、觀察和經驗而來，因爲長期研究也許累積並鞏固更多錯誤的經驗，猶如在根基不穩處蓋房子，修建愈高聳則傾覆更嚴重。每個人的研究和見解各不相同，由國家——這個人造人（artificial man）來立法，因爲國家的主權集中在一人，法律上就不會有矛盾的情形，縱使有矛盾也比較容易修正。在法庭中，眞正的法官是主權者，至於其他法官是依主權者所立的法律來判決，如果只是出於個人意志的判決就是不公正的判決。

承上，法律是一種命令，而命令是透過語言、文字或其他明顯方式宣示命令者的意志，因此我們可知命令只能對了解的人而言，才是有約束的法律，對於愚痴、兒童和瘋子則沒有法律可言。也無所謂正義與不正義，因爲他們沒有能力立約或理解因果，也就無法像一般人一樣授權給主權者。此外，有些人由於天生和意外而失去了理解和遵守法律的能力，則法律不會追究，因爲對他們而言，法律沒有意義。因此，要了解何謂法律，以及不同政府形式中的主權者意志，我提出以下論據：

第一，不以言語和文字及其他宣告而通行的法律就是自然法，不假他人而能憑自己理性了解並同意，此自然法以一言蔽之爲：己所不欲，勿施於人。

第二，如法律只約束某些人或某一人，沒有留下文字和公諸於世也是自然法。此亦是由人的理性得知，不需多加說明。例如國家任用官員，在處理公務時沒有受指示，則只能憑藉理性，就是保護國家利益。法官要留意判決須符合主權者的理性——意即公平，於是受自然法約束要遵循公平。如爲大使，在沒有書面說明的事務中需服從理性，以最有利主權者的利益爲方針。其他官員都是如此，所有天生的理性皆可以歸結到忠誠，是屬於自然正義的一部分。

除了自然法之外，所有法律的特點是都必須由主權者以言語、文字和其他方法來表示。因爲人的意志必須由一定的表示才能讓人理解。古代文字尚未通行之時，常將法律編成歌謠，讓人民吟唱歌頌，因此所羅門王曾令人以十誡綁在十個手指上（箴言七章三節），摩西和以色列人訂約，命令以色列人教導子女，無論在家或外出，須晨昏定省，寫在門框和城門上，並且召集和講給男女老少聽（申命記十一章十九—二十節）。

法律如果明文規定還不夠，須有明顯的證據說明是來自主權者的意志，否則野心者如有力量，會逕自宣布自己的意志爲法律。因此，法律不但必須公布，還必須證明爲主權者所公布，而主權者由每個人同意，眾所周知。雖然人民大多愚昧不察，忘了由何人保衛國家，抵禦外侮，維持人民的生計。而人民只要細想一下就知道主權的重要性，既然要接受主權保護，就應該接受這個權力即爲自然法其中之一。困難在於如何證明權力來自於主權者，要解除此困難必須對公家典籍、官吏和印鑑有所認識，所有的法律都以此得到確認及證明。但法律權力的來源始自主權者的命令，而非這些證明。

人如果發生自然法上的傷害問題，法官的判決就是執行自然法，法律專業者的意見雖可以弭平爭端，但僅止於意見，只有法官能告訴人們法律的定義。

若傷害問題是關於成文法，那麼每個人只要查閱法律典籍，便可充分了解到自己的行爲是否觸犯法律，同樣的，認爲自己受損害時，亦應先查考法律規定，如不經查考而擅自興訟就是無端生事。

若問題涉及官員的服從，那麼查看其印信，聽其宣讀內容，即可證明其權力。總之，每個人都有義務去了解有關將來一己行爲的所有成文法。

既然已經知道立法者，法律也明文公諸於世，然而法律的約束力還需要一個條件，就是對法律意旨的解釋。法律的釋義在於主權者及官員，否則有心人任意曲解法律，違反立法原意，則立法權將任人操縱。

所有成文法和不成文法皆須解釋。不成文的自然法對於公正不徇私者而言不難理解。但人多半會受到不同因素的干擾蒙蔽，以致自然法變得晦澀難解，因此需要最精確的解釋者。成文法如文字精簡則容易遭到曲解，若文字冗長則會出現歧義或意義含糊的情況，最終的解釋權就落到立法者身上。萬一無法解決，則可仿效亞歷山大大帝揮劍斬斷哥迪安結（Gordian Knot）一樣，用權力來解決。

關於自然法的解釋並不以倫理學爲依據，無論其意見如何，如無國家的權力支持，就無法採納爲法律，前面提過的倫理德行和維持和平的必要性等都是明顯的事實，但不因此可成爲法律。因爲倫理德行雖然合理，但只有藉由主權者的權力才能成爲法律，否則自然法就不會一直是不成文法了。在這方面的書籍已經不勝枚舉，其中自相矛盾之處也多不勝數。

自然法的解釋就是由國家任命的法官所下的判決。法官考慮的是，訴訟人的要求是否符合正義，進而做出判決。此爲自然法的權威解釋，是基於主權者的權威所爲，也就成爲主權者的判決，對訴訟雙方而言就是法律。

雖然法官及主權者的判決多少會出現錯誤，但既然發現錯誤就應立即改正，錯誤不能成爲法律，以及強迫其服從錯誤。在可改變的法律上，主權者可以使錯誤的判決成爲新法，但在不變的自然法上則無法如此。君王和法官會更替，甚至天地皆有毀滅之時，而自然法卻不會消逝，因爲這是上帝的永恆法（eternal law）。集古往今來，所有法官的判決也不能形成一條違反自然法的法律。而前人的判例也不能成爲不合理判決的依據，更不能限制法官做出依循天理的判決。例如懲罰無辜者就是違反自然法，假定有人獲判死刑，由於仇人和法官的威逼而潛逃，後來審判後沉冤得雪，無罪開釋，但財產已經充公，這顯然是懲罰無辜者。因此，這樣的判決不能成爲自然法，也不能成爲判例。成文法可以禁止無罪的人逃跑，也可以懲罰其逃亡，但如果已經宣判一個人無罪，卻因其害怕受罰而逃跑來推定其有罪，這違反推定的性質，也不應當存在。然而，英格蘭的不成文法中有一位法學家就是如此決定：「如果有一無辜者受到指控犯罪而潛逃，雖然後來在法律上無罪，但如果因恐懼而潛逃，仍然應沒收財產，法律是針對潛逃而推定其罪，對沒收判決不許提出反證。」由此可見，在法律上已經宣告無罪者，沒有成文法禁止其逃走，即便無辜卻因法律的推定而喪失財產。如果因逃亡而判死刑，即爲死刑，但如果這推定不是事實，爲何要讓人喪失財產？因此，這絕非英格蘭的法律和依據法律的判決，而是法官的推定。所謂對法律的推定不許提出反證也是違法，因爲法官如拒絕聽取證言就是不秉公處理。因此，即使判決公正，但不聽取證言就下判決的法官即爲不公正的法官，這般推定只是偏見，無論什麼理由都不能將這類推定帶進法庭。人們只相信前例就做出錯誤判決的事仍會發生，法官的判決對當事人仍是法律，但不足以成爲往後的範例。

如果涉及成文法的意義，一般評論者不足以成爲詮釋者（interpreter），因爲評論比原文更容易引起爭辯，於是需要更多的評論，此將無窮無盡，不堪其擾。因爲除非是經過主權者授權的詮釋者，否則詮釋者就會是一般法官，其判決受當事人接受爲法律，但卻無法在其他法官和案件中適用。因爲法官對成文法的解釋都難免有誤，但這錯誤不會影響主權者頒布的法律本身。

人們會區分成文法的文字和文義，如果文字所指的是字面上的意義，則其意自明，但幾乎所有字詞都有歧義或模稜兩可之處，但如果指的是行文的意義，則就是法律所要表達的意思。立法追求的是合理公平，如法律不足以成爲判決依據時，則會援引自然法來補足。如果案件難解，則應暫緩審判，等到證據充足時再行判決。比如有一成文法規定：遭到武力趕出住宅的人，可以用武力進入。但如果個人因疏忽使住宅成爲空屋，返回住宅時遭到武力拒於門外，此等情形並無法律規定。然而，在這類特殊情形下，以立法者之意必須引用此法，否則此人將無法獲得救濟。又如法律規定，法官必須以證據判決，如有人受到誣告，但法官親眼目睹是他人所爲，此時法官不能依法判決無辜者有罪，也不能罔顧證據，否則法官就是違法，則此法官須請主權者指派另一位法官審理此案，由原法官以證人的身分出席。因此，成文法在文辭上造成的問題，必須使法官去推敲立法原旨，以便能充分解釋法律，但這些不方便，並不足以成爲產生違法判決的理由。

良好的法律詮釋者——法官的能力與律師不同。法官不是研究法律，只能透過證人來發現事實，同樣也只能在訴訟中引用主權者頒布的法律，不須預習案件本身。無論案件事實和法律見解都可以在法庭取得。英格蘭上議院的貴族原先都是法官，曾審判過許多困難的案件，但他們之中很少有人精通法律，更遑論以此爲主業。雖曾徵詢專家的意見，但唯有他們有權裁決。在一般情況的審判中，是由十二位平民擔任陪審團，不只判決事實，也判定權利和義務、勝訴與敗訴。在刑事案件上則需斷定是否有罪行、以及罪行的性質。這十二人未必通曉法律，於是會有專人會在庭上提供陪審判諮詢法律。除非能證明他們違反良知或受賄，否則不因判決而受罰。

成爲好法官的要件，首先爲對自然法的公平（equity）原則有正確的理解。這理解並非透過閱讀他人見解，而在於知天理和明辨深思的能力。一般以爲有閒暇的人最有能力成爲這樣的人。其次，要有富貴不能移，且無視身外之物的精神。第三，不受一切感情心緒的影響。最後，需有耐心和專注力，記住和消化所見所聞，並理出頭緒。

關於法律的分類，已由不同學者提出見解。法律的分類不取決於問題本身，而是著述者的眼界和方法，在《查士丁尼法典》（Institutions of Justinian）[1]中有七種分類：

第一，羅馬帝國皇帝的諭旨、敕書，人民的權利都操之在手，英格蘭的國王的布告即爲此類。

第二，羅馬全體人民的命令（包含元老院），起初統治權來自羅馬全民時成爲法律，其中有些沒有經皇帝廢止，於是以王室的權力保留，類似英格蘭國會的法案。

第三，羅馬平民的命令（由護民官提出，不包含元老院在內），其中沒有由皇帝廢止，以皇室權力保留爲法律。

第四，元老院法令，羅馬人民日益增加，不便以全民集會議事，所以皇帝就和元老院商議，類似英格蘭的樞密院。

第五，副執政官（praetors）和市政官（aediles）的布告，就像英格蘭首席法官的公告。

法學家的解答（responsaprudentum），由皇帝授權來解釋法律，在受諮詢時有權提出

---

【1】西元六世紀時，羅馬皇帝查士丁尼在位所編的法典彙編。

見解的法學家所提供之意見，審判的法官必須遵從。因爲英格蘭的法官不是正式的法官，而是諮詢法官（juris consulti），不是貴族、就是十二人陪審團來徵詢法學家的意見。

不成文的習慣（很接近法律），由皇帝默認，如果沒有和自然法衝突就能成爲法律。

另一種法律分類是分成自然法和實定法（positive law）。自然法是永恆法，不僅一直存在且是道德律則，包含了正義、公平以及有助於和平與仁愛的習慣，已如第十四、十五章所述。

實定法則非自古就有，而是統治他人者所訂的法律，以明文規定或宣告立法者意志的方式來表示。

有些實定法是人爲法律，有些是神聖法（devine）。人爲法中有分配法和懲戒法（penal laws）。分配法決定人民的權利，規定財產權和自由權，宣告對象是所有人民。懲戒法則是關於懲罰違法者的規定，宣告對象是執法的官員。人民雖應知道違法所應接受的刑罰，但法律不能設定人民會自我處罰，因此懲戒法的宣告對象並非違法者，而是執法者。懲戒法多半會和分配法彙編成判例（judgements）。所有法律都是判例和立法者的判決，是讓當事人遵守的法律。

神聖法（因爲自然法是永恆的且普世皆然，皆爲神聖的）即爲神的意旨，但不是永恆和普世，而是上帝的使者向特定民族所宣布，透過超自然的方式指示一人向其他人宣旨。但法律必須使人知道立法者的權力，而我們無法直接得知上帝的意旨，既然人無法得到天啓，要如何能傳達和遵從上帝的旨意？或許人會產生神蹟、聖潔、天縱英才和福氣高照等受神眷顧的跡象，但這還不是天啓的確證，人的理性無法確認天啓。

至於爲何要服從使者宣告的天啓？因爲所宣告的法律如不違背自然法就必須服從，我所指的是服從而不是相信，因人內在的信念和思維不受外部命令所控制，只受上帝控制。對超自然法的信仰不是去履行而是承認此法，這不是義務，而是上帝的恩惠。不信仰自然法也沒有任何影響，只是不受恩賜而已。舉例來說，上帝向亞伯拉罕的約定：「你和你的後裔必世世代代遵守我的約。」（創世記十七章九節）當時亞伯拉罕的後代尚未出世，卻成爲立約的一方，有義務服從亞伯拉罕宣布的上帝法旨。因爲必須服從父母才會有這個義務，而亞伯拉罕對子孫有統治權。上帝同時對亞伯拉罕說：「地上的萬國都必因他得福。我眷顧他，爲要叫他吩咐他的眾子和他的眷屬遵守我的道，秉公行義。」（創世記十八章十八—十九節）可見亞伯拉罕的後代沒有得到啓示，是因爲對主權者的服從。摩西在西奈山覲見上帝，不許他人跟隨，否則誅殺，而他們必須服從摩西所宣布的上帝律法。人民對摩西說：「求你和我們說話，我們必聽；不要神和我們說話，恐怕我們死亡。」（出埃及記二十章十九節）從以上兩個例子可知，人民沒有得到上帝的意旨時，就要將主權者的命令如同上帝意旨般服從。以個別人民的幻想爲意旨，則國家的法律沒有威信。因此，不違背道德律者就是不違背自然法。人民要以國法爲神聖法來服從，只要不違背自然法都可以用主權者的名義頒布法律，人人受其約束。基督教國家和非基督教國家都會懲罰違反教規者。但是在國家沒有規定者，根據衡平原則，這一自然法，人人同等自由。

法律的另一種分類爲基本法（fundamental law）和非基本法。我還沒看到有人指出何謂基本法，即便如此，人們還是以此來分類法律。

基本法就是支撐國家的法律，根據基本法，人民必須支持已經賦予主權者的一切權力，諸如宣戰、媾和、司法、任官以及有關人民福祉的事項。非基本法則是如人民之間的爭端，諸如此類無關國家興廢的法律。

關於國內法（Lex Civilis）與民法（Jus Civile）之別，意即法律（Law）和民權（Right Civil）的區別，即使博學者也未加分辨而混用，如此並不洽當。因爲民法乃國法賦予人民的自由，國內法則是義務，限制人民的自由，亦即限制自然法賦予人的天生自由，原本自然法賦予人自衛權，而且可先發制人，但國內法撤銷這樣的自由，法律和權利的不同就如同義務與自由的分別。

法律和特許狀（charters）也有混淆的情況，但特許狀是主權者免除法律限制的恩典。法律的術語說：我命令你該如何，特許狀則說我許你如何（dedi, concessi），但這般賜予並非強制，法律對所有人都有約束力，但自由或特許狀只屬於部分人民。如果全體人民都有自由，則在這方面沒有立法，或是本來具有，卻已經遭到取消。

# 第二十七章　論罪行、寬恕與減罪

罪惡（sin）不只是指違法的事，也包括藐視立法者和法律，除了違法的言行，也包含輕蔑執法者的犯罪意圖。內心想得人財物和妻奴，或有想像他人死亡的念頭，兩者皆非犯罪，只有付諸這些意圖的行動才是犯罪。讓自己稱心如意的念頭是人的天性，實無可厚非。有人說人性本惡，只是畏懼天譴而不敢發作，我以爲如此說法過於極端。

罪行（crime）是一種罪惡，違反法律所禁止的言行，不遵從法律的規定，因此罪行是罪惡，但罪惡不必然是罪行。有偷盜殺人的意圖，卻沒有實踐也是罪惡，是上帝所不容，但沒有付諸行爲，在法官審判之前不成爲罪行。希臘人用 *ἀμάρτημα*、*ἔγκλημα* 和 *αἰτία* 來表示，第一個字是罪惡，是違法行爲。後兩個字都是罪行，可加以控告的罪惡。但沒有產生行爲則無法控訴。同樣的，拉丁文 *peccatum*（罪惡）是指背離法律，但 *crimen* 則是在法官面前指控的罪惡，並非單純僅有意圖。

根據上述罪惡與法律，以及罪刑與國法的關係，可以推知：首先，沒有法的地方就沒有罪惡，由於自然法會永恆存在，所以背約、忘恩負義、傲慢等違背道德者必爲罪惡。其次，沒有國法就沒有罪行，因爲只有自然法而無其他法律時，每個人憑良心和意圖是否正直來自我審判，當意圖正直時則行爲非惡，反之則是罪惡（sin），但不是罪行（crime）。第三，沒有主權的地方就沒有罪行，因爲無法從法律獲得保障，於是人人憑一己之力自我防衛。一旦主權契約成立，就是保障人身安全，企圖取消主權者則爲罪行。

犯罪的原因是理智和推理的缺陷，或是感情衝動。理智不足則爲無知，推理缺陷爲意見謬誤。而無知可分三種：不知法，不知主權者和不知刑罰。不知自然法者無法推拖，因爲人都應知道己所不欲，勿施於人。如果違背此法就是罪行。假設有人從印度來宣教，煽動人民，有違法的行爲。那麼，無論何種信仰都是罪行。但不知者無罪。

如果本國的民法沒有清楚宣布，而人民的行爲不違背自然法，則對法律不知情是可以獲得原諒的充足理由，除此以外的情況都無法寬恕。

人不知道自己居住地的主權者不能得到原諒，因爲他應該知道是誰掌握當地的權力。

在已經宣布法律的地方，不知道刑罰不能使人得到原諒，因爲法律必須伴隨刑罰的威懾，否則僅是具文。所以違法者不知刑罰也必須接受刑罰，人必須接受行爲的後果，也應當接受已由法律規定的懲罰。

當懲罰已經有法律規定或經過多次的實踐，則罪犯不能受到比規定和實踐更多刑罰，如果刑罰不足以遏止犯罪，則是誘使人民犯罪。當人把不法行爲的利益和所受刑罰的害處兩相比較時，會選擇對自己有利的行爲，如果受到比法律和其他同等罪刑的人更重的刑罰，即是法律的欺騙和誘使人犯罪。

在行爲發生後制定的法律不能使該行爲成爲罪行，因爲法律不能溯及既往行爲，如果違反自然法，沒有法律規定就沒有約束力。但如果事先已有法律禁止而違反者，則可以追溯既往行爲。

人們往往由於推理的錯誤而有三種違法情況：第一是運用謬誤原則，比如當人看到不義的行爲因武力得到承認，強者凌駕法律，弱者受到處置，於是以爲正義只是空話，透過努力和運氣所獲得不是屬於自己，各地的實踐和先例都是效法的理由。如果承認這個說法，則任何行爲都以成敗爲基準，不依法律公斷，一旦由命運決定是非善惡，就不可能定義出罪行，如羅馬共和後期掌權的馬力屋斯（Marius）以爲是有罪的，後來蘇拉（Sulla）當權後則以爲是有功的，後繼的凱撒（Caesar）執政後又認爲是有罪的，如此因人而異，會使國家動盪紛擾。

第二是聽信異端宣傳，這些人曲解自然法，與國法衝突，把與人民義務衝突的舊習慣和自己的意見稱爲法律。

第三是從正確的原則中做出謬誤推論。通常是做事草率，急於決定和下結論的人，他們自視甚高，以爲有天賦和經驗就已足夠，不需多花時間了解事情。然而，關於是非的知識需要深入探究。這些推理的缺失無法原諒，只能減輕刑罰，任公職者更罪無可恕，因爲他們自稱理智，實在無法原諒他們缺乏理智的錯誤。

有一種常引起犯罪的原因是虛榮，或高估自己，似乎身價是以智慧、財富、出身或其他天賦產生的結果，似乎認爲和主權者無關。他們認爲施加他們的刑罰不應和平民一樣嚴厲。

如此一來會出現一種情況，就是以財富衡量價値的人會更加容易犯罪，會透過賄賂和收買使自己逃脫刑罰。

有權勢的宗族人數眾多，又享有名聲的人往往不怕犯法，因爲他們有把握壓制司法當局。

自以爲聰明的人常譴責統治者的行爲，質疑統治者的權威，並公然擺布法律以達成自己的目的，這類人往往自以爲能瞞天過海，則容易犯下詐欺罪，這是自恃聰明所造成。國家的動亂都是來自內亂，其禍首很少看到事成的結果，卻禍延子孫，可見他們不如自己想像的那般聰明，而且自欺欺人。

虛榮的人除非很膽小，否則很容易發怒，他們很容易把日常談話中一些不客氣的地方當成輕視，而發怒容易引發犯罪。

至於仇恨、肉欲、野心和貪婪等激情會引發的罪惡，對於人的經驗和理解都顯而易見，他們是人類根深蒂固的弱點，不用理智和刑罰則難以遏止。每每成爲煩惱的根源，只有忍耐和消除煩惱根源才能使其平復下來。忍耐難以辦到，消除煩惱則可能需要違法才能辦到。野心和貪婪也是常駐或難以抑制的激情，理智無法經常抵抗。因此，一旦出現免於刑罰的希望時就會產生影響。至於肉欲雖不持久卻很猛烈，足以抵銷對刑罰的懼怕。

在所有激情中，最不容易誘使人犯罪的是恐懼，此外，當違法可以獲得利益和快樂時（除了天生慷慨的人），恐懼就是唯一能使人守法的激情。

恐懼感不會總是能讓行爲保持正當，唯有對人身傷害的恐懼才會如此，稱爲對人身傷害的恐懼（bodily fear）。這種恐懼除了採取行動外，無計可施。當人受到攻擊，害怕喪命時，除了對抗攻擊者外，若無法躲開攻擊，那麼就反擊對方致死，如此行爲不是犯罪，因爲在成立國家時，沒有人會在法律不能保障自己時放棄自衛權，但如果先發制人，因受到威脅而先殺了別人則是犯罪。如果受到侮辱和程度不嚴重的侵害，立法者沒有規定處罰，當事人爲了避免受到輕視，便以報復來保障自己，這種做法就是一種犯罪，因爲對方並未實際傷害當事人，只是想像而已。亦有人因爲迷信鬼怪而做出違法行爲也是犯罪，不能因恐懼而獲得原諒。如果有人因夢境而犯罪則是違反自然法，這些超自然的理由若能成立，則法律和國家都將無法存在。

從這些犯罪的原因來看，罪的性質大不相同。表面上犯罪，後來證實無罪，罪行似重實輕者可以減刑，斯多葛派說：所有的罪都是不義，就像偏離直線的線皆是曲線，但這並不等於所有的罪行同樣是不義，所以他們認爲殺雞和弑父同罪。

可以寬恕的事實，亦即可以免除法律上的責任，若非如此，必然有罪。

缺乏了解法律的方式，無從得知法律則沒有罪，但懶惰而不查問，則不能推託不知法。另外，有足夠理性自理的人不能推託不知自然法，只有兒童和瘋人可以獲得赦免。

當一個人落入敵人之手，並非過失所致時，則不再負法律上的責任，因爲只有服從才能保全性命，如此做不是犯罪，當法律無法保障人時，任何人都不受其拘束。

如果一個人因爲當下會喪生的恐懼而被迫做違法的事，完全可受到寬恕，因爲法律不能禁止人保全生命，人們可說：如果不做，馬上就會喪生，如果做的話可以多活一些時日。事有輕重緩急之分，自然使人有所抉擇。

如果個人缺乏食物或其他必需品，除了犯法沒有其他手段能保全自己，不得不行竊或搶劫，如此不是犯罪。

服從別人的命令而做的違法行爲，本來不是犯罪，但若傷及第三人則有罪，命令者和執行者皆有罪。當主權者命令人去做違法的事，此行爲不是犯罪，因爲主權者不會降罪，其他人更無理由怪罪他人。因此，主權者的命令如違法時，可以視爲主權者取消了這個法律。

如果主權者放棄其應有的權利，而讓人民獲得過當的自由（與國家不相容的自由）時，主權者一旦收回成命，人民如果拒絕服從這一命令也是犯罪，因爲主權是在人民同意下所成立，應當知道與主權不相容的自由有害國家，不僅不從還反抗執法官員就是犯罪，如果認爲不公平則可依法申訴，在法律的範圍內來解決。

犯罪程度的輕重可以由四種情況來決定：一、犯罪的原由；二、犯罪的影響；三、犯罪的結果；四、綜合人物、時間、地點等條件的因素。

同一個違法行爲如果是恃強、倚富或仗勢而犯罪，比畏罪潛逃更加嚴重，因爲恃強而逍遙法外即藐視法律，隨時會再犯；畏罪潛逃則只因一時害怕處罰，將來會更服從法律。明知故犯的罪行比誤認合法而犯罪更加嚴重。前者仗勢而違背良知，容易屢犯，後者明瞭犯罪後就會知法守法。

因聽信學者權威和律師而犯錯，比起自行其是而犯錯者，犯罪的程度較輕，因爲由公權力所解釋的事接近法律，除非國家權力出面糾正。只要沒有違背主權和明確的法律都不算犯罪。至於自行其是的人，要由其行爲來判定是否有罪。

如他人因屢次做同一行爲而受罰，比他人屢次行爲而無事，前者的罪比後者大。因爲不罰是主權者的意思，使人懷有獲得寬恕的期望，以致於鼓勵犯法行爲的主權者也參與了這種犯法行爲，主權者在這件事上不能免責。

由於一時衝動而犯罪比預謀犯罪的罪責較輕，因爲感情用事是天性，但預謀犯罪的人早已考慮周詳，預知違法的後果，有足夠的時間可以考慮此事，如還是犯罪則無可推託。

如果法律已經宣示，在眾所周知的情況下犯罪，則罪加一等，如果來不及查詢法律而犯，則罪責較輕，因爲這是眾人可能會發生的過失，眾所周知而犯罪則是藐視法律和主權者。

雖有法律禁止，但立法者有默許之意，如此所犯的罪責較輕，因爲立法者的意志就是法律，看似主權者違抗法律，則此種犯罪是主權者所造成，不能因此處罰人。試舉決鬥爲例，違者處死，然而拒絕決鬥者又會遭受鄙視，主權者因此不願任用，假如因此而接受決鬥，因主權者的意向而違法，那麼就不應該受到嚴厲的處罰。主權者必須留意自己禁止之事，不能縱容，須以身作則。

根據犯罪的危害程度，會有以下幾種情形：第一，同一行爲傷害的人多，比傷害的人少罪孽更重。第二，國家所許可的傳教士，如果違反國教，所犯的錯比一般人更爲嚴重，生活中不端正的情況也是如此。專精法律者有危害國家的主張時，罪加一等。以明智著稱，一舉一動會受別人仿效的人，其罪行比一般人更加嚴重。因爲這類人身爲表率，容易做出錯誤示範，引人誤入歧途，影響深遠。

仇視國家的行爲比仇視個人的罪更大，因爲這會傷害每個人，例如洩漏機密給敵人，或圖謀和削弱國家元首的權力，凡此行爲皆爲拉丁人所謂的叛逆罪（criminalaesae majestatis），觸犯國家的基本法律。

使判決失效的罪行比傷害到少數人更大，例如爲了貪贓收賄而作假證，比起詐欺某人的罪行更大，因爲如此行爲不只傷害個人，更會使人不信賴所有判決，以致於訴諸私下尋仇。

強奪或侵占公款的罪比搶奪和詐騙私人財物更嚴重，因爲這是搶奪眾人之財。

冒用公家名義僞造公務用章，比假冒私章更加罪惡，因爲這是欺騙眾人的行爲。

一般人最有感覺的私人違法行爲，其罪更巨大，舉例如下：

- 殺人較傷人嚴重。
- 虐殺比單純殺人更嚴重。
- 殘害肢體比毀損財物更嚴重。
- 搶奪比竊盜更嚴重。
- 竊盜比詐騙更嚴重。
- 強姦較誘姦更嚴重。
- 誘姦已婚者比未婚者更嚴重。

以上種種皆爲一般注重的犯罪，各自或有不同評價，然法律是注重一般人的傾向。因言語行爲受到的冒犯，僅限於當時個人的不平之怒，沒有影響他人，自古希臘羅馬以來的法律都不以此爲罪，因爲有德者不在意此事，內心膽怯的人才會覺得受到冒犯。私人所犯的罪因人、時、地的關係而加重，如弒雙親比殺其他人的罪孽更深重，因爲父母本來應有主權者的尊榮。又如搶奪平民比搶劫富人的罪更大，因爲對窮人所造成的剝奪感更強烈。

在公眾敬神的場合犯罪比一般情況更嚴重，因爲這是公然藐視法律。

可以加重或減輕的罪不再列舉，從以上可知梗概。

最後，犯罪的行爲同時傷害個人和國家，以國家名義起訴的爲公罪，由私人提出的爲私罪，相應的訴訟各爲公訴和自訴。比如在謀殺案的訴訟中，由平民控告爲自訴，由主權者提告則爲公訴。

# 第二十八章　論賞罰

處罰就是公權力因人的作爲或不作爲屬於違法行爲，因而施加使人痛苦的手段，讓犯法者能知法守法。

然而，需先討論一個先決問題，即處罰人的權利與權力從何而來，依立國之約，人沒有放棄自衛權，因此不曾允許他人危害自身的權利，所讓與的權利是防衛他人的權利，所應允的是，人有義務協助主權者懲罰別人，卻沒有承諾有懲罰自己的義務，所以國家的處罰權不是來自人民的讓渡。雖然在成立國家以前，每個人爲了自保，可以征服、傷害或殺害別人，此即國家處罰權的由來。人民沒有直接授予國家處罰權，而是放棄此權，讓國家取用，如同人人在自然狀態下互相對抗的權利，在成立國家之後由主權者所獨占。

根據處罰的定義，我有如下推論：第一，私人報復所造成的傷害不是處罰，因爲不是國家造成。

第二，沒有授予國家的榮典不是處罰，因爲沒有人因此蒙受不利。

第三，國家未經公開定罪施加的損害不是處罰，而是一種仇視行爲，必須先由法官宣判爲犯法行爲才能處罰。

第四，篡奪國家的權力來損害別人不是處罰，而是一種仇視的行爲，篡奪權力的人沒有獲得受罰者的授權，不能視爲公權力的行爲。

第五，所施加的損害不是以使人服從法律爲目的，如此行爲不是處罰，而是仇視行爲。

第六，連帶損害的行爲不是處罰，例如意圖傷害別人反而傷到自己或害病等，因爲不是人力所爲，可視作天譴，非國家權力所造成。

第七，所施加的傷害不足以滿足利益時，不屬於處罰的範圍，與其說是處罰，不如說是犯罪的代價和補償。處罰的目的是爲了讓人守法，如果處罰比犯法的利益輕，就不能達到讓人守法的目的，甚至有相反的效果。

第八，如果法律已有處罰的規定，而再犯罪後施加更重的處罰，這樣超量的處罰不是處罰，而是敵視行爲。

第九，在法律沒有規定前所犯的罪不能處罰，如果處罰就是敵視的行爲，因爲法律未訂定前不構成違法。

第十，施加主權者的傷害不是處罰，而是敵視行爲，因爲處罰必須由公權力執行，而公權力只屬於主權者所有。

最後，對公敵的傷害不屬於處罰的範圍，因為他們從未服從法律，不在法律規範之內就無從違法，或原本服從，後來不再服從法律而否認違法，如此的傷害都不算處罰，而是敵視行為。然而，此敵視行為都是合法的。如果人民的言行知法犯法，否認國家的統治，主權者就可以不拘法令來任意處罰，因為法律是規範人民而不涵蓋敵人，既然否定法律則理應成為國家的敵人，就會受到敵對的待遇。

處罰有神罰和人罰，神罰另外討論。

人罰是由人的命令所施加的處罰，有肉體罰、財產罰，名譽罰，監禁和放逐等。

肉體罰是施加身體的刑罰，如鞭笞、杖刑，剝奪身體的享樂等。

這些肉體罰當中，有極刑和比極刑輕的刑罰，極刑就是死刑，有處死或拷打致死，比極刑輕的刑罰為鞭笞、打傷和痛苦不致死亡的刑罰。假設行刑中導致死亡，此為不可預見的情況，非執法者本意。

財產罰不僅剝奪一定數量的金錢，也包括剝奪土地和一定數量的財物。正確地說，這不盡然是一種處罰，而是用金錢買到豁免的特權，是為了對付沒錢的人，使其不敢違反。然而在自然法和宗教的意義上，這仍舊是犯法。比如說因褻瀆上帝而處以罰金，在這個情形下，繳納罰金的意義並非購買此特權，而是眞正對違法的處罰。又如對傷者所付的款項，是針對受傷的賠償，可以解除傷者對加害者的控訴，並非解除對犯者的罪行。

名譽罰是施加於犯者不名譽的損害，或剝奪固有榮譽。人的榮譽諸如勇敢、大度、強健、智慧和其他能力。還有一些由國家的規定成爲榮譽的，如勳章，爵位等由主權者授予的尊榮。前者不能用法律剝奪，因此即便失去也不是一種處罰，後者由國家來剝奪，勳章和榮銜都可以取消，是眞正的處罰。

監禁是剝奪身體自由之意，有兩種不同目的：第一種是限制被告的行動，第二種是使受刑人遭受痛苦。第一種不是處罰，因爲任何人在宣告有罪以前不能受罰，因此，如果對被告作超過限制行動的限度，是違反自然法的。第二種是處罰，因爲這是國家判定其違法所施加的損害。監禁是外界障礙造成的行動限制，所指的障礙可能是監獄或島嶼，亦可能爲勞役或鎖鍊等限制行動的物品。

放逐是讓人離開國家，在一定期間或永遠不得復返的命令。然而，單純的放逐不能算處罰，而是以出走來避免處罰的公開命令。西塞羅說：羅馬沒有這樣的處罰，而稱爲危險中的避難，只是換個地方生活，不能算是處罰。同時對守法的意識不僅沒有幫助，甚至還會傷害國家，因爲受放逐者不再是國家成員，就成了國家的敵人，如果財產受到剝奪，就不是以放逐來處罰，而是財產罰。

對無辜人民的處罰是違反了自然法，處罰是針對犯法行爲，無辜者沒有犯法，自然不能受處罰。因此，首先違反有利於將來的自然法，處罰無辜者對國家毫無好處。其次，違反了禁止忘恩負義的自然法，因爲所有的主權都是人民爲了自保才同意賦予，所以處罰無辜者是以怨報德。第三，處罰無辜者違反自然法的公平原則。

如果爲了國家的利益，又沒有破壞約定時，對非本國人民所施加的損害沒有違反自然法，因爲非本國人民就是敵人，國家對可能傷害自身的敵人作戰，爲了本國的利益殺敵符合自然法則，至於對待叛國者，非但可溯及祖先，甚至其後代都可以用對付敵人的方式來對待。

獎賞有贈與的或契約的，根據契約而來的是薪俸，這是對已完成或將完成的服務給予的報酬。如是贈與，則是贈與者爲了鼓勵別人爲其服務所給予的恩惠。所以主權者給予薪俸時，受薪者有義務執行職務，若無職務時，也有名譽上的責任，應承諾將來回報。假使國家命令人民放棄私人事務，無酬爲國服務，雖然法律上沒有規定不能如此，但依自然法或立國契約，人民並無此義務行此無償服務。

如果主權者恐懼人民的權勢和可能的危害而給予利益，這樣的利益不能稱爲獎賞，因為人民本有義務不危害國家，不能以此理由給予薪俸。也不能稱為恩惠，因為是藉由恐懼而強行索取，這類給予只能說是犧牲，是主權者以自然人身分（非國家法人身分）為了平息強者的不滿所作的犧牲，不僅無法使人服從，反而會招來更多的強取豪奪。

由國庫發給的薪俸是固定的，另一些是不固定和臨時發放，僅在執行職務後才發放，如此方式有害國家，如司法便是如此。因為法庭的案件愈多，會產生兩種流弊，一是鼓勵興訟，二是法院互爭訴訟審理權。但在行政官署則無此流弊，因為公事多寡和自身努力無關。以上所言，足以涵蓋賞罰的性質，賞罰如同人體的神經和肌腱，使國家的肢體和關節可以活動。

至目前為止，我已說明人的天性，他們由於驕傲和激情而服從政府。此外，也說明了統治者的巨大權力，我將這權力比擬為利維坦（Leviathan），利維坦出自約伯紀第四十一章的最後兩節，上帝說到利維坦的強大力量，稱為驕傲的王，上帝說：「在地上沒有像牠造的那樣，無所懼怕。凡高大的，牠無不藐視；牠在驕傲的水族上作王[1]。」但既是塵世之物，必會死亡和腐朽，也必須服從天命和律令，以下將談論其疾病和必死的原因，以及其應遵守的自然法。

[1] 編按：利維坦（Leviathan），在《聖經》和合本譯為鱷魚。

# 第二十九章　論國家衰弱和瓦解的因素

人造之物無法永遠存在，但如能善加運用天賦的理性，那麼國家至少能免於內部疾病而死亡，因爲國家的建立原本預期能與人類以及自然法中的正義並存，因此當國家不是由於外力，而是由於內部失調導致解體時，問題就不在人上，而在創建者和維護者的身上。因爲當人類對互相衝突、殺伐感到厭倦後，便想結合爲牢固的建物，然而一方面缺乏技藝，無法立法讓大家的行爲協調。另一方面又不肯謙恭忍讓，削去稜角。如此的建物無法牢固，難以長久維持，即便暫時不倒也會禍及子孫。

國家的疾病，首先是立國時的不完善，如同人先天不足的情況。

其一是取得國家時，未獲得統治者充分的權力時也覺得滿足，等到必要行使時會引起人民的怨恨而叛亂。就像有先天痼疾的兒童，或殘廢、或早夭。當君主放棄這等權力，雖然可能是由於自己不明所以，或明知而期望往後可收回權力，這是謬誤的想法，如此會導致反抗，且鄰國必趁人之危。比如坎特伯里主教伯克特（Becket）受教皇的支持來反對亨利二世，原因是征服者威廉即位時曾宣示不妨礙宗教自由，而讓教士不受國法約束。又如威廉盧福斯（William Rufus）曾藉男爵勢力從兄長手中奪取王位，使男爵的勢力過盛，日後對約翰王起兵時竟有法國的支持。

不僅君主國如此，在古羅馬共和時代，統治權名義上是元老院及羅馬人民，但元老院和人民都沒有絕對權力，於是造成了格拉古（Gracchus）等人之亂，後來在馬力屋斯（Marius）和蘇拉（Sulla）統治下引發元老院和人民的鬥爭，後來的龐培和凱撒也是如此，導致共和滅亡而走向君主制。

雅典人民曾互相約定：不能提起奪回薩拉米島（Salamis）的事，違者處死，如果沒有梭倫（Solon）裝瘋賣傻，高歌提醒國人注意此事，否則時常有敵人窺伺。這種損害和變故是國家都會面臨的問題。

第二，我要指出是蠱惑人心的流毒所造成的國家疾病，其中有種說法：每個人民都是善惡的判斷者，這說法在沒有國法的自然狀態是正確的，國家成立後，判斷善惡屬於法律的範圍，而不由私人來判斷，如果人人都自行判斷是否要遵循法律，則國家會陷於混亂中。

另一個與國家不相容者的說法是：違反良心的行爲即是罪惡。此說法依然是由自己來判斷善惡，乃國家所不能容許。判斷和良知都可能出現錯誤。對還沒有出現法律時的人而言，違反良知的行爲都是犯罪，因爲他是依循自己的天賦理性。但對國家成立後的人而言則不然，法律就是人民必須遵守的公共良知，否則個人的良知如有分歧，則國家勢必陷入混亂。

又有一說是：信仰和聖潔無法從學習及理性獲得，只能由超自然的靈性感知。如此，則人的信仰不須理由，每個基督徒都可以爲先知，法律就沒有作用了。如此一來又犯了自行判斷善惡的謬誤，那些自稱獲得超自然靈感的人成爲善惡的評斷者，則國家將會走向解體一途。以上三種謬論，都是出自不學無術的神職人員，他們將《聖經》斷章取義，任意拼湊，盡可能讓人以爲理性和聖潔互不相容。

第四種與國家性質不相容的看法是：具有主權的人要服從法律。誠然，主權者要服從自然法，任何人都無權廢除自然法。而法律是主權者所訂，主權者不須服從，因爲服從法律就是服從國家，亦即服從主權者，也是服從自己，主權者不須服從法律，因主權者本身就不在法律的規範下。此謬論在於將法律放在主權者之上，亦即法官和主管機關也在主權之上，而造成另一個主權者，如此循環則會讓國家陷入混亂。

第五種讓國家解體的說法是每個人對財物有絕對所有權，主權者不得侵擾。每個人的確有排除所有人的財產所有權，但此所有權是從主權者而來，沒有主權的保障，任何人對任何財物都有同等的權力，如果排除主權者，就無法保障財產，國家也將面臨解體。

如果人民的所有權不排除主權者的權限，也就不能排除司法和行政當局的權限，在這方面他們代表主權者行使職權。

第六種則是明顯違反國家的說法：主權可以分割。分割主權就是分裂國家，這些分割的主權會互相毀滅，此等說法是師心自用的法學家要竊取國家的立法權。

鄰國的情形也會招致人民變更政體的企圖，如昔日猶太人受煽動拋棄上帝，要求先知撒母爾爲他們立一個國王。仿效斯巴達或雅典的希臘小城邦，每每發生動亂，他們以爲只要修改制度就能國富民強。人性往往見異思遷，而讓自己萬劫不復。

君主國之亂往往由於熟讀古希臘羅馬史書，青年學子和心智不堅者讀了戰功彪炳的事蹟而心生嚮往，認爲古代的制度值得稱羨，而忽略了正是因爲古代的制度不善導致諸多戰事。在這些著作中，只要稱君主爲暴君，就將弒君合法化，而君主國的人就會認爲民主國家的人才有自由，而沒有關於任何民主國家人民的看法，這類說法的危害如同恐水症，害怕水卻又需要水，因此君主國在這種威脅下，人民需要一個更強勢的君主，然而卻又害怕會遭強勢的君主吞噬。

有人認爲國家的分權如同靈魂有三個分法，提出最高權力和主權對立，教規和法律對立，神權和民權對立等。以這些含混的詞彙來擾亂人心，讓人以爲有個看不見的王國並行，將神和俗世分開，有世俗權力則必有對應的神權，如此人民會有兩個國家，服從兩個主權，這兩種權力都要求服從，或者是俗權服從神權，或神權服從俗權，如此的對立會讓國家陷入混亂。世俗權力顯而易見，於是多數人會傾向俗權。

在世俗國家中，靈魂也不只一個，如徵稅取決於國會，行政取決於君主，立法則依賴以上兩者，以及另一會議的同意。如此會使國家遭受危險，難以意見一致。如此只是將國家分爲三個集團，稱爲混合君主國，上帝的三位一體有上帝爲統治者，而國家同時有君主、國會和另一會議，三個身體各有三個主權。

上述疾病之於人體不易比擬，如同畸形人旁生出一人，也同樣有肢體，然後同理又生出一人一樣，大致上可如此比喻。

以上所述都是國家的大病，可以立即導致危亡，此外有較不嚴重的也可列出，第一是國家有戰爭時難以籌款，此因人民以爲財產不可侵犯，國家無法向人民徵收時，只有行使強奪的下策，而與人民衝突，否則國家將亡。猶如人患了瘧疾，血液爲毒物阻塞，於是全身忽冷忽熱，以致肢體無法自如，假如心臟強健，尚能流汗排除毒素，倘若體弱則將死亡。

國家還有一病是類似胸膜炎，就是國家的財源因包稅或專賣，集中在少數人手上，於是阻塞不通，然後發熱和刺痛。

有名望的人民也是國家的疾病，他們的聲名與口才會影響多數人不服從法律，這種情況在民主國家更危險，因爲領軍者可以因此盜取國家，例如凱撒獲得軍隊的愛戴，鼓動人民反對元老院，成了元老院和人民的主人。得民心又富野心的行徑產生巫術般的效果。

規模過大的城市也是國家之患，龐大的人民和經費可組成擁兵自重的軍隊。社團過多亦然，猶如腸道中的眾多小蟲。自命有政治才華的人非議國政也是國之一患，讓國家和人民在其謬論中飽受騷擾。

擴張領土爲國家之另一患，征戰中難免受到損傷，征服得來的領土往往成爲統治的負擔，其他諸如安逸怠惰，虛華浪費等等皆然。

最後，國家在戰敗後無法護佑人民，此時國家就解體了。人民必須自求多福，因爲主權者是國家的靈魂，魂飛則身體不再受其指揮，君主的權利沒有消滅，但人民的義務則因此解除。人民之所以立約建國，無非是求國家保護，一旦國家消失，主權也隨之消失無蹤。

# 第三十章　主權者的職權

主權者的職權是保護人民的安全，是根據自然法向上帝負責。所謂安全不僅是保全性命，也包括人民在不危害國家的條件下，以合法的勞動獲得生活上的滿足。

主權者並非逐一保護個別的人民，而是以公開、一體適用的原則來保護和指導人民，並頒行適用每個人的法律。

主權者如失去基本權利，國家會因此解體，人民會回到痛苦的戰爭狀態。所以保有統治是主權者最大的義務。首先，不能放棄或授予他人。主權者放棄了司法權、外交權、徵兵徵稅權、行政權等，也就等於放棄護衛人民的權力。其次，必須讓人民明白這些權利的重要性，使人民不至於受人操縱來反抗主權者。

主權者必須時常教導人民這些權利，因不能憑法律或刑罰來維持，因爲禁止叛亂不是法律所能規範的範圍，僅有自然法能約束，而人人需要明白這是統治的根本，如若不然，人民無法明瞭主權者立法的用意，而認爲法律和刑罰是和人民作對，會心生叛變之意來擺脫法律。

有人認為正義是空談，但凡可以用武力取得者都是應得之物，這是錯誤的觀念。有人認爲主權毫無根據，放眼世界各國，無法證明其存在。如此猶如美洲野人不信世上會有堅固的房屋。人類的智慧與時俱進，人一開始穴居，進而探究建築之理，逐漸成爲如今的規模。建國之道也是如此，一開始規模和方法不盡完備，殫精竭慮後才悟出使國家長治久安的原理。這些原理是否受到採用非我所關切，我強調的是這些學說是根據《聖經》所得，這點容後再述。

又有人說，這些原理即使正確，但非一般人能理解。如果富人、強人和文人都無法理解，其實是件好事，因爲這類理論與其說是內容艱深，不如說是讓人缺乏興趣。有權勢者排斥會約束其權力的事物，學者則不能接受揭露其錯誤的理論，至於一般人如同白紙，如果沒有受權勢者和博學者的影響，將會接受統治者的引導。宗教超乎一般理論的部分可以讓一般人相信嗎？合於理性和法律保障的部分難道不能讓人民理解嗎？所以主權者的權力完整時，教導人民這些基本原理並不困難，也是責任和利益所在，如果不如此做，就是主權者失職。

具體做法是：第一，使人民不要見異思遷，羨慕他國的制度而思改革。因爲國家的運行都是由於人民的服從，否則就會解體，猶如寓言中佩流斯（Peleus）之女想讓年邁父親恢復青春，切了父親的身體和藥烹煮，竟然變成另一個人。要求變革是破壞上帝的第一律令：不可遵奉其他國家的神。

其次，不要讓人民以尊崇主權者的方式，尊崇其他個人或團體，如此犯了上帝的第二條戒律：不可崇拜偶像。

第三、使人民不可毀謗、評論或冒犯主權者，如此會使人民鬆動對主權者的服從，將動搖國本，如此犯了第三條戒律：不可妄稱上帝之名。

第四、教導人民認識主權者，尤其歷經數代後，人民將不復知道主權者究為何人，因此主權者有必要集合眾人，祈禱行禮後講解其義務，向人民宣讀法律，使人民記住執法當局，如同猶太人以第七日為安息日，當天會宣讀與講解法律。提示人民所同意的主權和人民所需認識的原則。

人最初由父母照顧，因此應當服從父母，成年後也當孝敬父母，報答養育之恩。為此必須教導人民，父親就是子女的主權者，掌握生殺之權，有了國家以後，父親讓渡主權給國家，然而子女仍應孝敬父母，否則人沒有必要去養育子女，這就是上帝的第五戒律。

其次，主權者要讓人民理解正義，不以暴力或詐欺的方式奪人所有。人所重視者首先是生命，其次爲親屬，然後是財貨。因此應教導人民不可自相殘殺，不可侵犯他人至親，不可奪人財物。必須說明以賄賂來動搖判決的不良後果，這是上帝的第六條至第九條戒律。

最後，不義的行爲本就禁止，連不義的念頭都不能有，否則也是不義。這是第十條戒律。綜言之，後五戒律可歸結爲一律令：愛人如愛己，前五戒律則是愛上帝，上帝就是統治的王。

在教導人民接受這些原則時，須先了解何以謬論邪說能深植人心，包括：第一，人民可以不遵循法律，而憑自己的良心判斷是否合法。其次，不讓國家干預財物的所有權。第三，人民以爲殺害暴君爲合法。第四，人民以爲主權可以分割。這些觀念都是由以下的方式灌輸給人民：或汲汲營營，專心牟利而無暇他顧。或沉溺聲色，無暇深思。於是關於義務的觀念從神職人員得來，或由口若懸河的熟人處得知，以及從各類學術著作中取得，因此教導人民須從大學教育紮根，有人說，英格蘭的大學難道還不能勝任嗎？這難以回答，我只能說，到亨利八世爲止，支持教皇來反對國家的都是各大學，許多教士和學者都反對王權就足以證明，雖然大學沒有鼓吹這些學說，也未曾樹立正確的學說。肯定的是他們並沒有得到正確的教導。

為了人民的安全，法律應不分階級，讓人民得到同等對待。維持公平正義的自然法，從主權者到人民都須遵從自然法中的正義。違法即危害國家，只關乎國家尚得以量刑赦免，但傷害個人則必須先經被害人同意才能得到原諒，國家不能逕自赦免。

人民的不平等是由於主權者而來，人人在主權者之前都是平等的，猶如在上帝之前不分貴賤一般。貴者的高貴之處在於能救濟貧窮，如果行傷天害理之事，則因其尊榮地位更罪加一等。因為他們毫無理由犯法。如果不罰犯法的貴者，將使其驕橫，然後生恨，將會不顧一切的推翻國家。

公平徵稅也屬於正義的範圍，稅收公平並非依平等財富，而是人人應負擔受國家保護的責任，不僅要維持生計，有時還須參戰護國。從前猶太人獲得解放後，一邊工作重建神殿，一邊持劍護衛禦敵，即為此例。因為主權者所徵的稅就是護衛人民的花費。生命不分貴賤，因此窮人和富人是同等負擔。而富人會雇用窮人，所以負擔更多，因此徵稅的公平與其取決於財富，不如取決於消費，因此工作多而消費少的人，和無所事事卻揮霍無度的人相比，不能以同樣標準來課稅，而應按每人的花費額度來徵稅，如此國家才不至於因浪費而損失。

人民因無可避免的遭遇而喪失工作能力，國家應負責照料其生活，不應仰賴私人的救濟。

至於身強體壯的人民，則須強制他們工作，因此應以法律鼓勵農、漁業等製造業，以免這些人藉口沒事可做，如果可工作的人口過多，可遷移到人口稀少之地，與當地人共存，爲他們劃定特定區域居住，要以勞力取得生活物資。當人口過剩時，只有戰爭能解決，結果非死即生，讓人各得其所。

主權者應制定良好的法律。良法不是指公正的法律，因爲法律本來就公正，法律是由主權產生，已經得到人民的同意和承認，如此產生的法律就已公正，所謂良好的法律就是爲了人民的利益、清晰且明確的法律。

已批准的法律，用處不在於約束人民的行爲，而是指導和維護人民，不會由於草率鹵莽而傷害自己，如同路旁的圍籬，用途並非爲了阻擋行人，而是引導行人走上正途，非必要的法律不是良法，只爲了主權者的利益不是良法，因爲主權者的利益即人民的利益，非必要之法律只是斂財的陷阱，累贅且不足以保護人民。

法律是否明確不在於條文字句，而是立法的動機和用意，亦即向人民說明立法者的意圖。如此詞簡比詞繁更易理解，因爲詞句容易產生歧義，因而規避詞句就能規避法律，造成不必要的訴訟。古代的法律用字簡潔，後來愈加繁雜，如同立法者要設法約束違法者，違法者則設法逃脫限制，最終由違法者獲勝。因此立法者有責任說明何以立法，去精簡法條，讓法條的字詞意義明確且適當。

主權者的賞罰必須適當，處罰的目的不在報復而是糾正，以儆效尤。因此最重的刑罰要用在危害公眾最嚴重的行爲。有的是對政府不利，或藐視法律，或煽動群眾，如果不處罰當權者違法的子弟，就如同默許違法行爲，樹立壞的榜樣，從前羅馬國王塔昆（Tarquin）因兒子的暴行而遭人民放逐。犯法如果是由於強烈的衝動，例如恐懼和飢寒，或不知已經犯罪的情況下可以原諒，此亦爲自然法所允許，對於人民暴動，應處罰教唆者，不須處罰無知的人民，否則就是在處罰主權者未能善盡教導人民之責。

主權者同樣有義務獎賞有益國家者，因此給有功之人受應得之賞，俾使人效法，一方面更加精進來報效國家，如果有野心的人欺世盜名，國家給予厚祿，希望這些人不再煽動群眾，如此並非獎賞，因爲獎賞是爲了過去的功勞而設，也不是爲了感激而是由於恐懼，如此做只會危害人民。如同赫丘利斯（Hercules）和九頭蛇怪（Hydra）對決，每斬一頭又生出三個頭，欲以收買來平息野心，結果會招致更多野心者仿效以圖謀當局的獎勵，這種收買只能用在一時，卻讓危機日盛，如果未能防微杜漸來遏止危機，則是主權者失職。

主權者還有甄選資政顧問的任務，資政一詞是由 considium 而來，有多重意義，指在一處集會，商討未來、以及現在與過去所組成的會議，在民主制和貴族制，沒有資政的職位，因爲諮詢者也是受諮詢者的成員，身分重疊，因此資政顧問只有君主制才有，慎擇人選是君主的職責。最好的顧問是受益最少，且對國家最有幫助與最有知識的人。至於誰是騷亂中的獲利者則難以確知，如有人在民怨時出面撫慰，開銷不符其身分者，可以合理懷疑其用心。至於誰對公共事務最有知識則更難判斷。如古日耳曼人征服而傳承的方法，必須許以特權才能聯合各部族，這和主權不相容，勢必要放棄特權，除了尊榮以外不能享有其他特權。

無論如何良善的顧問，單獨向一個人提出意見，比向多數人公開講演的方式更好，另外，事先考慮後陳述比突然發言爲好，因爲更有時間來斟酌考慮，以及避免意見分歧產生的妒忌和競爭。

除了國際問題以外，和國內人民利害相關的問題，自當徵詢人民的意見，人民對自己的需要最清楚，只要沒有違反主權，應詳加注意採用。

軍隊統帥如不孚眾望，必不能善盡職務克敵，因此必須勤勞、勇敢、和藹、寬宏和幸運，受愛戴而有人氣。於是人人願爲其效力，處罰違犯軍紀者時也不會損及威望，但統帥的忠誠對主權者至關緊要，對不得人心的主權者尤其危險，因此統帥軍權者除了指揮有方以外，也必須對國家忠誠。

如主權者受人民愛戴，就不會造成危險，因爲即使軍隊將士擁護統帥，也不至於去推翻有名望的主權者，因此推翻政權者必須先正名位，使人民接受其統治，主權者本享有眾望所歸的尊榮，如能善加治國，就能使萬民歸附。

主權者之間的關係則是國際法（law of nations）的範圍。此無須多言，等同於自然法。每個主權者的權利相同，除了良知之外無其他自然法可約束主權者，上帝爲造物者，約束萬物之法則就是自然法，對於特殊選民的王國將另外討論。

# 第三十一章 上帝國度的天性

單純的自然狀態，是指沒有主權者和人民的絕對自由的情況，是一種無政府狀態和戰爭狀態，使人擺脫這種狀態的法則是自然法，國家必須有主權者，否則無法生存，而人民在不違背神律的情況下必須服從主權者，已如前述，現在開始討論何謂上帝之法，明白上帝之法才能知曉世俗國家是否違反神律，為了避免同時違反這兩種法律，因此必須了解上帝之法。

《舊約》詩篇說：「耶和華作王！願地快樂！願眾海島歡喜！」（九十七篇一節）又說：「耶和華作王；萬民當戰抖！他坐在二基路伯上，地當動搖。」（九十九篇一節）無論人民是否願意，無法擺脫神力的約束，否認上帝的存在只會失去安寧。然而上帝的權力遍及萬物，但上帝之國的成員只有人類。無法理解上帝戒律的無理性生物無法成為上帝子民，無神論和不信者亦然。唯有信仰上帝為人民立下戒律和賞罰者才可為上帝子民，其餘皆為敵人。

以言語來統治，法條的用語必須清晰明確，否則不能成爲法律，法律的本質即是如此，需以人類使用的語言來宣布。上帝宣示法律的方式有三種：自然理性、天啓（revelation）與藉由他人。因此上帝的指示有三種：理性、超自然和預言。與此對應的聽從方法爲：理解、超自然感覺和信仰。

上帝兩種諭令——理性和預言的區別，就是上帝有兩個國度：自然國度和先知國度。在自然國度中，所有依理性而承認天意的人都由上帝統治。在先知的國度中，上帝以猶太人爲選民，兼以理性及先知頒布法律的方式來統治他們。本章先論上帝的自然國度。

並非因爲上帝創造人，才能處罰違反神律的人，而是因爲上帝有無與倫比的力量。前文已討論過主權由契約而來，主權亦可由自然而來，只要說明主權在何種情況下未曾取消即可。在自然狀態下，所有人對任何事物都有權利，因此也有權統治其他人，但發現無法以暴力方式取得後，於是放棄自然權利，同意擁立主權者來統治與保衛所有人。如果有人的力量無人能敵，就可以統治和保衛所有人，不需要用立約的方式來成立主權。如此上帝成爲人類的統治者並非因爲他創造人類，而是因爲上帝無所不能。雖然說處罰是因爲罪（sin）而來，然而上帝處罰人類未必是因爲人的罪過，而是由於上帝的無上權力。

關於壞人往往有福氣，而好人常得到災禍的問題爭論已久，這問題的困難程度會動搖一般人信仰，也會動搖哲人和聖人的信仰。大衛曾說：「神實在恩待以色列那些清心的人！至於我，我的腳幾乎失閃；我的腳險些滑跌。我見惡人和狂傲人享平安就心懷不平。」（詩篇七十三篇一—三節）約伯因行事正直而飽受苦痛，就怨懟上帝，約伯的朋友以爲約伯有罪，上帝說：「我立大地根基的時候，你在哪裡呢？」（約伯記三十八章四節）上帝以無上權力證明並非約伯有罪，也同時駁斥了約伯友人的說法。上帝對於天生失明的人也是如此：「也不是這人犯了罪，也不是他父母犯了罪，是要在他身上顯出神的作爲來。」（約翰福音九章三節）我們雖然可以說：人會死亡是因爲人有罪的緣故（如果亞當沒有犯罪，靈魂就不會離開身體），但不能因此認爲上帝不會讓無罪的人受苦。

以上已論述上帝的主權基於自然，接著要討論神律和自然理性。神律規定的就是人倫義務與以及對主權者的崇敬之道。前者就是自然法，諸如公平、正義、仁慈、謙卑等德行。接著討論從自然理性中關於尊崇（honor）及敬拜（worship）上帝的原則。

尊崇是內心對權力與良善的看法，因而尊崇上帝是對其權力與良善極爲佩服，表現在言行上即爲敬拜，這是拉丁人對培植（*cultus*）的衍生義。培植意指人爲了獲利而付出勞力在任何事物上。獲利可爲己有或不爲己有。前者如在土地上勞動，稱爲培育（culture），對子女的教育則是心靈的培育。後者則是爲人效力，以迎合的方式達成目的：如讚美、稱臣、取悅來獲得利益。此爲敬拜的本意。譁眾取寵者就是敬拜民眾的人，而神的培育是敬拜上帝。

內心的尊崇是對權力與良善的想法，有三種激情：第一種是愛，相對於良善而言。第二種是希望，第三種是恐懼，皆是相對於權力而言。另外有三個外在的方式：讚美（praise）、頌揚（magnifying）與祝福（blessing），讚美的主題是善，頌揚與祝福的對象是權力，得到的結果是福祉（felicity）。讚美和頌揚皆能以言行表示，例如說一個人是好人是純粹以言詞表示。感謝某人的恩惠與對他服從就是用行爲表示。至於對於他人的祝福只能以言詞表示。

自然表現出來的尊崇有些是自然屬性，如善良、正義、自由。有些是行爲，如祈禱、感謝與服從。另外有些是從制度和習慣而來，有些是在特定時間、地點是尊崇，有些則不崇敬，有些則無關乎尊崇。如行禮、祈禱和感恩的姿勢，在不同時地有個別的方式。前者是自然的敬拜，後者是規定的敬拜。

人爲的敬拜有兩種：命令的和自願的敬拜，命令的敬拜是因敬拜對象的命令而拜，自願的敬拜則是依敬拜人的意思而爲。受命而拜的意義在於服從，而不在於形式。如果是自願而拜，則是由於旁人的看法，如果旁人認爲敬拜者的言行不足以表示尊崇，則是褻瀆而非敬拜，因爲這是需要旁人認可的行爲。

敬拜有公共及私人的區分，公共敬拜是國家所爲，私人敬拜則是私人的表示。公共敬拜對於國家本身是自由的，對個人則不然。私人的敬拜在私下是自由的，在公共場域則會受限於法律或輿論，有違自由的天性。

人對別人敬拜的目的是權力，因爲人看到別人受敬拜時，會認爲此人握有權力，會更易於服從而強化此人權力。但是敬拜上帝完全由於義務，而且是根據身分和某些原則敬拜。理性使弱者爲了利益、害怕傷害，或感謝受惠而尊敬強者的恩威下所爲。

爲了理解自然指示我們敬拜上帝的方式，我將從上帝之屬性論起，第一，我們雖然認爲上帝是自明的存在，因爲人不會去崇拜自己認爲不存在的對象。

第二，有些哲人說世界之靈爲上帝，此言不恰當，且否認上帝的存在。因爲上帝爲世界之因，若上帝爲世界，則世界沒有原因，沒有上帝。

第三，如果是世界不是創造出來的，而是永恆的，而永恆之物是沒有原因的，這等於否認上帝的存在。

第四，有些人根據自己的想法賦予上帝安樂的屬性，如此想法就是認爲上帝不關心人類，亦即使上帝不受尊崇，因爲這樣人們不敬愛上帝，而敬與愛則是崇敬的根源。

第五，說上帝是有限的，就不是尊崇上帝。因爲賦予上帝屬性就不是尊崇上帝，有限者可以再往上增加。

如此說來，賦予上帝形像就不是尊崇上帝，因爲所有形像皆有限制。想像上帝就是不敬上帝，因爲可想像的事物是有限的。

認爲上帝有部分或全體的屬性也是不敬上帝，因爲這些皆是有限事物的屬性。

指出上帝所在之處也是不敬上帝，因爲所在之處就有範圍限制。

指出上帝的動靜也是不敬上帝，這是賦予上帝空間之意。

說不只一個上帝也是大不敬，因爲超過一個就是有限的。

不能說上帝有具有懺悔、憤怒、慈悲等內心不安的感情，除非是一種隱喻，否則是不敬上帝，認爲上帝有欲念、希望等消極感覺，則是認爲上帝會受外力限制，都是不敬上帝的想法。

當我們認爲上帝有意志時，並非爲人類的理性，而應理解爲是支配事物的權力。

同理，當我們說到感情、知識、理解等外物造成的心理波動時，上帝絕無這些屬性。

所以我們以自然理性來表示上帝，只能用無限、永恆、不可解等否定詞，或至高的詞，如至高、至大。或無特定屬性的詞，如善、公正、神聖、造物主等詞。並非敘述他本身如何，而是表示我們如何仰慕與服從，盡我們所能來尊崇上帝。只有一個詞可表示上帝的屬性，即「我存在」（I AM），而且只有一個詞可表示上帝與我們的關係，即「上帝」，有父（Father）、王（King）和主（Lord）的意思。

敬拜上帝的行爲，必須歸爲尊崇上帝的表示。首先是祈禱（prayer），因爲雕刻神像的人並不認爲這些神像可以成爲神，而是向神像膜拜的人將這些神像視爲神。

其次爲感恩（thanksgiving），感恩和祈禱的差別在於：祈禱恩賜在前，然後才有感恩，都承認上帝是一切恩賜的來源。

第三，犧牲或祭禮必須奉獻最佳的供品，如此是尊崇與感恩的表現。

第四，除了以上帝之名以外，不以其他名義立誓，這是尊崇的表現，因爲這是承認唯有上帝知人心，並承認任何人無法庇護其他人，使背信之人不受上帝之罰。

第五，不妄言上帝是敬拜的表現，表示敬畏上帝，不能輕易使用上帝之名。除非發誓宣判，或國際間避免戰爭等重要目的才可使用上帝之名。爭論上帝的本質是不尊崇的表現，因爲除了天賦理性之外，沒有其他方法可認識事物，更無法知道自己和事物的本質。以天賦理性來討論上帝屬性，亦即以自己的學識和才智來辯論上帝本質，如此是濫用上帝之名來炫耀自己。

第六，祈禱、感謝、獻祭都應以最好的物品和最能表示恭敬之物，因此祈禱感恩之詞應極盡華麗，儀式極盡虔敬，因此異教徒奉偶像爲神實屬荒謬，但他們以詩歌、音樂、聲樂和樂器敬神是合理的，獻祭牲畜、祭禮以及敬神的行爲是發自內心的意願，如此皆爲合理的。

第七，敬神不僅是私下行爲，而且特別要在公開場合敬神，如此才能表示最恭敬的態度，讓他人也因此敬神。

最後，服從上帝的法律是最大的恭敬，崇拜上帝比獻祭更值得稱道，違背神律就是大不敬，以上皆爲理性昭示人民的敬神之道。

國家是一個人格，崇拜上帝應當只有唯一的方式，人民公開的崇拜就是遵照此點。公開崇拜就是只有一種崇拜的方式，不能各行其是。如果人人有自己的方式崇拜，就沒有公開崇拜的方式，亦即沒有國家的宗教。

言語是因人一致的同意而來，表達神性的形容詞亦然，這類屬性的形容詞之所以得到尊榮，是因爲人們有意爲之。個人在沒有法律的狀態下是如此作爲，國家亦可根據法律來表示。國法必有主權者來制定。因此主權者在崇拜上帝的規定表示尊敬的形容詞，個人在公共崇拜時皆應遵從。

但並非所有的行爲的表現方式都是依照規定而來，其中有些是自然而然地尊敬，另一些則是自然表現出輕蔑，因此，後者的行爲（意即人們在崇拜之人面前恥於做出的行爲），便無法經由人的力量，使之成爲敬神的方式之一。莊重、謹愼和謙恭等，屬於前者的行爲也絕對不可能和敬神的方式分開。但有各種的行爲、樣態的性質皆無所謂，其中國家公開且普遍規定用來崇敬、敬神的方式，臣民就應當依照形式，加以服從。《聖經》說：「服從上帝，比服從人好」，這句話在依照契約成立的上帝之國可成立；但在自然狀態的上帝之國卻不能成立。

以上簡短討論自然的上帝王國與上帝的自然法，我在本章之後將再補述說明上帝的自然懲罰。人類當今生活中的每種行爲都是一連串因果的開端。對於這種因果之鏈來說，人類的思慮都不夠高明，無法瞻望它的盡頭。在此因果鏈中，苦事與樂事連在一起，如此始想要縱情逸樂之人將遭受到與之相連的痛苦。這些行爲是弊多於利的開端，產生的痛苦就是這些行爲的自然懲罰。於是出現這般情形：行爲放蕩自然會招致疾病懲罰，輕率則導致禍靈，不義引來仇敵報行之罰，驕傲造成失敗的懲罰，而判斷則會引發殺戮之罰。懲罰是由於破壞法律而衍生，自然的懲罰即是破壞自然法律而來，也就是自然而然非人事結果隨之出現。

本書截至目前爲止，所談的是如何建立主權者、其權利和性質，以及根據自然理性原則所推論出的臣民義務。這種學說與世界大部分地區在實踐上相去甚遠，尤其與我們接受羅馬及雅典倫理學之地更遠。同時，掌管主權的人所需要的倫理哲學極深。考慮這一切後，我幾乎認爲自己費一番力氣，就如同柏拉圖所論的共和國，同樣沒有用處。因爲柏拉圖也主張，在主權者由哲人擔任以前，國家的騷亂、內戰導致的政權遞嬗是永遠無法消除的。但當我再考慮有關主權者和其主要的大臣，唯一必須具有的學識即自然正義。他們所要學習的數學不像柏拉圖所說的這麼多，而只是要學習能通過良法，鼓勵人們學習這類學問的程度就夠了；同時，迄今爲止，柏拉圖和其他哲學家都沒有整理完備，或是充分、概要地論述倫理學說中的全部定理，讓人們因此學習治人與被治之道。如此一來，我又恢復希望，期望我這本書終有一日由一個主權者掌握。由於本書簡潔易懂，主權者便會加以研究，不會請任何有利害關係或心懷妒忌的解釋者幫忙，同時主權者也會運用全部的權力來保護此書的內容公開，進而將這一本書中的思維眞理付諸實踐。

# 第三部　論基督教體系的國家

# 第三十二章　論基督教體系的政治原理

直到目前爲止，我僅是根據經驗證明爲正確，且公認語詞用法上正確的自然原理，引申出主權權利與臣民的義務。也就是說，我只是從經驗中的人類本性，以及一切不可或缺、普遍一致的政治推理語詞定義中延伸原理。但接下來我要談的是基督教體系國家的特質和權利，其中有諸多地方要取決於神意的超自然啓示。這討論必然要以上帝自然之諭爲根據，且要以上帝之傳諭爲根據。

然而，我們不能拋棄我們的感覺和經驗，也不能拋棄上帝傳諭之道的自然理性，因爲這是救世主重臨人世前，上帝賜給我們解決問題的才能，所以並不能用任何暗地裡的信仰用手巾包起，藏而不用，而要用它來取得正義、和平與眞正的宗教。在上帝的傳諭中，雖然有許多東西是超乎理性的，亦即無法由自然理性加以證明或否定，卻也沒有與之相違背的東西。若出現與之相違背的情形，要不是我不善於解釋，便是我們推理錯誤。

因此，當這種傳諭之道中所承載的東西太難，無法加以研究時，我們就要把自己的悟性吸引到這種道上，而不要浪費許多力氣，用邏輯的方法去尋求這種不可思議，又不歸屬於任何自然科學規律奧義下的哲學眞理。因爲我們宗教的奧義就像治病的靈丹，整顆吞下倒有療效，但要是嚼碎的話，大多數會被吐出來，一點效力都沒有。

悟性的吸引並不意味著使一己的智能服從於任何人的意見，而只是將意志服從在應當服從的地方。因爲感覺、記憶、悟性、理性及意見，我們無能爲力改變，只是永遠且必然如我們所見、所聞、所思。如此說來，它們並不是我們的意志所造成的結果，我們的意志反倒是它們導致的結果。當我們接受矛盾，當我們按照合法權威的指揮，並在生活中遵守時，總之，當我們心裡對於所說的話無法有任何概念，但仍然信仰和信賴說話的人，此時，我們就是在悟性和理性上崇信。

當上帝對人傳諭時，要不是直接傳示，便是通過另一個曾經聽過其諭旨的人轉達。上帝如何直接對人傳諭，聽過傳諭的人完全能理解；但另一個人如何理解，未必不能知道，但也很難得知。如果一個人對我聲稱上帝以超自然的方式向他傳諭，而我又感到懷疑，我很難看出對方能提出甚麼論據，讓我不得不相信。誠然，這人如果是我的主權者，他便可以強制我服從，讓我不能用行動或言語來表示不相信他說的話，但卻又讓我按理性思考。要是沒有一個這種權力管轄我的人如此聲言，他就沒有任何依據能強使我相信或服從。

因爲若是上帝在《聖經》中對一人傳諭，那並不是上帝直接對他傳諭，而只是對所有基督徒，透過先知、使徒或教會間接傳諭。如果上帝在夢中對他傳諭，這只等於是他夢見上帝對其傳諭。任何人只要知道夢是自然現象，可從原先的思想中產生，他這種說法便不具有說服力。例如，由於人們自命不凡、狂妄自大，並對於自己聖潔的品行或其他品德抱有錯誤的看法，於是認爲自己因此能夠得到特殊神啓，便是如此的夢境。如果他看見異象或聽到異聲，便是他半夢半醒間作了一個夢。因爲在此情形下，人們往往是沒有弄清自己在打瞌睡，便自然而然把夢境當成異象。如果他是由於超自然的神感（神助靈思）而說話，等同於他發現有個強烈的願望要說話，或是對一己有種無法提出自然且充分理由的強烈看法。因此，全能的主雖然可以通過夢境、異象、異聲和神感對人降下旨諭，但他卻沒有強制任何人去相信他對自稱有此事的人降諭。這種人既然是凡人，便有可能發生錯誤，而且比錯誤更進一步的是，他可能還撒謊。

那麼，一個人如果撇除自然理性外，從來沒有上帝直接向他啓示過神意，對於自稱爲先知者的人們，其所傳的神諭又怎樣能知道何時應該服從或不服從呢？以色列王對於基列的拉末（Ramothgilead）作戰一事，其所詢問的四百先知中，只有米該雅（Micaiah）一人是眞先知。被派去預言，反對耶羅波安（Jeroboam）所設丘壇的先知，雖然是一位眞先知，且根據他在耶羅波安面前，所行的兩個奇蹟，顯然是上帝派去的，但卻被一個老先知欺騙，老先知勸他說：上帝叫他和自己一起飲食。如果一個先知還能欺騙另一個先知，那我們除了通過理性思考外，又怎能肯定地知道上帝的旨意呢？關於這點，我可根據《聖經》回答，有兩種跡象放在一起（不可分開看），就可知一位是眞正的先知：一種是展現奇蹟，另一種是除已建立的宗教外，不再傳布任何其他宗教。我認爲兩種跡象分開來看，便沒有一種是充分的。「你們中間若有先知或是做夢的起來，向你顯個神蹟奇事，對你說：『我們去隨從你素來所不認識的別神，事奉它吧。』他所顯的神蹟奇事雖有應驗，你也不可聽那先知……。那先知或是那做夢的既用言語叛逆那領你們出埃及地、救贖你脫離爲奴之家的耶和華——你們的神，要勾引你離開耶和華——你神所吩咐你行的道，你便要將他治死。」（申命記十三章一—五節）。在這一段話中，我們可看出兩點：第一，上帝不會單用奇蹟來證明先知的天命。正如第三節所述，這只是試驗我們能否始終不渝地效忠上帝。因爲埃及術士所行的法術雖然不像摩西那般偉大，卻也是偉大奇蹟。第二，不論奇蹟多大，如果目的是煽動人們去背叛國王或依據國王權力統治的人，那麼這種奇蹟之人，應當是被派來考驗人們的忠誠。因爲「離開耶和華」這句話，在這裡就相當於「背叛你們的王」。因爲它們在西奈山下已經立約奉上帝爲王，上帝只透過摩西治理它們，道理是唯有摩西能和上帝說話，並不時地向百姓宣布上帝的諭令。同理，當我們的救主基督使自己的門徒承認自己是彌賽亞（亦即，上帝的受膏者，這是猶太民族每天都盼望為王，而降臨之後又予以拒絕的人）之後，仍然不忘告誡他們相信奇蹟的危險：「因為假基督、假先知將要起來，顯大神蹟、大奇事，倘若能行，連選民也就迷惑了。」（馬太福音二十四章二十四節）。從這裡可顯然看出，假的先知可能有顯現奇蹟的能力，然而，我們卻不能把他們的說法當成上帝的道來看待。聖保羅還進一步和加拉太人說：「但無論是我們，是天上來的使者，若傳福音給你們，與我們所傳給你們的不同，他就應當被詛咒。」（加拉太書一章八節）。這福音說道：基督是王，人們所接受的一切有關反對王權的布道話語，便是受到聖保羅的詛咒。因為聽他說這段話的人，皆已聽了他的布道，接受耶穌為救世主，也就是已經受接受耶穌為猶太王。

正如同行奇蹟卻不布上帝已立的教義一樣，布真正的教義而不行奇蹟也不足以證明是直接的神啓。因為一個人不布假道，又不行任何奇蹟就自稱是先知，人們絕不會因為這個自稱而更尊重他，這點在申命記十八章二十一—二十二節可看出：「你心裡若說：『耶和華所未曾吩咐的話，我們怎能知道呢？』先知託耶和華的名說話，所說的若不成就，也無效驗，這就是耶和華所未曾吩咐的，是那先知擅自說的，你不要怕他。」人們也許又會問，當先知預言的一樁事情後，我們又怎能知道會不會實現呢？因爲他預言的事可能經過一段很長的時間——比人類壽命還長才會面臨；也可能是不肯定的預言，在某一時間會出現。在這種情形下，先知的標誌便沒有用了。於是使人不得不相信先知的奇蹟，應當是立即、不久便可實現的事件。這樣顯然可見，唯有傳布上帝已確立的教義和可立即顯現的奇蹟，兩者結合才是《聖經》上承認的一名先知——亦即承認直接神啓的標誌。任何一項單獨成立都不足以讓另一個人不得不尊重他的話。

既然現在奇蹟已絕跡，因此沒有任何跡象可作爲承認任何人自稱有天啓或神祕的根據。而且除了《聖經》的教義外，也沒有義務要聽取任何教義。《聖經》自此在我們的救主以後就取代、充分補足了一切其他預言的短缺。通過明智而淵博的解釋，以及精心的推理，我們對上帝和人類義務的知識所必要的一切法則、戒律都很容易從《聖經》推論而出，無須神靈附體或超自然的神感。我討論塵世的基督教體系國家中，最高統治者的權利、基督教臣民對其主權者的義務時，則要開始從《聖經》尋找原理。爲了這一目的，我將在下一章談談關於《聖經》的各篇、作者、範圍和根據。

# 第三十三章　論《聖經》篇章的數目、年代、範圍、根據與注疏者

所謂《聖經》的篇章，指的是應成爲經典的篇章，亦即應成爲基督徒生活法則的篇章。由於人們在良心中必須遵守一切的生活法則都是法律，因此關於《聖經》的問題，就是基督教關於法律的問題，其中包括自然法與世俗法。因爲《聖經》中雖沒有規定基督教國家在國內制定法律的內容，但卻規定了不應當制訂的法律。如前面證明，主權者在自己的領域是唯一的立法者，既如此，唯有經主權者確定才能爲法律。上帝誠然是所有主權者的主權者，所以對臣民下旨時，無論與君主的命令有多不同，臣民都必須遵守。問題不在於服從上帝，而是上帝在何時說了什麼，對於沒有得到神啓的人，除了天賦理性以外無從得知。這種天賦理性就是讓他們爲了求和平正義而服從當局，亦即服從和主權者。根據這一義務，我在《舊約》各章中，除了英國國教承認的篇章外，就不能承認其他篇章是《聖

經》。這些篇章大家清楚，無須列出，就是聖耶羅米（St. Jerome）所承認的篇章，他認爲其他篇章是僞經，其中包括智慧書、傳道書、猶達德記、多比亞記、馬加伯記上下，以及以斯拉記第三、四篇，多米提安（Domitian）大帝時代的猶太學者約瑟夫認證爲正典的有二十二篇，如此就使篇數剛好等於希伯來文的字母數，聖耶羅米認可的也是如此，惟算法不同，因爲約瑟夫所舉的例是摩西五經，寫自己當代的先知書十三篇（與《聖經》符合的程度，以下可見），以及詩篇與箴言四篇，但聖耶羅米所舉的是摩西五經，先知八書，與九篇其他的聖書，後者他稱爲外經。埃及王托勒密請猶太學者，將猶太法從希伯來文翻成希臘文，《聖經》也是，此外就沒有了。

至於《新約》各篇，則基督教各教會與教派只要承認任何篇章是正典，就同樣承認這些是正典。

至於《聖經》各篇章的原作者爲何人，其他歷史沒有充分的證據說明，只能以此爲根據，同時也不能用推理來證明，因爲推理只能使人相信推斷論理，而非事實的眞相。因此我們得到的線索就是現有的篇章，雖不能告訴我們每篇的作者，但在了解寫作時代上不無用處。

首先說明摩西五經，這名稱並不足以說明是摩西所寫，正如約書亞記、士師記、路得記以及列王紀不能充分證明爲是這些人所寫的一樣。因爲篇章的名稱都會以主題爲名稱。比如說利未記標明的是作者，在申命記末章第六節關於摩西之墓時有如下的話：只是到今日無人知曉他們墳墓。所謂到今日，是指寫這句話時，就是在他入土後所寫。因爲如果說摩西談到自己的墳墓竟然說：到他還在世時仍然沒有找到，此言即使是預言方式來講，也顯得奇怪。但也許有人會說：並非全部五經，而只有最後一章是別人所寫，其餘則否。如此我們不妨看看創世記所說：「亞伯蘭經過那地，到了示劍地方、摩利橡樹那裡。那時迦南人住在那地。」（十二章六節）這必然是迦南人不在時所寫，因此也不是摩西的話，因他還沒有到迦南地時就過世了。同樣的情形，在民數記二十一章十四節中，作者徵引一部更古老的書，名爲《耶和華戰記》，當中記載了摩西在紅海與亞嫩（Arnon）河谷的行跡。由此可見，摩西五經是在摩西之後才寫作，只是成書時代尚不清楚。

摩西雖然沒有全部編寫這五經，五經也非現在的形式，然其中註明他寫的地方就的確是摩西所寫，例如律法之卷看來是包含在申命記十一章以下直到二十七章的各章中，同時也曾下令刻在迦南福地入口的石頭上，此篇的確爲摩西所寫。「摩西將這律法寫出來，交給抬耶和華約櫃的祭司利未子孫和以色列的眾長老。摩西吩咐他們說：『每逢七年的末一年，就在豁免年的定期住棚節（Tabernacles）的時候，以色列眾人來到耶和華——你神所選擇的地方朝見他。那時，你要在以色列眾人面前將這律法念給他們聽。』」（申命記三十一章九—十一節）。這律法就是上帝命令國王應在建國時，到祭司與利未人處去取抄本的戒律，摩西也曾吩咐祭司和利未人放在約櫃旁（申命記三十一章二十六節），這戒律曾經遺失，許久後爲希勒家找到，並送至約西亞王處（列王紀下二十二章八節）。約西亞命人向人民宣讀（列王紀下二十三章一—三節），重訂了上帝與他們立的約。

約書亞記也是在約書亞以後的時代才成書，這點可由其中推論，約書亞曾把十二塊石頭立在約旦河中，紀念他們通過此河，關於此事，作者寫道：「直到今日，那石頭還在那裡。」（約書亞記四章九節）直到今日是表示久遠不可考的年代，同樣關於上帝所說：「我今日將埃及的羞辱從你們身上滾去了。」因此那地方稱爲吉甲（Gilgal），直到今日（約書亞記五章九節）。此言如在約書亞時代所說就不對勁了。關於亞割谷（Achor）由於亞干（Achan）在帳棚引起麻煩而得名的問題，作者也說：直到今日（約書亞記七章二十六節）。因此也是在約書亞很久以後才說的。還有許多證明不勝枚舉。比如約書亞記八章二十九節、十三章十三節、十四章十四節、十五章六十三節。

同樣的情形從士師記一章二十一、二十六節、六章二十四節、十章四節、十五章十九節、十七章六節，以及路得記一章一節中，尤其士師記說：「約拿單（Jonathan）和他的子孫做但支派（Dan）的祭司，直到那地遭擄掠的日子。」（十八章三十節）。

有類似的證據說明撒母耳記上下兩篇也是在之後的時代所寫，撒母耳記上五章五節、七章十三、十五節、二十七章六節、三十章二十五節，大衛裁定上陣者得多少戰利品，看守器具者得多少後，作者就說：定此爲以色列的律令典章，從那日直至今日。此外，烏撒（Uzzah）由於伸手扶住神的約櫃遭神擊殺後，大衛因而心裡憂煩，稱此地爲毗列斯·烏撒（Perez-Uzzah），作者也說直到今日（撒母耳記下六章八節），因此，本篇成書的時間必然在事實發生很久以後，亦即在大衛的時代很久以後。

關於列王紀上下兩篇與歷代志上下兩篇，像作者所說的保留到他那一時代之處等，如列王紀上九章十三、二十一節、十章十二節、十二章十九節，列王紀下二章二十二節、八章二十二節、十章二十七節、十四章七節、十六章六節、十七章二十三、三十四、四十一節，以及歷代志四章四十一節、五章二十六節。其中所記載史蹟持續到那個時代，充分證明都是在巴比倫被擄後所寫。因爲所記錄的事實總是比記錄時早，比提到與引證這種紀錄的篇章要早得多，因爲這些篇章曾提到請讀者參考猶太列王紀、以色列列王紀、撒母耳先知書、拿單先知書、雅西亞先知書、耶多的異象、塞維亞先知書、阿多先知書等等。

以斯拉記和尼希米記肯定是在巴比倫俘虜後所寫成，因爲耶路撒冷城牆與聖殿重建的情形、重新立約的情形，以及規定辦法的情形皆有記載。

皇后以斯帖（Esther）的經歷是在被俘時期，所以作者必是當時或其後的人。約伯記沒有寫作時代的跡象，雖明顯可見，約伯不是假想人物（以西結書十四章十四節，雅各書五章十一節），但本篇似乎並非歷史記載，而是關於古代極富爭議的問題，即「爲何惡人當道而好人受苦」，此外，據聖耶羅米證實，本篇從頭到第三章第三節約伯開始抱怨的地方爲止，希伯來文都是以散文寫的，接著到最後一章第六節都是以六步格韻律所寫。而該章的其餘部分又是以散文寫的，如此看來，上述情形就更加可能了。所以爭論的言詞都是韻文，前後以散文說明。像受苦的約伯，以及安慰他的朋友，都不用韻文體裁，而古代哲學卻常用這種體裁。

詩篇大部分是大衛寫給唱詩班用的，此外還加上摩西與其他聖者的詩歌，其中有些篇章，如一三七篇與一二六篇是被俘回來後，因此詩篇顯然是猶太人從巴比倫回歸後才編纂成目前形式。

箴言是智慧與神言，部分出自所羅門，部分出自雅基（Jaketh）之子亞古珥（Agur），還有部分出自利慕伊勒（Lemuel）的母親，我們不認爲這是所羅門所蒐集，也不是以上這些人，雖是他們說的，但編輯則另有他人。

傳道書與雅歌中都出自所羅門，除了標題與內容簡述之外。因爲「在耶路撒冷爲王，大衛的兒子，傳道者的言語」，以及「所羅門的歌是歌中的雅歌」這兩個標題，似乎都是爲了讓《聖經》各篇章成爲整部《舊約》而成。目的是使教義與編者流傳千古。

這些先知中，最早的是西番雅（Zephaniah）、約拿（Jonah）、何西阿（Hosea）、以賽亞（Isaiah）、彌迦（Micah），他們都生活在猶太王雅瑪謝（Amaziah）、亞撒利雅（Azariah）、烏西雅（Ozias）時代，但約拿書並不是這位先知預言的正式紀錄，因爲只有寥寥幾句：「再等四十日，尼尼微必傾覆了。」（約拿書三章四節），這篇不過是他剛愎自用與違抗神命的經過。他本人既然是本書主題，就不會是作者，但阿摩司書（Amos）卻是他的預言。

耶利米（Jeremiah）、俄巴底亞（Obadiah）、那鴻（Nahum）以及哈巴谷（Habakkuk）皆爲在約書亞時代發出預言的先知。

以西結（Ezekiel）、但以理（Daniel）、哈該（Haggai）、撒迦利亞（Zechariah）等則在巴比倫受俘時預言。

約珥（Joel）與瑪拉基（Malachi）究竟何時預言，無法從篇章看出，不過從內容簡述與標題可見，整個《舊約聖經》寫成現在的形式，是猶太人從巴比倫被俘回來後，和那位猶太人邀請將《舊約》譯成希臘文的埃及王托勒密之前。教會向我們推薦的外經（雖非正典，卻有啓發的書），如果可以相信的話，那麼《聖經》就是由以斯拉（Esdras）編成目前的形式。可從《以斯拉續篇下卷》證明，他說：「你的律法已被焚燒了，所以沒有人知道你已經作了的事，或是你將來的作爲。其實我若在你面前蒙恩，求你差遣聖靈到我裡面，我就要把世上從起初一切發生的事，就是記在你律法裡的事，都寫下來，好使人能夠尋找道路，又使那些在末期願意活著的人，得以活著。」（十四章二十一、二十二節）又說：「這四十日期滿以後，至高者就說話：『你所寫的第一本書，要明明地傳揚，讓那些配與不配的人都看。但末後的七十本，你要收存，好交給你百姓中的智慧人。』」（十四章四十五節）。關於《舊約》各篇寫作的年代就說到此。

《新約》作者全部生活在基督升天後的一個世代內，除了聖保羅和聖路加外，他們全見過救主或成爲他的門徒。所以他們的著作就和使徒們的時代同樣久遠。但《新約》各篇爲教會接受和承認的時間則沒有如此久遠。因爲正如《舊約》各篇是從以斯拉時代起流傳（當各篇散佚時，他受聖靈指引尋回），《新約》則因爲抄本不多，又不容易保存在私人手中，最後由教會來蒐集，並以使徒爲名，因此全部《新約》起源的時代不會早於這時代，第一個舉出全部《舊約》、《新約》各篇之處是使徒法典。人們認爲使徒法典是繼聖彼得之後，羅馬第一任主教克雷蒙（Clement）所蒐集的。但由於這只是人們的假設，又有許多人提出懷疑，因此據我所知，首先是勞地西亞（Laodicea）宗教會議將《聖經》作爲使徒著作，推薦給當時的教會，是在西元三六四年組成。當時教會諸大師的野心十分猖獗，皇帝雖然是基督徒，也不再爲人民的牧者，而是羔羊，非基督徒國王則被看是狼。他們盡力不像布道者那樣，把自己的說法當成建議和參考意見，而是要像專制統治者一樣當成法律看待，並且認爲使人民更加服從基督教教義的欺騙是虔誠的。但我相信雖然《新約》各篇的抄本只在教士手中，他們卻沒有因此竄改《聖經》，因爲他們如有意這麼做，就會使這些篇章對基督教國王和統治者更有利。因此，沒有理由要懷疑《舊約》、《新約》是先知與使徒的眞實紀錄。稱爲外經的某些篇章也是如此，他們不在正典之列，並非由於不合教義，而是非由希伯來文寫作之故。因爲在亞歷山大征服亞洲之後，有學問的猶太人很少不諳希臘語，比如將《聖經》譯成希臘文的七十個譯者皆爲希伯來人，而現在我們還有菲羅（Philo）和約瑟夫（Josephus）兩個猶太人所寫的書，都是以流利的希臘文所寫。然而使某篇《聖經》成爲正典的不是作者，而是教會的權威。各篇雖然由不同人寫成，但作者具有同一種精神，就是說明聖父、聖子、聖靈的權力。因爲創世記將上帝子民的世系追溯到創世之時，一直敘述到入埃及時，摩西其他四書則是記載以色列人選上帝爲王的事，以及上帝為政府規定的律法。約書亞記、士師記、路得記與撒母耳記則接到掃羅的時代，記述上帝的子民擺脫上帝統治，要求立王時的事蹟。《舊約》所載的其他歷史，將大衛的世系一直追溯到巴比倫之囚時。從這一世系中，將會產生上帝王國的復興者——救主。他的降臨在先知書中已經預言。在這些先知後，福音書作者們則描寫他在人世的生活，行止以及他宣稱的天國。最後，使徒行傳以及使徒書信宣告上帝聖靈的降臨，以及他留給使徒與繼承者們，讓他們領導猶太人與感召外邦人的權力。總之，《舊約》所載的史實和預言，以及《新約》所載的史實和預言都有同樣看法，即為使人皈依上帝，就是：一、服從摩西與諸祭司；二、服從降生為人的基督；三、服從使徒及教權的繼任者。因為以上三者代表上帝在不同時期的人格：在《舊約》時是摩西及繼任者大祭司與猶太人的國王，基督在塵世時則為基督本身，從聖靈降臨節以後（聖靈降在使徒及其繼任者身上時），一直到現在則是使徒及其繼任者。

《聖經》權威的由來是基督教各派爭論很多的問題，這一問題有時也用其他方式提出，例如：我們如何能知《聖經》各篇是上帝的話，或為何相信是上帝金言。解決這一問題的困難在於表達的措辭不適當。因為眾所周知，《聖經》的原作是上帝，沒有疑義。其次，雖然所有基督徒都相信，但除了上帝以超自然啓示過的人外，沒有人知道《聖經》是上帝之言，所以第二個問題也不正確。最後，如果問題是如何相信《聖經》，眾所紛紜，問題應該這麼說：《聖經》是根據哪個權威而成爲律法。

就與自然法一致而言，《聖經》各篇無疑是神律，於是就具有權威，有理性的人都能理解，但這種權威不過是所有符合理性的權威，是永恆的法律，而不是人爲的法律。如果是由上帝本身制定爲律法的，那麼就具有成文法的性質。這種律法指對於一種人而言才是法律，那就是得到上帝充分曉諭的人，無法藉口逃避。

因此，如果沒有得到上帝的超自然啓示，說明這是他的律法，也沒有以這種方式說明法律從何而來。那麼除了根據其命令具有法律效力權威外，他沒有義務服從，亦即除了國家的法律外，就必須來自於上帝及某個權威的法律，如果是私人的，就只有上帝特別恩寵，單獨向他啓示法律的人才受約束。因爲如果在一群由於驕傲無知，而將自己的夢境、妄想和瘋狂當成聖靈的人之中，或是那些因野心違背良知的人，假裝有神蹟證明的人當中，每個人都將藉口得到神啓當成上帝之法，那麼任何神啓都無法得到承認了。如果這權威是公眾的，那就是國家或教會的權威。但教會如果是一個統一的人格，那就和基督徒組成的國家是同一件事。稱爲國家，是由於結合在主權者身上的人所組成，同時也由於結合在信基督的主權者的所有基督徒組成，因而稱爲教會。然而教會如果不是一個統一人格，就不會具有權威。既不能下令，也不能有任何作爲，對事物也沒有權力。沒有意志、理性和聲音，因爲這些都是人的性質，如果所有基督徒不在同一個國家中，就不能成爲一個統一的人格，也沒有普世的教會有權力統治他們。因此，《聖經》就不是普世教會制定的法律。反之，如果教會是一個國家，那麼所有基督徒與統治者就成了平民，可以由基督教世界的主權者加以審判、廢黜和處罰。因此《聖經》的權威問題就是如此問題：在自己的境內，基督徒國王和基督教國家的主權議會究竟是在上帝之下的絕對主權者，還是要服從一個屬於普世教會的教皇，並可由教皇在公共利益的裁量下進行審判、定罪、廢黜或處死。

如不討論上帝國，是無法解決此問題，同時關於解釋《聖經》的權限也要根據上帝國來判斷，因爲有人要是對任何文字具有合法權力，使它成爲法律，那它也有權批准或否定關於該法律的解釋。

# 第三十四章　《聖經》各章中聖靈、天使與神感的意義

由於正確推理的基礎在語詞的永久定義，這種意義不似自然科學，是取決於作者，也不是通俗的用法，而是依《聖經》上的意義。因此在進一步討論前，有必要依據《聖經》來確定某些語詞的意義。這些語詞因爲意義含糊，可能使我以下的推論產生意義模糊和爭論。我將從物體（body）與靈（spirit）這兩個字開始，他們在經院哲學稱爲物質實體與非物質實體。

物體意指充滿或占據某空間或假想處之物，不是想像，而是實質存在宇宙中。因爲宇宙是所有物體的集合，其中任何眞實的部分是物體或宇宙的一部分，由於物體容易發生變化，對生物的感官而言可能有不同的表象，因此物體也稱爲實體。所謂容易發生變化，亦即有不同性質，時靜時動、時冷時熱，視覺、嗅覺、味覺、聽覺皆有不同。這是由於物體

對感官的不同作用所致，歸於物體發生作用變化，稱爲物體的偶發性（accidents），因此實體和物體指的是同一物，而與非物質實體不同，如同我們說非物質物體，這一詞彙本身是矛盾的。

然而在一般人的意識中，並非宇宙的全部皆可稱爲物體，只有觸覺感知到有抗力之物，或是以視覺觸目所及之處，才稱爲物體。因而在一般用語中，空氣和空中實體通常不稱爲物體，而是在人們感知道時稱爲風或氣息，或是因爲拉丁文所稱 *spiritus*，所以稱爲精氣靈，比如人們稱在動物體內維持生命的氣體爲生命靈或元靈，至於那些物體不存在的地方（鏡中、夢中）或清醒的人腦中騷動，則正像使徒對所有偶像的說法一樣，他們什麼也不是。亦即在他們看似存在之處完全無物。腦海中則是對象的作用，或感官混亂的擾動。從事其他工作而沒有探討他們成因的人，本身不知如何稱呼他們。因此容易相信自己認爲有學識的人，有些稱爲物體，認爲他們是由超自然力量以空氣結合而成。因爲視覺把他們當成實質之物，另一些人則稱爲靈。因爲在他們出現的地方觸覺無法察覺。因此，靈的本意指稀薄、不可見的流動物體，或鬼魂、其他幻象。至於比喻意義則繁多，因爲有時它會視爲心理的性情或傾向，比如好插話的人就稱爲對立的精神，不純潔的性情稱爲不純潔的精神，鬧彆扭的脾氣稱爲剛愎自用，憂鬱的性情稱爲沉默寡言，敬神與侍奉神稱爲虔敬。有時，出眾的能力，特殊的情緒、心理的病態也用靈來表示，比如大智慧稱爲智慧之靈，瘋人則爲精靈附體。

靈的其他意義，我還未在其他地方看過。當以上說法都無法滿足時，《聖經》中的意義就不屬於人類理解的範圍了。我們的信仰不在於我們的看法，而是我們的信仰。例如上帝稱爲靈，或是上帝之靈指上帝所有的地方，因爲上帝是不可思議的，亦即我們對上帝完全不能理解，只知道上帝存在。因此，我們對上帝所用的屬性形容詞，並非說明何謂上帝，也不是表示我們對上帝的看法，而僅表示我們希望用最高貴的詞來敬稱上帝。

創世記一章二節說：「神的靈運行在水面上。」此處的神靈如果指神本身，就是賦予神運動的屬性，因此就賦予空間的屬性。空間只有屬於物體的空間才能理解，屬於非物質實體的空間則不能理解。我們認爲是運動之物不改變位置，或不具有展延是超乎理解外的空間，因爲能展延者都是物體。但此言的意義在類似處看得更清楚，創世記八章一節說當大地像當初那樣淹水時，神要使水退去，使大地露出，用了類似的字，「神（spirit）叫風吹地，水勢漸落。」此處的靈是風，亦即運動的空氣或靈，也可稱爲上帝的靈，因爲這是神的功業。

創世記四十一章三十八節記載，法老將約瑟的智慧稱爲神的靈，因爲當約瑟勸法老挑選一個聰明有智慧的人來治理埃及，他說：「像這樣的人，有神的靈在他裡頭，我們豈能找得著呢？」在出埃及記二十八章三節，上帝說：「又要吩咐一切心中有智慧的，就是我用智慧的靈所充滿的，給亞倫做衣服，使他分別爲聖。」具有特殊的智慧，雖然只是製衣的智慧，由於是上帝的賜與，所以稱爲上帝的靈。同樣的話在出埃及記三十一章三—六節，三十五章三十一節也可看到。在以賽亞書十一章二節中，先知談到救主時說：「耶和華的靈必住在他身上，就是使他有智慧和聰明的靈，謀略和能力的靈，知識和敬畏耶和華的靈。」這裡所指的顯然不是那樣多的靈，而是上帝將給他如此優越的恩寵。

在士師記中，保衛上帝子民的傑出熱忱和勇敢，也稱爲上帝之靈，如激起俄陀聶（Othniel）、基甸（Gideon）、耶弗他（Jephthah）與參孫（Sampson），將他們從奴役中解救出來的上帝之靈就是如此（三章十節、六章三十四節、十一章二十九節、十三章二十五節、十四章六、十九節）。關於掃羅聽到亞捫人對亞比基列人凌辱後的情形，撒母耳記上十一章六節說：「掃羅聽見這話，就被神的靈大大感動，甚是發怒。」此處所指的不可能是幽靈，而是處罰亞捫人殘酷行爲的傑出熱情。同理，撒母耳記上十九章二十節說，當掃羅站在一班以歌唱和音樂讚美上帝的先知中，上帝的靈降在掃羅身上，這不能理解爲幽靈，而是他不預期的突然要加入他們敬神的熱情。

假先知西底家（Zedekiah）對米該雅說：「耶和華的靈從哪裡離開我與你說話呢？」（列王紀上二十二章二十四節）這也不是指幽靈，因爲米該雅已經在以色列和猶太國王之前，將戰事的結局宣布，是從異象所見，而不是從他身上說話的靈得到的。

同樣的情形，從先知書中可以看得很清楚，他們雖然是因上帝的靈說話，也就是根據特別發出預言的神恩說話，然而他們對於未來所知道的事實，卻不是由於他們裡面的幽靈而得，而是因爲某種超自然的夢或異象而得。

創世記說：「耶和華神用地上的塵土造人，將生氣吹在他鼻孔裡，他就成了有靈的活人。」（二章七節）這裡上帝吹入的生命之氣是生命。約伯記二十七章三節說：「神所賜呼吸之氣仍在我的鼻孔內。」這表示：當我活著的時候。以西結書一章二十節說：「活物的靈在輪中。」相當於輪子在活著。以西結書二章二節說：「靈就進入我裡面，使我站起來。」亦即：我恢復了活力。而不是幽靈或非物質實體附身。

民數記十一章十七節中，上帝說：「也要把降於你身上的靈分賜他們，他們就和你同當這管百姓的重任。」也就是分賜給七十個長老，於是七十人中有兩人就在營帳裡受感應發出預言。有人抱怨他們兩人，約書亞請摩西制止他們，摩西不肯。由此可見，約書亞不知他們已經獲得權力這麼做，並根據摩西的心意發預言，也就根據一種靈或附屬摩西的權力作預言。

在同樣的意義下，我們可看到申命記三十四章九節中有一段話：「嫩的兒子約書亞；因爲摩西曾按手在他頭上，就被智慧的靈充滿。」此因他受摩西之命，行摩西之事，亦即將上帝的子民帶到福地。不過中途過世，未竟此業。

羅馬書八章九節也有相同意義的話：「人若沒有基督的靈，就不是屬基督的。」這非指基督的聖靈，而是指服從基督的道。同樣的道理，約翰一書四章二節說：「凡靈認耶穌基督是成了肉身來的，就是出於神的，從此你們可以認出神的靈來。」這裡指的是眞誠的基督教精神，或是服從基督教主要的信仰。耶穌是基督，不能解釋爲一種幽靈。

路加福音四章一節「耶穌被聖靈充滿」這句話（正像馬太福音四章一節與馬可福音一章十二節所說的一樣——充滿著聖靈），可以理解爲耶穌充滿著完成聖父差遣他做事的熱忱。如果將它解釋爲靈，則我們的救主就是上帝，就等於上帝本身充滿上帝，如此說法並不適當也沒有意義。人們如何將靈說成幽靈，我沒有研究，幽靈既不表示天上或地上之物，而只是腦中的幻象，我想說的是：靈字在《聖經》本文所表示的並非如此，只是在本義下的眞實實體，或是在比喻意義下，表示身心方面某種異於尋常的能力或感情。

耶穌的門徒看見他在海上行走，以爲他是鬼怪（馬太福音十四章二十六節，馬可福音六章四十九節）。這裡所指的是一種氣質物體，而不是一種幽靈，因爲據說他們都看見了他。這不可能理解爲心理的幻覺，而只能理解爲物體。心理幻覺與可見物不同，通常不會發生在許多人身上，只可能是個別的人如此。同樣的情形，路加福音二十四章三十七節也說他被同一批門徒當成鬼怪了。使徒行傳十一章十五節也說，當彼得出獄時，人們不相信，但當那個瘋人說他在門外時，他們便說那是他的天使。這裡的天使指實質實體，要不然就會認爲使徒們跟隨猶太人和外邦人的看法：認爲這類幻影是眞實的，並非幻想。這種幻影，無論善惡，猶太人都稱爲靈和天使，希臘人稱爲魔，這些幻影有些是眞實的、難以捉摸的物體。上帝可以用造物的力量創造出來，也可以用代理者或天使來宣告意旨。當上帝高興時，也可以用意象和超自然方式，以他們來執行意旨。但當神創造了他們後，他們就成爲占有空間的實體，可以在空間移動，而這是物體具有的性質。如此他們就不是非實質的鬼魂，不是不存在於空間的鬼魂，不是看起來有但實質沒有之物。但如果我們以實質一詞用於通常意義下，表示我們感官能感知的實體，那麼非實質實體就不是想像，而是實在之物，亦即是稀薄看不見的實質，但卻具有較濃密實體的延伸。

天使一般指傳訊訊息的使者，最常見的指上帝的傳諭者，讓人們知道他非凡的存在，展示他非凡權力（以夢或意象的方式）的任何事物。

關於天使的生成，《聖經》並未記載，他們是靈這一點是常常提出的，但靈這一名詞無論在《聖經》和一般用法中，有時指一種稀薄的物體，如空氣、風、動物的元靈。有時指出現在夢境和幻覺中的映象，這些都不是實體，存在的時間也不會比夢境或幻覺長，這種幻影雖不是實體，而是大腦的偶發性，但當上帝以超自然方式喚起他們傳達意志時，就可以適當的稱爲上帝的使者，即他的天使。

外邦人曾庸俗地把腦海的映象當成體外存在的、不是幻覺之物，從這些映象構想出許多善與惡的魔，這些魔看似存在，所以稱爲實體（substances）。同時又因爲不能用手摸到，所以就稱爲非實質的。猶太人除了撒都該人（Sadducees）以外，全都具有一種普遍的看法。認爲上帝有時在人的幻象中出現爲自己服務，而說天使是實體，不依存於幻象，而是神的永久性造物。他們認爲對自己有益的是天使，會傷害自己的就稱爲惡鬼或惡靈，如派東蛇（Python）的靈、瘋人、精神病人和羊癲瘋患者身上的幽靈都是，因爲他們認爲這種病人是遭鬼魔附體。

《舊約》中提到天使處可見，天使一詞只能理解爲以超自然方式，在幻象中形成的映象。說明上帝親臨做出超自然事蹟，在其他地方也可依此方式來理解。

因爲創世記十六章說：同一個靈不只稱爲天使，還被稱爲上帝，在第七節中稱爲耶和華天使的，在第十節對夏甲（Agar）說：「我必使你的後裔極其繁多，甚至不可勝數。」此即代表上帝說話，這並非具形像之幻象，而只是聲音。由此可見，天使一詞在此指的就是上帝，他使夏甲以超自然方式聽到天上的聲音，或說是超自然的聲音，證明神特別在某地出現。創世記十九章十二節記載，天使在羅得（Lot）面前出現，雖然有兩個，羅得卻只對其中一人說話，並當他是上帝。羅得對他們說：「我主啊，不要如此。」（十九章十八節）試問這兩名天使爲何不是以超自然方式化爲人，如同上述理解成幻想的聲音呢？創世記二十二章十一節記載，從天上發出聲音制止亞伯拉罕殺以撒的天使，也不是幻影而是聲音，然而卻由人稱爲天使，因爲他以超自然的方式宣布上帝意旨，並且省去麻煩，不用再假定任何長存的幽靈。雅各在頂天的梯子上看到的天使是入睡後的異象，因而只是個幻象或夢，不過既是超自然的，而且是上帝親自在某處的證明，所以稱這些幻影爲天使就不爲失當了。在創世記三十一章十一節中，雅各說：「神天使在夢中呼喚我。」此話就應如此理解。因爲人在入睡時所見的幻影都稱爲夢，無論是自然的或超自然的夢皆如此。雅各在此稱爲天使的就是上帝本身。因爲這個天使在第十三節中說：「我是伯特利（Bethel）的神。」

出埃及記十四章九節記載走在以色列軍隊前到紅海去，然後又走到後面的天使也是上帝本身。他不是以人形出現，而是白天爲雲柱，晚上爲火柱，然而此柱是應許摩西爲軍人領路的全部異象與天使（出埃及記十四章九節），因爲據說這雲柱曾降臨在營帳的門口與摩西說話。

由此可見，運動和語言等天使都遇有的屬性也都給了雲，雲成了上帝親臨的象徵，即使沒有人形或絕美的童子形像，或是沒有如一般畫像，帶著虛妄的翅膀來教導人民，也完全就是天使，因爲天使的作用並非形像，而是表明上帝在超自然活動中親臨。比方說：當摩西希望上帝像鑄小金牛之前經常做的，隨軍營前去，上帝的答覆不是我將去，也不是我將派一個天使替我去，而是說：「我必親自和你同去。」（出埃及記三十三章十四節）。

要將《舊約》中提到天使一詞之處都列舉出來則太長了，總之，我認爲英國國教教會認爲《舊約》中正典的部分，沒有任何經文可讓我們下結論說：在靈或天使這一名義下所創造的永久物不具有量，在理解上不能分割，也就是沒有不能由部分來認識的，一部分可以在一空間下，另一部分可在另一空間中，總之，如果物體存在於某處，此物體則具有實質。在每一處，都可以將天使解使成傳訊的使者，比如施洗者約翰就稱爲天使，基督爲立約天使。以此類推，鴿子、火舌等成爲表示上帝在場的象徵，都可以稱爲天使。但以理書雖然有兩個天使的名字，一個是加百列（Gabriel），另一個是米迦勒（Michael），但從經文本身（十二章一節）可見，基督認為米迦勒不是天使，而是國王，而加百列正如其他聖者夢中的幻影，是一種超自然幻象，但以理在夢中彷彿目睹兩個聖者在對談，其中一個對另一個說：「加百列啊，要使此人明白異象。」因為上帝無須以名字區分天國的僕人，名字只對凡人短暫的記憶有意義。《新約》中也沒有任何地方能證明，天使除了是上帝言行的使者或代理人外，是永存且為實體。天使是永存的這一點可由救主的話推論得出，他在馬太福音二十五章四十一節中說：「你們這被詛咒的人，離開我！進入那為魔鬼和他的使者所預備的永火裡去！」由此可見，惡魔的使者是永存的，而這樣理解又和他們的非實質性不相容，因為永恆之火對無法遭受痛苦的實體而言，不能成為處罰。因此，依此不能證明天使是非實質的。聖保羅說出以下這段話時，情況亦然：「豈不知我們要審判天使嗎？」（哥林多前書六章三節）「就是天使犯了罪，神也沒有寬容，曾把他們丟在地獄。」（彼得後書二章四節）「又有不守本位、離開自己住處的天使，主用鎖鏈把他們永遠拘留在黑暗裡，等候大日的審判。」（猶大書一章六節）這些話雖證明天使是永存的，但也同時肯定他們是實質的。馬太福音說：「當復活的時候，人也不娶也不嫁，乃像天上的使者一樣。」（二十二章三十節）。

此外尚有多處可得出類似結論，由於非實質不能視為稀薄的物體，而只能看成不是物體，所以對於能理解實質和非實質意義的人而言，兩者之間出現矛盾。因爲天使或靈在這種意義下是非實質實體，意即天使或靈皆不存在。因此，考慮天使一詞在《舊約》中的意義，以及人在自然方式下產生夢與異象，我曾認爲，天使只是上帝以神力喚出的超自然幻影，以使子民知道他的存在與命令。但在《新約》中多處，救主這許多話，以及許多經文使我不得不相信，還是有一種具有實質且永存的天使，但要是像他們主張是非實質的說法，認爲天使不存在於空間中，無處且無物存在，如此說法無法由《聖經》來證明。

靈（spirit）一詞的意義取決於靈感（inspiration）這一字的意義，前者只有兩種意義，就本義而言，就像吹氣泡一樣，將稀薄的空氣吹到人體裡面。如若不然，如果靈是非實質的，而只在幻象中存在，那就只是吹入幻影了。如此說法並不恰當也無可能，因爲幻影並非實體，看似有物，實際上並不存在。因此，此字在《聖經》中只有比喻的用法，如創世記說：「將生氣吹在他鼻孔裡。」（二章七節）即爲表示上帝使人有生命活動。因爲我們不能認爲上帝先造氣息，再造亞當，然後將氣息灌注到他體內。像使徒行傳所說：「自己倒將生命、氣息、萬物，賜給萬人。」（十七章二十五節）就是使他成爲生命體。提摩太後書說：「《聖經》都是神所默示的。」（三章十六節）係指《舊約》經文，此爲簡單明瞭的比喻，說明上帝啓發那些作者的靈感，寫下對教導、譴責、糾正，以及啓迪人邁向正義之路。但聖彼得說：「因爲預言從來沒有出於人意的，乃是人被聖靈感動，說出神的話來。」（彼得後書一章二十一節）此處的聖靈，係指夢或超自然現象中上帝的聲音，而非神貫注的靈氣。當救主向門徒灌注氣息時說：「受聖靈。」這種氣息也不是聖靈，而是救主賜予他們的聖靈恩典。雖然據說許多人與救主身上都充滿了聖靈，然而卻不能將這種充滿（fullness），當成注入了上帝的實質，而只能理解爲累積了上帝賜予的稟賦。上帝在約珥書中說：「以後，我要將我的靈澆灌凡有血氣的。你們的兒女要說預言；你們的老年人要做異夢，少年人要見異象。」（二章二十八節）這裡同樣不能僵固的理解，似乎他的靈可以像水一樣倒進倒出，而只能看成上帝賜給他們先知的夢與異象。用灌入（infused）來形容上帝的恩賜，是一種僵固的理解與濫用。因爲神恩是德行，而非物體可以任意移動，像倒在桶裡面一樣，可以倒進人體。

同理，如果用靈感一詞的本意，或說是善靈進入人體，使人發出預言，惡靈進入人體而使人發狂時，如此就不是聖靈一詞在《聖經》上的意義。因爲《聖經》上所指的聖靈是神力，無從得知從何推動。使徒行傳二章二節中說，使徒在聖靈降臨節當天聚集的房子裡充滿了風，此風也不能理解爲聖靈，因爲聖靈就是神本身，而只能理解爲：上帝在他們心中的特殊作用之外顯。是爲了實現完成使徒任務所必須具備的內在恩典與神聖品德。

# 第三十五章　天國、神聖、聖潔與聖餐在《聖經》中的意義

在神職人員的著作中，特別是布道文和祈禱文中，天國最常見的用法是天上至高的永福，亦稱榮耀的天國。有時則用來表示這種至福的預兆與神聖之境，稱爲恩典的王國。但卻從不用這個名稱表示君主國，也就是上帝依子民同意而取得統治的主權，此爲王國一詞的本意。

反之，我發現上帝的王國一詞在《聖經》中多數指正式的王國。由以色列人以特別的投票所建立。由上帝應許他們有迦南地，而他們則與上帝立約，以上帝爲王。此名詞鮮少用於比喻，用時是指對罪的統治，且只見於《新約》，因爲這種統治權，每位臣民在上帝的王國中皆有，且不妨礙主權者。

自從開天闢地起，上帝就不單是以神力統治所有人，同時也有特殊的子民，是他親

自發布神諭，就像人對人說話一樣，以這方式統治亞當，並諭令亞當不可食善惡之樹的果實，但亞當沒有服從，竟然嘗了果實，自己當起神來，依自己的意識辨別善惡。上帝給他的懲罰是失去了永生，後來上帝又處罰了他的後代，除了八個人外都遭洪水滅頂。當時上帝的國度就由此八人所組成的。

此後，神降恩與亞伯拉罕說話立約：「我要與你並你世世代代的後裔堅立我的約，作永遠的約，是要作你和你後裔的神。我要將你現在寄居的地，就是迦南全地，賜給你和你的後裔永遠爲業，我也必作他們的神。」（創世記十七章七—八節）在此約中，亞伯拉罕許諾他與他的後代尊耶和華爲上帝，而上帝則應許迦南地爲他們的世居之地。爲了紀念此約，他規定行割禮（十七章十一節），這就是《舊約》，包含上帝與亞伯拉罕所立的約。亞伯拉罕根據此約讓自己和後代承擔義務，在一種特殊方式下服從上帝之法。因爲對於道德法規的誓言已然有服從義務了。那時雖然沒有稱上帝爲王，也沒有把亞伯拉罕的地方稱爲王國。但都指同一件事，就是上帝與亞伯拉罕所訂約的主權，這個主權，摩西在西奈山重訂此約時，明確稱爲統治猶太人的上帝之國。聖保羅在羅馬書（四章十一節）所說的「信仰之父」，指的是亞伯拉罕而不是摩西，意指讓他忠實當時行割禮的方式，後來在《新約》中以洗禮的方式像上帝宣誓效忠關係，而不違背的信徒之父。

此約後來由摩西在西奈山下重新訂立了。上帝諭示摩西告訴人民：「如今你們若實在聽從我的話，遵守我的約，就要在萬民中做屬我的子民，因爲全地都是我的。你們要歸我做祭司的國度，爲聖潔的國民。」（出埃及記十九章五—六節）。特別屬於我的子民的拉丁文爲 *peculium de cunctispopulis*，詹姆士王朝的英譯爲「超越所有國家的稀世珍寶」，日內瓦的法譯爲「所有國家的至寶」第一種譯文最正確，因爲他得到了聖保羅的肯定，他在提多書中說：「他爲我們捨了自己，要贖我們脫離一切罪惡，又潔淨我們，特作自己的子民，熱心爲善。」（二章十四節）此即指一個特殊的子民。希臘文是指 *περιουσιος*，通常和 *ἐπιουσιος* 對應，後者是指平常或日常的，或像天主經中以「日用的」用法，另一個字的意義就是剩餘的、儲存的、以特殊方式享用的，拉丁文爲 *peculium*，這個意義也爲上帝提出的理由證實。上帝說：「因爲大地皆我所有。」似乎意指「所有人皆是我的子民」。但你們屬於我的方式不是這樣，而是一種特殊方式。因爲他們是因我的力量而屬於我，你們則是由於自己的同意和契約而屬於我，這是他對所有人民另增的權利。

此點還得到了另外經文的證實，「你們要歸我作君尊的祭司，爲聖潔的國度。」拉丁文爲 *regnum sacerdotale*，這和彼得前書的譯法 *sacerdotium regale*「帝王的祭司」相符，而且除了大祭司之外，任何人不許進入聖殿的內殿，即不許直接向上帝詢問意旨，也互相符合。前述英譯本爲眾祭司的王國，此言若不是指一個大祭司繼承另一個大祭司，便不符合彼得的意思，也不符合大祭司職權的行使。因爲只有大祭司可把上帝意旨傳給人民，祭司會議從來沒有進入過內殿。

此外，神聖的國民這一名稱也證實了同一個問題，因爲「神聖」（holy）指上帝依特殊權利，而非普通權利所具有的一切。正如《聖經》所言，大地皆上帝所有，但大地不能都稱爲神聖的，只有像猶太人受挑選出來侍奉神的才是神聖的。因此明顯可見，上帝的王國原本是指一些人經過同意後所建立的國家，他們服從這個國家是爲了求得一世俗政府，並且在正義問題上，不但管理他們與上帝的關係，也包含他們彼此之間的關係，此外還在平時與戰時管理他們與外國人民的關係。正式的說是一個王國，上帝是國王，大祭司在摩西死後則是他唯一的副手或代理人。

此外還有其他地方也證實了同一問題。最初，以色列的長老對撒母耳的兒子收受賄賂感到憤怒，要求立一個王，撒母耳心中不悅，就向耶和華禱告，耶和華回覆說：「百姓向你說的一切話，你只管依從；因爲他們不是厭棄你，乃是厭棄我，不要我作他們的王。」（撒母耳記上八章七節）由此可見，上帝自己就是他們的王，撒母耳並沒有統治這些人民，只是上帝常交代他傳達給人民。

此外，撒母耳還對人民說：「你們見亞捫人（Ammon）的王拿轄（Nahash）來攻擊你們，就對我說：『我們定要一個王來統治我們。』其實耶和華——你們的神是你們的王。」（撒母耳記上十二章十二節）由此可見，上帝是他們的王，統治著世俗政府。

以色列人拋棄上帝後，先知就預言他將復位。如以賽亞書中說：「那時，月亮要蒙羞，日頭要慚愧，因爲萬軍之耶和華必在錫安山，在耶路撒冷作王。」（二十四章二十三節）也就是在大地稱王。彌迦書說：「耶和華要在錫安山作王治理他們。」（四章七節）以西結書記載：「主耶和華說：我指著我的永生起誓，我總要作王，用大能的手和伸出來的膀臂，並傾出來的忿怒，治理你們。」（二十章三十三節）「我必使你們從杖下經過，使你們被約拘束。」（二十章三十七節）亦即我將做你們的王，使你們遵守摩西和我訂的約，管教你們在撒母耳時代的反抗，以及另選國王之事。

同時在路加福音中（一章三十二—三十三節），天使加百列談到救主時說：「他要爲大，稱爲至高者的兒子；主神要把他祖大衛的位給他。他要作雅各家的王，直到永遠；他的國也沒有窮盡。」這也是大地的王國，爲了國王的權利，他遭認定爲凱撒之敵而處死了。他十字架上的名號是「猶太人的王，拿撒勒人耶穌。」而且輕蔑的給他戴上荊棘冠冕。由於宣告他爲王，人們如此評價使徒們：「這些人都違背凱撒的命令，說另有一個王耶穌。」（使徒行傳十七章七節），如此，上帝的王國就是實際的王國，而不是比喻的王國。不僅《舊約》如此，《新約》也是如此看法。當我們說：「因爲國度、權柄、榮耀，全是你的」時，就應理解爲根據我們的合約而成立的，不是根據上帝的權力而成立的上帝國度。因爲上帝國度是上帝永有的。因此，我們禱告說：「願你的國降臨」時，除非是指由於以色列人反抗，選出掃羅爲王，以致中斷的由基督復興之國，否則即爲多餘。如果天國仍持續存在，那麼我們說：「天國近了」，或禱告說：「願你的國降臨」就不適當了。

此外還有多處皆證實了這種解釋，以致讓人奇怪爲何沒有得到更多關注，除非因爲這讓基督徒國王看出他們對教權政府的權利了。於是他們不譯爲「祭司的王國」，而譯成「眾祭司的王國」，因爲如此就可將聖彼得說的不譯成「王者的祭司」，而譯成「有祭司職權的諸王」。他們將「屬於我的子民」譯成「珍貴的寶石或寶藏」，人們也可以將將軍的特殊部隊譯爲將軍的寶物或寶藏。

總之，上帝的王國是一個世俗王國，其成立首先是以色列人身負的義務，即服從摩西從西奈山帶給他們，後來由大祭司從內殿取出天使交付的律法，這王國在掃羅爲王時遭棄，由先知預言將由基督復興。我們每天在主禱文說：「願你的國降臨」就是祈禱恢復此王國。然後說：「因爲國度、權柄、榮耀，全是你的，直到永遠，阿們。」就是承認此王國的權利。宣告這個王國就是使徒所要布的道。傳布這一福音者使人準備迎接這個王國，皈依此福音——即允諾服從上帝統治——就是在神恩的王國中。因爲上帝已無條件的賜給他們成爲其子民的權利，就是往後在基督爲王時審判世界，並實際治理他的子民時，成爲上帝之子。如此國度成爲榮耀的王國。上帝的王國由於此榮耀以及讓人景仰的寶座，亦稱爲天國。上帝傳諭給代理人治理。如果大地之國不處理政務的話，那麼上帝藉由何人曉諭世人之事，就不會引發如此多的紛擾和戰爭了。同時許多祭司就不至於爲了宗教法權而煩惱，國王也不致否認他們具有這個權利。

從上帝國度的嚴格解釋中，還產生了神聖的正解。因爲在上帝的王國中，就如同在人間王國中的用法，即爲全民的或國王的。

任一國的國王皆爲全體人民的人格或代表，以色列人的上帝則是以色列人的神聖者。服從一個世俗主權者的國民，即這一主權者的國民，亦即全體國民人格的國民。因此身爲上帝選民的猶太人就稱爲「神聖的國民」（出埃及記十九章六節）因爲神聖一詞是指上帝或上帝所有的事物。正如全民一詞始終不是指國家人格本身，便是指屬於國家、私人不能要求有任何所有權的事物。

因此，安息日是上帝的日子，就稱爲神聖日，神殿是上帝的屋子，就稱爲聖殿。祭祀犧牲、什一稅與貢物是獻給上帝的，就稱爲聖獻（holy duties）。祭司、先知，在救主之下受膏的國王是上帝代理人，皆稱聖者。在天上服侍的靈爲上帝使者，稱爲聖使等。當「聖」在本意下運用時，總是具有一些藉由同意獲得專有權的意義。當我們說：「尊你的名爲聖」時，僅爲祈求神恩，讓我們能遵守第一誡：除了他以外，不可有別的神。人類是屬於上帝的子民，但唯有猶太人是神聖的子民，這是因爲他們以合約成爲他專屬的選民。

凡俗一詞在《聖經》裡的一般意義和普通一詞相同，因此，與他們對應的「神聖」和「專有」兩詞，在上帝國度中也是同義。但從比喻的意義上，個人的生活如果虔誠到放棄塵念，全心奉獻給神的話，也就稱爲聖者。就本意而言，由於上帝指定爲聖的事物，或因上帝爲神聖，例如第四誡所說的第七天就是如此。又如《新約》中的選民被賦予神性時也稱爲神聖。由於人們用來敬神，奉獻給上帝，只用在公開祭祀中而成爲神聖的事物也稱爲神聖。如神殿、其他公共祈禱所的用具、祭司、牧師、犧牲、貢物以及聖禮中的外在物等皆是。

神聖有程度之別，特別是用在敬神的事物中，另一部分用在更特殊的侍奉上。例如，全體以色列人民都是上帝的神聖子民，但利未支派則是以色列人中的神聖支派，而利未人的祭司就更加神聖，尤以大祭司最神聖。同理，猶太是聖地，而敬奉上帝的聖城更神聖，神殿又比聖城更神聖，神殿的內殿則比其他地方神聖。

聖禮就是轉移有形物的普通用途爲神聖物來祭祀上帝，以獲准進入上帝國度，成爲上帝子民的象徵或是用於紀念。在《舊約》中，這種象徵就是割禮，在《新約》則是洗禮。在《舊約》中關於此事的紀念，是一年一度食用逾越節羔羊（Paschal Lamb），如此喚起他們從埃及奴役解放的那一夜。在《新約》中則是主人的晚餐，以便使人記住救主在十字架上的犧牲，讓我們從罪惡的枷鎖中得到拯救。獲准進入上帝國度的聖禮只需一次，但由於我們需要經常喚起效忠和拯救的記憶，所以紀念脫難與免罪的聖禮就要重複舉行。以上就是主要的聖禮，如同我們莊嚴的效忠誓言般。此外還有其他神聖的事物可爲聖禮，因爲它本指只獻給上帝的祭祀。但當其中包含著效忠上帝的誓言時，在《舊約》裡只有割禮和逾越節羔羊，在《新約》中只有洗禮和主人的晚餐。

# 第三十六章　上帝之道與先知之言

提到上帝或人的言詞時，並非是文法學家所謂的名詞或動詞等詞類，也非那些和其他語詞毫無關聯，不能形成意義的簡單聲音，而是指一種完整的談話，言者來肯定、否定、下令、允諾，威嚇、願望或詢問等。在此意義下，言詞的意義就不是詞彙，而是語句，在希臘文中就是 λογος，演講、論述或談話。

同時，當我們說上帝或人的言詞時，有時可理解爲言者之語，在這種意義下，當我們說聖馬太的福音時，意即聖馬太是該福音的作者，但有時指的卻是主題。當我們讀到《聖經》中以色列或猶太諸王時代的話時，意指當時的事蹟是這些話的主題。希臘文《聖經》中保留許多希伯來文，其中上帝的道往往不是指上帝所說的話，而是有關上帝治理人民的話，也就是宗教教義，以致耶和華的道等同神學，如以下所言：「保羅和巴拿巴（Barnabas）放膽說：『神的道先講給你們原是應當的；只因你們棄絕這道，斷定自己不配得永生，我們就轉向外邦人去。』」（使徒行傳十三章四十六節）此處所謂神的道，就是基督教的教義，使徒行傳五章二十節中記載，有一日天使對使徒說：「你們去站在殿裡，把這生命的道都講給百姓聽。」此處生命的道意指福音書中的道理，這一點從同章最末節，說明他們在殿裡所做的事可以得知。「他們就每日在殿裡，在家裡不懈的教誨，宣揚耶穌基督。」由此可見，耶穌是生命之道的主題。所以使徒行傳十五章七節中將上帝之道稱爲「福音之道」，因爲其中包括基督國的道理。在羅馬書十章八—九節中稱爲信主之道。亦即當中說的，基督降臨，讓他從死復生。馬太福音十三章十九節提到「凡聽見天國道理」，這裡指的是基督所教的天國之理。而使徒行傳十二章二十四節又稱「神的道日漸興旺，越發廣傳」，所指無疑是屬於教義。

上帝之言既有此二種解釋，則依據後者之解釋，《聖經》皆是上帝之言，若依前者之解釋則否。十誡之末段說：「我乃主，你們的上帝。」此爲上帝對摩西之語。若其首段，「上帝說」等等，是記述者之詞。又上帝之言有本義的，亦有比喻的，本義是指：如上帝對先知說的話。比喻的指：如創世記首章所說「要有光」「要有天」「要造人」，此比喻的上帝之言，係藉以顯示上帝的智慧及權能。

其次，上帝之言又指其效果，即其所斷言、所命令、所威嚇、所允許者。如詩篇一〇五篇十九節中，約瑟被關在獄中，直到主的話應驗，即約瑟所預告之事。列王紀上十八章三十六節，以利亞告訴上帝：「我是奉你的命行這一切事。」耶利米書十七章十五節：「耶和華的話在哪裡呢？」以西結書十二章二十八節：「我的話沒有一句再耽延的。」《新約》馬太福音二十四章三十五節：「天地要廢去，我的話卻不能廢去。」約翰福音一章：「道成肉身」（十四節），又「道與神同在」（一節），凡以上所謂的話皆指此事。而約翰一書所謂生命之言，即指永生，即謂主之投入肉身，乃能給我們永生。此處的「言」（或道）非能投成肉體，能投成肉體的是上帝之子。所以謂之言？因肉身是履行承諾，與聖靈稱為應許是同樣的情形。

《聖經》文中亦有以合於理、合於義之言稱為上帝之言者，如歷代志下三十五章二十一—二十三節，法老尼哥（Necho）勸約西亞（Josiah）王，勿阻止其出征迦基米施（Charchemish），亦稱此為上帝之言。法老是崇拜偶像者，非先知亦非聖人。

詩篇三十六篇三十一節，耶利米書三十一章三十三節，申命記三十章十一、十四節，及其他多處，皆指主之言銘刻於人心也是同義。

先知在《聖經》文中，或為代言者（prolocutor），或為預言者（predictor）之義，亦指神經錯亂、出言無章之人。然通常多為傳達上帝之語以告世人。如摩西、撒母耳、以利亞、以賽亞、耶利米等皆為先知。故大祭司亦可稱為先知，只有大祭司能超凡入聖，聽取主的命令來向人民宣告。約翰福音十一章五十一節，大祭司該亞法（Caiaphas）說，有一人將爲民眾而死，即係因他當時是大祭司，所以能如此預言。又在基督徒聚會中施教者，亦可稱在做先知之事；而出埃及記四章十六節，上帝談到亞倫，對摩西說：「他要替你對百姓說話；你要以他當作口，他要以你當作神。」此處所謂代言者，即先知之義，因此又說：「我使你在法老前代替神，你的兄弟亞倫是替你說話的先知。」若代人向上帝進言，就可認爲他是先知，如亞伯拉罕即以此稱爲先知，創世記二十章七節說：「現在你把這人的妻子歸還給他；因爲他是先知，他要爲你禱告。」由此可證。如此，則在教會中代眾祈禱者，亦得稱爲先知。又哥林多前書十一章四—五節，聖保羅說男女祈禱「預言」（prophecy），所謂預言，乃誦詩歌讚美主，而異邦人所作頌揚主的詩歌，亦稱爲先知，如提多書一章十二節之詩人，即稱爲先知。

先知如解爲預言之意，非只是原先那些代上帝說話的人，將上帝預先告訴他們的話轉告別人，即假冒者亦未始不可以此稱呼。此輩假冒之先知，蓋皆假借一種偶然之事蹟來惑眾。例如隱多珥（Endor）之婦人，號稱有驅遣鬼魂之能，因以召致撒母耳之鬼魂，以預告掃羅將死之訊來威嚇掃羅。至於雜亂不經之言，在異邦人中的預言者，即神廟中之祭司，以神附身如瘋人般發言，所言不成片段，因此可任意解釋，如撒母耳記上十八章十節：「掃羅受惡魔附身，在家中胡言亂語」，就是一例。

經文中先知一字雖有種種不同的意思，然通常指得到上帝直接諭示，轉諭給他人或民眾。然而上帝之語是以何種方式傳達？我們不可說上帝有口，有舌，如吾人，難道不能說上帝能以人的方式說話嗎？先知大衛曾說：「造眼睛的豈能看不見，造耳朵的豈能聽不到。」然此乃尊崇上帝之詞，非敘述神的性質。否則以人擬上帝，則必且懷疑上帝亦有一切其他器官，如此是褻瀆上帝。若夫上帝究以何種方式傳達意旨，則要從《聖經》中理解。

上帝如何與亞當、夏娃、該隱、挪亞說話，《聖經》中沒有明文，惟其在示劍向亞伯拉罕說話，則謂其「顯現」，創世記十五章一節亦說上帝對亞伯拉罕顯現，又十八章一節則說上帝以三天使顯現，而對亞比米勒，對羅得，對夏甲，對以撒，對雅各皆曾顯現，或以天使，或以夢境，見創世記三十二章一節。出埃及記三章二節中，則以樹叢中之火光向摩西顯現。自摩西之後，則以異象及夢境對基甸、撒母耳、以利亞、以利沙、以賽亞、以西結，及其他之先知顯現；及《新約》時代，則又屢屢對約瑟、聖彼得、聖保羅顯現。

然而只有對摩西在西奈山及聖幕中，以及對大祭司在聖幕及至聖所中的言語最奇特，但摩西及大祭司受上帝的特別榮寵。見民數記十二章六—八節所記：「耶和華說：『你們且聽我的話：你們中間若有先知，我——耶和華必在異象中向他顯現，在夢中與他說話。我的僕人摩西不是這樣；他是在我全家盡忠的。我要與他面對面說話，乃是明說，不用謎語，並且他必見我的形像。』」出埃及記三十三章十一節又說：「耶和華與摩西面對面說話，好像人與朋友說話一般。」雖然，此所述之言語，仍係藉天使而傳，見使徒行傳七章三十五、五十三節，與加拉太書三章十九節，比其他先知所見更清楚。先知皆係得之夢境，如申命記十三章一節，約珥書二章二十八節，皆足以證明此解釋；即上帝在所羅門前顯現（列王紀上三章十五節）所羅門清醒，才知是夢境，眞正的先知皆有超自然顯示的體驗，假先知則是僞造的。

這些先知據說也對靈說話，比如撒迦利亞書七章十二節中提到，一個先知談起猶太人：「使心硬如金剛石，不聽律法和萬軍之耶和華用靈藉從前的先知所說的話。」據說藉靈說話的先知是特殊的先知，他們傳達的每一個神諭都有個特定指示。明顯可見，那時藉靈說話，並非上帝顯示的異象。

《舊約》中有使命之先知，或爲最高的，或爲附屬的。最高的先知：如摩西及其後有統治權之大祭司。及猶太立王之後，則以君王爲最高的先知，而大祭司僅有服役之責，必依王命向神祈禱，而其祭司之位亦可由君王罷免。如掃羅王曾命將祭物放在他面前，又命祭司靠近後然後制止。（撒母耳記上十三章九節）又大衛王曾向主詢問應否在基伊拉

（Keikah）戰非利士人（Philisitnes），又令祭司將神器「以弗得」（ephod）帶來，詢問應否留於基伊拉，（撒母耳記上二十三章）所羅門王則嘗免除亞比亞他（Abiathar）祭司之職，而授之撒督（Zadok），是皆統治者自爲先知之證。雖然，上帝究竟如何向此等王者顯現？此則不易明瞭。他們既不可與摩西及其他先知相提並論，又不能說上帝以本性顯現，如此否認上帝無限、無形的不思議，若說僅只受聖靈之感動使人爲善，則完全失去神奇的意味。

正如這一切不適用於上帝在西奈山對摩西說話的方式，也不適用於他從座上對大祭司說話的方式，因此，上帝在《舊約》中對主權者的說話方式並不清楚。

對於一般臣屬的先知，則不見上帝以超自然方式對他們說話，因此凡先知依聖靈而言，不過與一般人發言相同，一切之善無不來自上帝。

在摩西之世，除了他以外還有先知七十人，上帝對他們說話的方式如民數記十一章二十五節所說，即：「耶和華在雲中降臨，對摩西說話，把降與他身上的靈分賜那七十個長老。靈停在他們身上的時候，他們就受感說話，以後卻沒有再說。」由此來看，七十個長老之預言，僅爲附屬於摩西的工作，皆照摩西的意旨而行，當時約書亞曾要摩西制止他們，而摩西以爲不必要。其次，他們所感的靈，無何等奇特的顯示，不過助表示臣屬及協助摩西之心，這七十人，早爲摩西所選定（出埃及記十八章二十四節）。

上帝之顯示，有時又以抽籤之形式，如掃羅之時，曾以抽籤決定約拿單竊蜜之罪，而定亞干之罪亦是以此方式，此皆上帝在《舊約》時代顯示意旨的方式。

在《新約》時代也用了上述這些方法：如對聖母馬利亞用天使之異象；對約瑟則以夢境；對保羅則以救主的異象；對彼得以野獸的異象，他在獄中時則又示以天使的異象，而對其餘的使徒及經文之纂述者，則給予神靈之恩惠，而使徒補選擇以抽籤顯示。

先知之事必有異象，異夢或異能。然這些異象可因上帝之超自然及直接的啓示而來，亦能因自然的與間接的原因而生，因此我們要能判斷和分辨。先知所傳述的關係人生幸福，則傳達者可能有自爲領袖的野心，因此聽者不可不察。且如《舊約》申命記十三章一節，約翰一書四章一節，皆有指示我們辨別先知及聖靈的方法，而《舊約》和《新約》中關於假先知應如何防範，所記述者更不勝枚舉。在猶太人被擄時代之前，先知幾乎皆爲假冒者，耶利米書十四章十四節記述：「耶和華對我說：『那些先知託我的名說假預言，我並沒有打發他們，沒有吩咐他們，也沒有對他們說話；他們向你們預言的，乃是虛假的異象和占卜，並虛無的事，以及本心的詭詐。』」二十三章十六節說：「萬軍之耶和華如此說：『這些先知向你們說預言，你們不要聽他們的話。他們以虛空教訓你們，所說的異象是出於自己的心，不是出於耶和華的口。』」

眞假先知之爭既如此劇烈，則吾人需要用理智來辨明眞僞。辨別的標準，在《舊約》中所陳述有二個方式，第一是是否符合於摩西之訓，第二則觀察是否眞能預言上帝未來之舉動。至於在《新約》中，則只有一個標準，即傳達「耶穌是基督」這一教義。傳此教義就是眞先知，否則縱有異能神蹟，都是一個假先知。如果所言合乎此義，即所說並非上帝之言，如瘋人、女巫之類，而所說必然爲正確的教義。因此凡爲基督徒，必須先明辨誰爲代理上帝在人間的統治者，此人所教者，應奉爲上帝的教義，倘不能遵從信奉基督的統治者之命，則必導致誤信他人誑言，或陷入內心的迷誤，因此摧毀神法與人法，政府社會都將蒙受災禍，內戰蜂起。

# 第三十七章　奇蹟與其用處

奇蹟就是上帝令人欽慕的事蹟，也稱爲奇觀（wonders），由於大部分是爲了顯示上帝意旨，如果沒有奇蹟時，人就會依據理性判斷或懷疑是否爲上帝的命令，所以在《聖經》中稱爲徵兆（signs），拉丁文爲 *ostenta* 或 *portenta*，也是此意。此等意義是根據徵兆將顯現上帝的意旨而來。

因此要理解奇蹟，首先要了解人類會感到稱羨及驚奇的事物，這種情形只有兩種：第一是新奇，即很少或從未發生之事。第二是無法認爲是自然發生的事，只可能是上帝所爲，而一旦看出可能的自然原因後，無論多稀有或常見的情況，也不會視爲奇蹟了。

因此，如果馬或牛會說人話就是一種奇蹟，一方面新奇，另方面很難理解發生的原因。我們要是看到自然界發生了奇變，產生某種新的動物時也是如此。但當人類或其他物種繁衍時，我們雖然不明所以，但習以爲常，就不視爲奇蹟了。同理，一個人變成石頭或柱子時就是一個奇蹟，因爲這是新奇的。然而上帝如何讓它實現就不得而知了。

見到世上的第一道彩虹是個奇蹟，因爲是第一道所以新奇，而且是上帝在天上所設的徵兆，使人民確信不再受洪水破壞了。但現今由於彩虹已習以爲常，就不成爲奇蹟，無論是否知道其成因都是如此。此外，也有許多罕見的事蹟是由人類的技藝所生，因爲我們已經知道如何造成，就不視它爲奇蹟，因爲確知並非上帝所爲，而是間接由人類的勞動而完成。

此外，由於欽慕和驚異是由知識與經驗而來，而知識與經驗因人而異，因此同一件事，有人看來是奇蹟，另一些人認爲不是奇蹟，於是，無知迷信的人以爲驚奇的事，在知道原因的人（不是上帝所爲）看來完全不驚奇。比方說，當一般人以爲日蝕和月蝕是超自然奇蹟時，卻有人能根據自然原因，準確的預測它何時出現。又如一個人由於與旁人串通或祕密刺探，知道了一個無知又粗心者的私事，因而告訴此人他以往的所作所爲時，對這人而言就是一個奇蹟。然而在明智謹慎的人中，就不容易操縱出這類奇蹟。

奇蹟還有一種特性，爲了使人們相信上帝的使者、代理人或先知是由上帝所派，因此更願意服從他們。因而創造世界，以及摧毀一切生物的大洪水雖使人驚異，然而不是爲了使人相信是先知與上帝的代理人所爲，所以不稱爲奇蹟。因爲無論多讓人驚奇的事，由於人們相信萬能的主無所不能，所以驚奇之處不在於他能完成，而是上帝應人的要求所爲。然而上帝在埃及藉由摩西的手所行卻是正式的奇蹟，因爲其用意在使以色列人相信，摩西之到來並非爲了自己，而是由上帝所指派的。於是上帝命摩西將以色列人從埃及人的奴役中解放後，當他說：「他們必不信我，也不聽我的話，必說：『耶和華並沒有向你顯現。』」時（出埃及記四章一節），上帝就賜予他神力，將手杖變成蛇，然後又變回手杖，並讓他將手放入懷中長出痲瘋，然後抽出來又復原了，像這樣使以色列人相信他們祖先的神對他們顯靈，如果還不夠，上帝又給他一種神力，使埃及人水變成血。當他向人民顯示這些奇蹟後，據說「人民就信了」。然而由於他們害怕法老，所以仍不敢服從他。因而其他折磨法老和埃及人的奇蹟，全是爲了使以色列人相信摩西，於是都是正式的奇蹟。同樣的情形，如果我們看看摩西與巴比倫被擄前的先知行爲，以及救主及門徒所行的奇蹟，就可以看出其目的在於產生或堅定一種信仰，讓他們相信這些行爲並非出於自己，而是上帝的差遣。此外，從《聖經》可見，奇蹟的目的不是要在選民與神排除的人當中產生普遍信念，而只要在選民中產生信念，也就是上帝所揀選的人成爲其子民當中產生信念。在埃及所行的折磨並非要改變法老的信仰，因爲上帝已事先告知摩西，他將使法老鐵了心，不讓以色列人離開，當法老讓他們走時，也並非奇蹟的緣故，而是折磨迫使他放行。馬太福音（十三章五十八節）中提到救主時說，他在本地因爲他們不信而沒有多行奇蹟，馬可福音（六章五節）則說「不得行什麼奇蹟」，這並非因爲他缺乏神力，如此是瀆神的說法，也不是說奇蹟是爲了不讓不信者皈依基督，因爲摩西、眾先知以及門徒所行的奇蹟，都是爲了增加教會人數，且增加的是應該得救的人，亦即上帝的選民。救主既然是受天父派來的，他就不可能讓父親排除的人皈依。有些人如此解釋聖馬可的這段話：「他不得」用來取代「他不想」，這說法在希臘文中沒有先例。在希臘文中，關於沒有意志的無生命物有時用「不」代替「不得」，但從來沒有用「不得」代替「不」的情形。如此就在軟弱的基督徒前設下絆腳石，好像基督除了輕信之人外就不能行奇蹟似的。

根據上述的奇蹟和用處，我們可以定義如下：奇蹟是上帝藉由創造世界時所用的自然方式，爲了向選民宣示他所派遣使者的使命。

根據這一定義，我們可以推論：第一，在一切的奇蹟中，並非先知所自爲的結果，因爲是上帝所爲。亦即上帝沒有憑先知的輔助來完成奇蹟。

其次，任何魔鬼、天使或其他創造的靈都不能創造奇蹟，因爲奇蹟必根據自然之理或符咒產生，亦即由言詞產生的。如果念符咒的人是憑一己之力完成，那就是有某種力量不是來自上帝，這點沒有人能認同。如果由賦予之力完成，那麼這種奇蹟就不是上帝親爲，而是自然所爲，就不成爲奇蹟了。

《聖經》中有些經文似乎將奇蹟之力歸於邪術或符咒的技藝，比方出埃及記記載（七章十一節）：當摩西的杖丟到地方變成蛇後，「埃及用法術的也用邪術照樣而行。」當摩西將埃及的河川都變成血後，「埃及用法術的也用邪術照樣而行。」當摩西藉神的力量使青蛙上陸後，「埃及用法術的也用邪術讓青蛙上了埃及陸地。」（八章七節）讀經至此，我們是否會將奇蹟歸於法術（即言語的聲音），並認爲已由許多經文得到確認呢？然而《聖經》並沒有透露法術是什麼，因此，如果使用法術並非如許多人所想像，是用咒文或咒語造成，而是詐騙。如果這並非超自然，只要細察一般人的無知、愚昧和迷信即可。如此看來似乎證明了巫術和法術的那些經文，意義就和起初有些不同。

因爲言詞只能對理解言詞的人產生效果，而這種效果是表示說話者的意象和情感，因此使聽到的人產生希望、畏懼或其他的激情與概念。如此，當杖看起來變成了蛇，水看起來變成了血，或以法術造成奇蹟，如果不是爲了啓發上帝的子民，受到法術的就不是那根杖，也不是水或其他，而是在旁邊的觀眾。於是一切的奇蹟就是行法術者騙人，根本不是什麼奇蹟。

多數人都十分愚昧無知，且容易發生錯誤，那些對於自然原因，以及人類的本性和利害關係所知甚微者尤其如此，以致於受騙。在人類不知道星體運行的知識前，如果有人說，某個時刻太陽會變暗，人們會如何認爲他有神奇力量呢？人們會認爲他是藉妖魔之力變出古怪之事。有一種人用吸氣的方式說話，古人稱爲腹語術（*ventriloqui*），使他微弱的聲音聽起來不像是發自器官，彷彿從遙遠的距離傳來，而使人相信這是天上傳來的聲音。狡詐之人打聽到別人的祕密，然後將這一切告訴當事人，這非困難之事，但卻以這種方式而取得巫師（**conjurer**）之名。諸如此類，不勝枚舉。希臘文稱爲 *θαυματουργοι*（行幻術之人），以狡詐得來之名。無論如何不可能之事，只要有心行騙，有人串通一氣，一人裝成跛子，另一人以符咒佯裝治癒，就能騙到許多人，如很多人依此行騙，就能騙到更多人了。

對於這種假冒奇蹟的行爲，我想對付他們最好的方式就是前述摩西的告誡。即爲申命記第十三章開頭與第十八章末所記載：如果在上帝任命的代理人所創宗教之外，散布其他宗教，就不要奉他爲先知。即使散布這種宗教，如果沒有應驗預言時亦然。如此當我們還沒相信先知或奇蹟前，在摩西的時代應該問摩西，在雅倫與後裔的時代問問他們，或詢問各時代的統治神的子民者，即教會領袖，確認其教義，然後還必須親眼目睹、用盡手段來確認奇蹟，以及無人能行類似之事，而必須由上帝親爲。此點也必須向上帝的代理人求助，我們的疑問和判斷都須由代理人來確認。舉例而言，有一個人對一塊麵包念了幾句後，聲稱上帝要將此麵包變成神或人，然而並未發生，那麼就不需要向代理人求證。那麼摩西在申命記中就說：「那是他擅自說的，別怕。」（十八章二十二節）如果他說做到了，他就不能反對此事。同理，如果我們沒有親眼目睹奇蹟，而只是聽說，那麼就要詢問合法的教會，即教會領袖，了解我們能相信到何種程度。這是目前在基督徒主權下的人會遇到的情形。據我所知，目前還從未有人看過奇蹟，使一般人認為是超自然的事。問題並非是我們目睹的事是否為奇蹟，或是否確有其事，或只是道聽途說，問題在於這類記載的眞僞。關於此點，無法人人都以個人的理性或良知判斷，而要運用公眾的理性，亦即上帝最高代理人的理性去判斷。我們的確將主權交付給此人，讓他採取對和平與防衛有必要之措施，視他為審判者了。因為思想是自由的，人的內心始終可認定奇蹟的行為，在他們要使人相信奇蹟時，要根據這對這些行奇蹟的人會產生什麼好處來決定是否相信，並以此推測事情本身的眞僞。涉及此信仰時，個人的理性就要服膺公眾理性，亦即服從上帝的代理人，至於何人是上帝的代理人與教會領袖的問題，容後敘述。

# 第三十八章　論永生、地獄、得救、來世及贖罪在《聖經》中的意義

政治社會之維持在於正義。正義必操於統治者手中，而能對人賞罰生死。如使於統治者之外，如果除了主權者之外，還有人能操縱生死賞罰，則國家將無法立足。永生既然是大於今生的獎賞，永罰則是比死亡還重的處罰，所以每個藉由權力當局避免亂世，值得思量《聖經》中的永生和永罰的意思。

首先來看亞當的生活境況，要是他沒有違背上帝的誡命，本可以在伊甸園享有永生，直到他違令私食智慧之果，上帝乃立即將他逐出樂園，使他不能再食永生之果，於是亞當終將難逃一死。因此假使亞當沒有犯罪，本可在地上享永生，一旦犯罪，而自身及子孫都將面臨死亡。此等理論本由國教教會所允許之解釋，身為國民則不能不遵國教，之後基督降世，捨身為世人贖罪，於是世人重燃永生的希望，因此聖保羅說：「如此說來，因一次

的過犯，眾人都被定罪；照樣，因一次的義行，眾人也就被稱義得生命了。」（羅馬書五章十八節）又說：「死既是因一人而來，死人復活也是因一人而來。」（哥林多前書十五章二十一節）。

人之享有耶穌為他們取得的永生的問題，由經文來看，自當仍在地上。因亞當在地上失去永生，則基督必在地上恢復，否則這一對比就不恰當了。詩篇一三三篇三節：「又好比黑門的甘露降在錫安山；因為在那裡有耶和華所命定的福，就是永遠的生命。」因錫安山在地上的耶路撒冷。又啓示錄二章七節：「得勝的，我必將神樂園中生命樹的果子賜給他吃。」同書二十一章二節說：「我又看見聖城新耶路撒冷由神那裡從天而降，預備好了，就如新婦妝飾整齊，等候丈夫。」由此可見，樂園是由天而降於地，非使人上升到樂園去。景況猶如摩西時代之上帝國之恢復。馬太福音二十二章三十節記救主之言：「當復活的時候，人也不娶也不嫁，乃像天上的使者一樣。」如亞當、夏娃未違天命，本可各得永生，而無嫁娶之事，則自無子嗣。如永生者亦如今世之生生不息，則地上無法容納這些永生者。昔猶太人問救主：「假如女子，嫁與兄弟數人，則復活之時，將為何人之妻？」而不知既無嫁娶，則此不成為問題矣。又亞當既犯罪，獲死之罰，猶暫生而未即死，今之信徒在去世後，亦為暫死，不立即重生以待救主之再臨，此亦類似觀點。

人類總復活後享受永生之所，稱爲天，此所謂天者，是指距地甚遠之處，《聖經》中沒有提到。天國是指上帝在天上的王國，實即等同當日以色列人之國，由摩西及大祭司代上帝統治，直至立君之時。及救主降臨，又讓猶太人回心轉意，感召異邦人得救之路，於是有新的天國，而天國之民，其所居就是上帝的塵世。故約翰福音三章十三節說：「除了從天降下、仍舊在天的人子，沒有人升過天。」聖彼得又引詩篇十六篇十節說：「因爲你必不將我的靈魂撇在陰間（Hell），也不叫你的聖者見朽壞。」。但說者可謂其人之身體雖未升天，但靈魂實已升天。然而說人的靈魂能獨立不滅，沒有經文可依據，試觀約伯記十四章七—十一節：「樹若被砍下，還可指望發芽，但人死亡而消滅；他氣絕，竟在何處呢？等到天沒有了，仍不得復醒，也不得從睡中喚醒。」然則所謂毀天滅地者，究竟爲何？彼得後書三章七節：「但現在的天地還是憑著那命存留，直留到不敬虔之人受審判遭沉淪的日子，用火焚燒。」又說：「切切仰望神的日子來到。在那日，天被火燒就銷化了，有形質的都要被烈火熔化。但我們照他的應許，盼望新天新地，有義居在其中。」（三章十二—十三節）故人之復興在審判之日，全賴上帝之允許。

第三十五章既已證明上帝之國係由《舊約》及《新約》允許，實爲一施政的世間之國，則可以證明上帝國必在人間。上帝之國及永生既在人間，則上帝之敵人及其被審判後的處罰亦必在人間。

人死之後到復活之前所在之處，經文中多指爲地下，至於復活以後之被罪應在何所，經文沒有明指，有時但謂爲無底之深坑。

又當諾亞之世，有權勢之巨人，罪惡貫盈，因此天降洪水將他們盡數淹沒，故有罪之人有時亦謂將與這些巨人同罰，約伯記說：「在大水和水族以下的陰魂戰兢。」（二十六章五節）指他們都在水下。

其次，古時所多瑪（Sodom）及蛾摩拉（Gomorrah）兩城，由於罪惡使上帝之怒而盡遭火焚，變爲刺鼻的火坑，因此罪人之處亦稱爲火坑。如啓示錄二十一章八節：「惟有膽怯的、不信的、可憎的、殺人的、淫亂的、行邪術的、拜偶像的和一切說謊話的，他們的分就在燒著硫磺的火湖裡；這是第二次的死。」

因埃及會被黑暗籠罩三日，伸手不見五指，只有以色列人的家中有亮光，因此受罪之處亦稱爲澈底黑暗。而馬太福音二十二章十三節之比喻中，亦謂王者令人將不著禮服者，綁起來丟到境外黑暗之所。所謂「外」者，即選民居處之外。

最後，耶路撒冷城附近，有個地方稱爲欣嫩子谷（Valley of the Children of Hinnon），猶太人曾在此地敬拜偶像摩洛（Moloch），上帝震怒，乃命約西亞火焚摩洛的祭司，此地往後就成爲猶太人堆積及焚燒垃圾之處。此欣嫩子谷即仿造地獄（Hell）之名，因爲持續焚燒，因此又有永恆之火的含義。

就經文研究，在審判日之後，惡人殊無永久居於欣嫩子谷，亦不能永處地下或水下。是故地獄之火皆比喻之詞，至於地獄究竟何在，及地獄之罰的性質，與受罰者爲誰何，是可以探究的。

先討論受罰者，經文稱爲仇敵或撒但等等。種種名稱並非指眞有此人，而是描寫惡魔的性質。

所謂仇敵，指其爲天國中人的仇敵。故天國如係在地上，則仇敵亦必在地上，彷彿猶太當日有四鄰之敵國。撒但則泛指地上教會的仇敵。

地獄之罰，或描寫爲哀哭和咬牙切齒，或稱爲良心的蛀蟲，或說是火焚，或指爲羞辱卑賤，這些描述係以與獲得永生者比較。除此體罰之外，又有第二次死亡（Second Death）。惡者之受罰，雖係於在他死後再處罰，然不能說他能忍受此罰到永久不滅，所謂不滅係指地獄之火。至於惡人，則在第二次死亡後即萬劫不復，無須再死。

永生之樂，就《聖經》來看，就是得救之意。得救者從此免於一切惡事，即免於飢寒，免於疾病，免於死亡。人被創造出來時本爲永生之體，因亞當犯罪才失去永生，因此從罪中得救，就是免於災難和死亡，因此贖罪與免死、免苦是同義，信徒在審判日得到救贖，因此耶穌基督就是我們的救主。

關於特殊之得救，如撒母耳記上十四章三十九節：「救以色列人永生之主」，撒母耳記下二十二章三節：「我的救主啊，你是來救我脫離強暴的。」又列王紀下十三章五節說：「耶和華賜給以色列人一位拯救者，使他們脫離亞蘭人的手。」這些經文的意思已經很明顯了，無須再舉例。

關於普遍之得救，則得救之地點就成爲問題。因爲上帝之「國」應在地上。得救其中含有我們的王克敵制勝，榮登大位之意。既有戰爭之義，則必不能在天上，其理甚明，且可舉經文詳證，且看以賽亞書三十三章二十—二十四各節：

「你要看錫安——我們守聖節的城！你的眼必見耶路撒冷爲安靜的居所，爲不挪移的帳幕，橛子永不拔出，繩索一根也不折斷。」

「在那裡，耶和華必顯威嚴與我們同在，當作江河寬闊之地；其中必沒有盪槳搖櫓的船來往，也沒有威武的船經過。」

「因爲耶和華是審判我們的，耶和華是給我們設律法的，耶和華是我們的王，他必拯救我們。」

「你的繩索鬆開：不能栽穩桅杆，也不能揚起篷來。那時許多擄來的物被分了；瘸腿的把掠物奪去了。」

「城內居民必不說：『我病了。』其中居住的百姓，罪孽都赦免了。」

由此可見，則可知拯救是從「耶路撒冷乃安居之所」開始，是「永不撤除之帳幕」。拯救者即為主，為審判者，為立法者，為王。主保衛人民猶如巨川，而敵人悉數解體，失去所有貨財。而得救者不再受疾病所苦，盡免其罪。此明示上帝將為王，而以耶路撒冷為都，更將接受異邦人同入此國。故以賽亞又記述：「『他們必將你們的弟兄從列國中送回，使他們或騎馬，或坐車，坐轎，騎騾子，騎獨峰駝，到我的聖山耶路撒冷，作為供物獻給耶和華，好像以色列人用潔淨的器皿盛供物奉到耶和華的殿中。』這是耶和華說的。耶和華說：『我也必從他們中間取人為祭司，為利未人。』」（以賽亞書六十六章二十—二十一節）又約翰福音四章二十二節記救主與撒馬利亞婦人說：救世之道自猶太人而出，就是此意。聖保羅在羅馬書一章十六—十七節說：「這福音本是神的大能，要救一切相信的，先是猶太人，後是希利尼人。因為神的義正在這福音上顯明出來。」約珥書二章三十—三十一節敘述審判之日，謂：「在天上地下，我要顯出奇事，有血，有火，有煙柱。日頭要變為黑暗，月亮要變為血」，這時「凡求告耶和華名的就必得救；因為照耶和華所說的，在錫安山，耶路撒冷必有逃脫的人，在剩下的人中必有耶和華所召的。」（二章三十二節）俄巴底亞書十七節：「在錫安山必有逃脫的人，那山也必成聖；雅各家必得原有的產業。」以上所述，皆可證明人的得救及上帝之國皆在地上。至於人成聖者而升天，則沒有經文可以引據[1]，所謂天國乃是上帝在天發號施令。天乃上帝之寶座，地則爲立足處，如果說上帝的子民將升至與寶座等高之處，如此說法是冒犯上帝的尊嚴。

由上所論，則「來世」一詞之義亦不難推知。經文之中提到的世界有三，即古世（Old World），現世（Present World），及來世（World to Come）。由亞當至洪水之時爲古世，聖彼得曾說，古代世界，不免於難，而上帝僅救挪亞。至於現今之世，則救主曾說：「吾的國不在今世。」僅爲傳布救世之道。至於未來之世，聖彼得說：「我們依照他的應許，期待新天地。」此時基督將乘雲而降，光榮顯赫，從四方極遠處廣招信徒，在天父之下成爲他們的王。

罪人要得救必須贖罪，因得罪人，而生死之權又在其人掌握，則非付出贖金不可。但我們得罪的是上帝，而世間一切皆在上帝之權勢下，則欲求免罪，必須依上帝之旨。但贖

【1】讀者可參《舊約》列王紀下第二章，以利亞升天經文。

金並非可以抵其罪，今如有某人損害傷另一人之物，固然可以用金錢補償，若罪無法用賠償消除，否則犯罪的自由就會成為買賣。因此罪只有懺悔才能得到赦免。赦免可用祭獻方式供奉上帝。在《舊約》時代，上帝常接受犧牲品。凡施予恩惠，應許者固然可約束立下許諾的人，而以懲罰嚇人，則嚇人者雖然沒有施加處罰，是因為上帝的慈悲。因此基督獻身來救贖我們，並不表示上帝就不再以永死來處罰罪人，因為基督所奉獻，並非彌補罪惡，而是基督自發，而為上帝所樂於接受，自此之後，在基督再降臨之前，凡悔改而信仰者皆可以得救。

# 第三十九章　教會一詞在《聖經》中的意義

教會（ecclesia）一詞在《聖經》各篇中所指的對象不同，有時指上帝去處，只是不經常如此，這意指基督教公開聚會，所舉行聖禮的神殿，如哥林多前書中說：「婦女在會中要閉口不言，像在聖徒的眾教會一樣。」（十四章三十四節）但此爲比喻意義下所指的聚會群眾，後來指雄偉的建築物，以區別基督徒與偶像崇拜者的神殿。耶路撒冷的神殿是上帝的去處與祈禱者的去處。同樣的，基督徒用以禮拜基督的任何建築，也是基督的去處。因此，希臘教父就稱爲主的去處，在我國的語言稱爲教堂。

教會一詞不指去處時，意義就和古希臘城邦的集會（*ecclesia*）一詞相同。指的是會眾，或公民受召聽取行政首長講話的聚會（assembly），羅馬共和國稱爲*concio*，因發言的人稱爲在會上講話的人。當他們由合法的當局找來，就稱爲合法的會眾（*ecclesia legitima*），當他們是受煽動的吆喝而集合時，就稱爲混亂的會眾。

有時教會也指有權參與集會但未實際與會的人，也就是指全體基督徒，無論他們分散何處皆是如此，比如使徒行傳說：掃羅殘害教會（八章三節）。基督也是在此意義下稱爲教會的領袖。教會有時指的是部分基督徒，如歌羅西書說：教會在他家裡（四章十五節）。有時也是指選民，如以弗所書說：做個榮耀的教會，毫無玷汙疾病，聖潔且無瑕（五章二十七節）。這裡的教會指的是得勝的教會，是未來的教會。有時此字指的是證明基督信仰的人聚合而成的會眾，無論其明證的信仰是眞或假，比如馬太福音說：告訴教會，若是有人不聽教會，就當他是外國人或稅吏（十八章十七節）。意義就是如此。

唯有在上述最後一個意義下，教會才能當成一個人看待，亦即唯有這個意義下，教會才具有意志、宣告事項、發布命令、受人服從、立法或其他行爲。因爲沒有合法的會眾權力爲依據，聚會者的行爲都是當時在場、並協助實現每個人的個別行爲，而非整體行爲。對於不在場、或在場而不願如此行爲的人而言，就更不能算成他們的行爲了。依上述，教會的定義爲：證明基督教信仰，並結合在一個主權者人格中的一群人，他們應在主權者的命令下集會，否則不應集會。由於在所有國家中，沒有得到主權者許可的集會皆不合法，因此在禁止教會集會的國家中，集會就是不合法的。

我們同時可得出一結論，世上沒有一個普世教會是所有基督徒應服從的，因爲世上沒有一個政府是所有國家要服從的。在各自分立的國家內都有基督徒，但他們還須服從祖國，因此身爲國民，不能服從其他個人的命令。如此說來，能發布命令、審判案件、宣告無罪、判刑或做其他行爲的教會，就形成一個由基督教組成的世俗國家了。稱世俗國家，係因由人組成。稱爲教會，係因是屬民是基督徒。世上有世俗（temporal）政府和屬靈政府的分別只是徒增困擾，混淆合法的主權者的兩個名詞而已。信徒的軀體在復活後不僅是屬靈的，也是永恆的。但在此生就是凡俗可朽的軀體。因此在塵世中，除了世俗政府外，既沒有國家的、也沒有宗教的政府，也沒有國家兼教會的統治者對人民的禁令是合法的。統治者只能有一個，否則教會與國家之間，屬靈與屬世之間，以及法律之劍與信仰之盾間，就必然會有黨爭與內戰。更糟的是在基督徒心中，必然會出現基督徒與凡人的衝突。教會的導師稱爲牧者，世俗主權者也有此稱號。如果牧者只有一人，就會傳布互相衝突的說法，必然有一方出現錯誤，或兩者皆錯。前面已根據自然法敘明，這唯一的牧者就是世俗主權者。至於《聖經》中賦予何人爲牧者，將於以下幾章敘述。

# 第四十章　亞伯拉罕、摩西、大祭司與猶太諸王在上帝國的權利

信仰者之父、以及第一個依約進入上帝國的是亞伯拉罕，因爲最初由他訂立信約。在此約中，他本人和後裔都承擔義務，承認並服從上帝的命令。其中不但包括可藉由自然法認識的（如道德法則），且包括上帝以特殊方式傳給他的夢和異象。因爲在道德法上，他們已經承擔了義務，無需由迦南地的應許來立約。他們與所有人根據此義務自然地服從全能的主，任何其他契約都無法比擬。因此亞伯拉罕與上帝如此立約：將夢和異象中的上帝命令視爲上帝意旨，並傳達給家族，使他們遵守。

在此約中，可見上帝在統治子民上有三大要點：第一，上帝在立約時只和亞伯拉罕說話，因此沒有與他的家人和後代立約，或是他們的意志已在立約前包含在亞伯拉罕的意志中。因此，亞伯拉罕事先就具有合法的權力，使他們履行合約規定。因此上帝說：「地上

的萬國都必因他得福，我眷顧他，爲要他吩咐他的眾子和他的眷屬遵守我的道。」（創世記十八章十八—十九節）由此可下第一個結論：上帝未曾直接降諭的人，就應當從主權者接受上帝正式的命令，正像亞伯拉罕的家人與後代，從他們父親、主和世俗主權者亞伯拉罕處接受命令一樣。因此，在每個國家中，凡屬於沒有得到相反的超自然啓示的人，便應該在行爲和證明宗教信仰方面，服從自己主權者的法律。至於人們內在的想法和信仰則非主權者能知曉（唯有上帝能知），而且不能隨意支配，也非能由法律造成，而是未表達的意志，與上帝的權力所造成，因此不屬於義務的範圍。

根據此點可得出另一論點，亞伯拉罕的臣民中，如果有人自稱得到上帝啓示，異象、神感、或其他神啓，讓他支持亞伯拉罕所禁止的說法時，或是有臣民聽從或擁護這種假冒者時，他的懲處就是合法的。因此，主權者也可依法懲處任何以神意反對法律的人，因爲他們在國內的地位等同亞伯拉罕在家庭的地位。

接著可得出第三個論點，正如亞伯拉罕的家庭中，唯有他能知上帝之道，在基督教國家中，則唯有主權者能知上帝之道。因爲上帝只對亞伯拉罕說話，所以唯有他知道上帝說了什麼，並對家裡解釋神意。因此在國內，只有亞伯拉罕的地位是上帝在人間唯一的詮釋者。

上帝曾和以撒立同樣的約，後來又和雅各重訂，然後就中斷了，直到以色列人從埃及人手中獲救，逃到西奈山時，才由摩西重訂。使他們從那時起成爲專屬上帝的國度。上帝的代理人由摩西擔任，然後由亞倫和他的後代繼任，而永遠成爲上帝的祭司國度。

按照此依約立國的過程，上帝就得到了一個王國，但摩西並未因繼承亞伯拉罕的權利，而獲得統治以色列的權力，他不能以繼承權要求統治權。目前爲止，還是看不出人民不相信上帝會對他們說話時，必須以摩西爲上帝代理人的理由。因此，他們雖和上帝立約，但摩西的權力只能根據人民對其崇敬、摩西和上帝交談的事實、以及實現奇蹟的看法，但看法改變後，就沒有義務遵行摩西所傳達的上帝律法。因此還須討論服從摩西的其他根據。不可能是上帝的命令讓他們承擔義務。救主基督自述：「我若爲自己作見證，我的見證就不眞。」（約翰福音五章三十一節）。如果摩西爲自己作證（尤其在要求對上帝子民具王者的權力上），同樣不應成立。如此摩西的權力與其他國王並無二致，須以人民的同意和服從主權者的承諾。當時的情形也是如此。出埃及記說：「眾百姓見雷轟、閃電、角聲、山上冒煙，就都發顫，遠遠地站立，對摩西說：『求你和我們說話，我們必聽；不要神和我們說話，恐怕我們死亡。』」（二十章十八—十九節）表示了他們服從的諾言。根據此點，他們是自己承擔義務，服從摩西傳達的上帝諭令。

根據信約所建立雖是祭司國家，亦即由亞倫世襲的國家，但應理解爲從摩西死後才開始繼承，因爲無論以何種方式來建立政府，是君主制、貴族制或民主制，都必然對人民具有主權，摩西在整個時期都具有這種主權，《聖經》可資證明：第一，在上述引文中，人民允諾服從的是摩西，而不是亞倫。其次，出埃及記又說：「耶和華對摩西說：『你和亞倫、拿答、亞比戶，並以色列長老中的七十人，都要上到我這裡來，遠遠地下拜。惟獨你可以親近耶和華；他們卻不可親近；百姓也不可和你一同上來。』」（二十四章一—二節）由此可見，唯一受召面見上帝的摩西是唯一代表上帝統治以色列人的人，亦即在上帝之下唯一的主權者。後來雖然說：「摩西、亞倫、拿答、亞比戶，並與以色列長老中的七十人，都上了山。他們看見以色列的神，他腳下彷彿有平鋪的藍寶石，如同天色明淨。」（二十四章九—十節）然而此事發生在摩西已將上帝諭令傳給人民後才發生的。唯有他是爲人民而去，其他人是伴隨著得到恩寵和一般人沒有的殊榮。這種殊榮就是覲見上帝與歡度人生。上帝說，他的手不在以色列的尊者身上，他們觀看神，並吃喝。意即他們確實歡度人生，卻沒有從上帝處傳達命令給人民。此外，在所有其他政務上，到處皆有「耶和華曉諭摩西」此句。在出埃及記的第二十五—三十一章中與利未記談到宗教儀式時也有提到，但曉諭亞倫的說法卻少見。亞倫所鑄的小金牛也扔到火裡了。最後，關於亞倫的權力問題，在他和米利暗（Miriam）反抗摩西的騷亂時，是上帝代摩西審判的。（民數記十二章）在摩西與有權管轄百姓的人之間發生的問題亦然。當二百五十位領袖一同聚集在摩西面前攻擊摩西與亞倫說：「你們擅自專權！全會眾個個既是聖潔，耶和華也在他們中間，你們為什麼自高，超過耶和華的會眾呢？」（民數記十六章三節）上帝將他們以及他們的家眷活呑，並燒死了那二百五十位領袖。因此只有摩西才僅次上帝對以色列人的主權，其他人都沒有。不僅是世俗政府如此，宗教亦然。原因是唯有摩西能和上帝說話，因此只有摩西能對人民傳達上帝的要求。任何人膽敢接近上帝與摩西說話之山就會死亡。耶和華在出埃及記說：「你要在山的四圍給百姓定界限，說：『你們當謹慎，不可上山去，也不可摸山的邊界；凡摸這山的，必要治死他。』」（十九章十二節）又說：「你下去囑咐百姓，不可闖過來到我面前觀看。」（十九章二十一節）由此可知，任何人如在基督教國家中有摩西的地位，他就是上帝的使者與詮釋命令者。因此在解釋《聖經》時，任何人都不得超出主權者的範圍。上帝既然在《聖經》中說話，於是《聖經》就是西奈山，界線就是上帝代理人的律法。在這些篇章中，目睹上帝奇蹟和敬畏上帝是許可的，但要解釋這些篇章，窺探上帝所言，判斷某人是否依神意統治，就是侵犯上帝所設的界線，並直視冒犯上帝。

在摩西的時代，除了他所贊成和承認的人外，就沒有先知和聲稱具耶和華靈知的人，因爲據說當時只有七十個人感應上帝之靈說話，且全由摩西挑選。關於他們，上帝曾對摩西說：「你從以色列的長老中招聚七十個人，就是你所知道做百姓的長老和官長的，到我這裡來。」（民數記十一章十六節）上帝將靈分賜給他們，但卻與摩西的靈無異，因爲民數記說：「耶和華在雲中降臨，對摩西說話，把降與他身上的靈分賜那七十個長老。」（十一章二十五節）但如前述，靈應理解爲心。因此這段話的意思是：上帝賜給他們一個順從摩西的心，讓他們能說預言，也就是以上帝的名義對人民說話，以摩西的臣屬，根據摩西的權力，提出符合他心意的說法。由於只是臣屬，因此其中二人在說預言時，人們會認爲奇特且不合法。在《民數記》二十七、二十八節章中，他們被告，當時約書亞不知他們受摩西之靈說出預言，所以請摩西禁止他們。由此可見，任何人都不能違抗上帝所指定之人所訂的教義，妄說預言或靈。

亞倫死了，後來摩西也過世了，這王國由於是一個祭司的國，根據所立的約，傳給亞倫的兒子大祭司以利亞撒。上帝宣布他是僅次自己的主權者，同時派約書亞爲部隊長。關於約書亞，上帝在民數記中說：「他要站在祭司以利亞撒面前；以利亞撒要憑烏陵的判斷，在耶和華面前爲他求問。他和以色列全會眾都要遵以利亞撒的命出入。」（二十七章二十一節）因此，宣戰媾和的最高權力就在大祭司身上，最高司法權也屬其所有，因爲律法書由他保管。從申命記也可看出，唯有利未人和祭司才能在世俗案件上爲審判官。至於決定崇拜上帝方式的最高權力，直到掃羅時都屬於大祭司。因此世俗和宗教的權力都在大祭司一人身上，且任何人根據神權統治時就應兼有這兩種權力。

從約書亞死後到掃羅期間，士師記稱爲那時以色列沒有王，個人任意而行。對此應如此理解，談到沒有王時，意指以色列人沒有主權者。當我們考慮到這種權力的行爲運用時，就會發現確實如此。因爲在約書亞和以利亞撒死後，「後來有別的世代興起，不知道耶和華，也不知道耶和華爲以色列人所行的事。以色列人行耶和華眼中看爲惡的事，去事奉諸巴力。」（士師記二章十節）猶太人具有聖保羅指出的特性，即不僅在服從摩西前，且在有義務的服從後去尋求證明的徵兆。然而奇蹟和徵兆的目的是取得信仰，而不是在人們已經信仰後讓他們不破壞信仰，因爲人們已受自然法的約束。但如果我們考慮到統治的權利而不是實行統治，那麼主權仍然握在大祭司手中，因此無論人們對士師（上帝所選出拯救子民的人）如何服從，都不能以此來反對大祭司在政教上的權力。眾士師與撒母耳本人對政府的使命都不是一般使命，而是特殊使命。以色列人服從他們並非因爲義務，而是尊敬他們在智慧、勇敢與至福中表現出來的神寵。因此直到那時爲止，政教權利本不可分。

士師之後則出現國王，以往政教之權屬於大祭司，此後就屬於國王。係因原先統治人民的主權不僅由於神的權力，而且也因爲以色列人索利特殊之約而屬於上帝，以及上帝在人間的代理人大祭司。這主權後來遭到人民廢棄，並得到上帝的承認，因爲當他們對撒母耳說：「求你爲我們立一個王治理我們，像列國一樣。」（撒母耳記上八章五節），意指他們不願再由祭司以上帝名義發布命令統治，而要由一人以管理國家的方式來統治。如此，當他們廢除大祭司時，也就代表廢除了以往上帝的政府。然而上帝同意此點，對撒母耳說：「百姓向你說的一切話，你只管依從；因爲他們不是厭棄你，乃是厭棄我，不要我作他們的王。」（撒母耳記上八章七節）他們就拋棄了上帝，而祭司是根據上帝的權力統治，於是留給祭司的權力，僅爲國王允許他們的權力。世俗統治就完全在國王掌握中。因爲他們在撒母耳記上八章二十節中說：使我們像列國一樣，有王治理我們，統領我們，爲我們爭戰。」亦即在平時或戰時，國王都有權力，甚至包括宗教權。因爲關於宗教的管理，上帝沒有其他話可依據，只有摩西的律法，此即世俗法。此外，在列王紀上中可見：「所羅門就革除亞比亞他，不許他做耶和華的祭司。」（二章二十七節）因此，他就有權管轄大祭司，正如管轄其他臣民一樣，這就是宗教最高權位的明證。我們在第八章也看到他把殿宇奉爲神聖，他爲上帝的人民祝福，並親自制定將一切教會與祈禱殿堂所用的禱文，這也是宗教最高權位的一大明證。同時，列王紀下二十二章也可見，當殿宇中的律書發生問題時，不由大祭司決定，而是由約西亞派遣他和其他人到女先知戶勒大（Huldah）處詢問，又是宗教最高權位的一大明證。最後在歷代志上中看到，大衛使哈沙比亞和他的兄弟，在約旦河以西的以色列人擔任官員，「辦理耶和華與王的事」（二十六章三十節）。這些人都是住在約旦河外的其他以色列人。代表了他們兼具政教的全部權力。總之，從上帝國建立到巴比倫被擄爲止，政教最高權力一直在一人手中，在掃羅王之後，祭司就是副手之職，而非主管。政教的管轄權首先在大祭司手中，然後在列王手中，然而就《聖經》來看，人民並不理解這點。

絕大多數人只是在看到奇蹟時，才相信摩西或上帝與祭司的交談。每當統治者使他們不滿時，他們就趁機指責政教事務，以便更換政府或被判從屬關係。如此就時常內亂、分裂與國家的災難。比如在以利亞撒與約書亞死後，下一代的人沒有見過上帝的奇蹟，只能憑自己有限的理智判斷，他們不知自己受祭司國的約束，不再理會祭司的命令或摩西的律法，而是任意而行。在世俗事務上，則服從自認爲可以解救自己的人。他們不像以往會去問神，而是猜想預言未來的人是先知，就去求問他們。他們的教堂裡雖然有偶像，但要是有一個利未人爲教堂祭司，他們就解釋說是敬拜以色列人的上帝。

後來他們要求像列國一樣，有國王治理他們，然而卻不是打算不敬拜上帝。是對撒母耳的兒子處事不公感到失望，要求有一個王爲他們審理世俗案件，而不是要國王改變摩西宣揚的宗教。因此他們就保留法律或宗教的藉口，以便擺脫從屬關係。百姓請求立王，撒母耳不悅，但當掃羅不聽他的話，根據上帝命令去殺亞甲（Agag）時，撒母耳就行膏禮另立大衛爲王，從掃羅的繼承人手中接下王位。羅波安（Rehoboam）不是偶像崇拜者，但當人民認爲他欺壓百姓時，就使十個支派背叛他而歸於偶像崇拜者耶羅波安（Jeroboam）。一般說來，在猶太人和以色列人諸王的歷史中，都有先知始終控制國王侵犯宗教的事，以及國政的失誤。比如歷代志下十九章二節中就記載先知耶戶譴責約沙法（Jehosaphat）王幫助以色列王攻打敘利亞人。以賽亞書三十九章三—七節中記載，以賽亞譴責希西家（Hezekiah）王向巴比倫使者展示財物。由此可見，政教權力雖握在國王手中，但除了天賦異稟，或福澤深厚之人之外，在運用這種權力時必然會受到控制。因此，從這些例子來看，無法得出宗教的最高權力不在國王手中，除非認爲這種權力在先知手中，並下結論說：由於希西家在天使像前向上帝禱告，當時並沒有得到回答，後來是先知以賽亞回答，因此以賽亞就是教會最高領袖，或說由於約西亞問了女先知戶勒大，因此除了戶勒人外，他與大祭司都對宗教事務都不具最高權力，我認爲學者不會持這種看法。

猶太人在受巴比倫俘虜時還沒有國家，回歸後雖然與上帝重新立約，卻沒有答應服從以斯拉和其他人，不久後他們就成爲希臘人的臣民（他們的宗教在希臘人的風俗、魔鬼論以及希伯來神祕教義的影響下大爲腐敗），當時混亂的情形，令人無法分辨政教權力誰屬。因此就《舊約》而言，可下結論爲：任何人在猶太人中具國家主權時，在敬拜上帝的事務上也具有最高權力，並代表上帝，只不過上帝還沒有派他的獨子耶穌基督降臨人世，爲人類贖罪，並使人永遠得救之前，上帝不稱爲天父，關於此點容後敘述。

# 第四十一章　神聖救主的職責

《聖經》中的彌賽亞有三個職責：第一是贖罪者或救主的職責，第二是牧者、勸諭者或宣教者的職責，也就是上帝派來的先知，揀選信仰者。第三是永恆國王的職責，是在天父之下爲王，如同摩西以及各大祭司的時期一樣。與這三部分職責對應的有三個時期，爲我們贖罪是他第一次降臨時，犧牲自己而實現，那次是在十字架上奉獻生命，使我們皈依於主的工作也進行了部分，現在還有一部分由代理他的教士進行，持續到他重臨人間爲止，然後就是直接統治選民，直到永遠。

在贖罪者的職責上，他如上帝所要求，犧牲了自己，帶走了我們的罪孽。從正義觀點而言，個人雖然沒有罪，但他的死不能補償所有人的錯誤，只是因爲上帝的仁慈，才定下了以這種犧牲來贖罪。《舊約》中上帝規定：每年應爲包括祭司和其他人在內的以色列人贖罪一次。爲此，亞倫要單獨爲自己和祭司宰殺一隻小公牛。至於其他的人，就要由他們奉獻兩頭公山羊，其中一隻宰殺，另一頭是替罪羊，他要以雙手按在羊頭上，懺悔以色列人的罪孽，將這些罪孽加諸在羊頭上，然後派一適當的人帶到荒野上，讓罪孽逃逸而去，正如上帝接受一隻羊已代替全體以色列人的罪孽，由於上帝沒有要求什麼，所以救主的死就足以爲全體人類贖罪。對救主基督受難的描寫，就像在以撒的獻祭，或在《舊約》的其他象徵一樣描述生動，一方面是獻祭的羊，一方面又是頂罪的羊。以賽亞書中說：「他被欺壓，在受苦的時候卻不開口；他像羊羔被牽到宰殺之地，又像羊在剪毛的人手下無聲，他也是這樣不開口。」（五十三章七節）他在這裡就是獻祭的羊，又說：「他誠然擔當我們的憂患，背負我們的痛苦。」（五十三章四節）又說：「耶和華使我們眾人的罪孽都歸在他身上。」（五十三章六節）如此他就是頂罪的羊了。又說：「誰想他受鞭打、從活人之地被剪除，是因我百姓的罪過呢？」（五十三章八節）在此處他就是獻祭的羊。因此，上帝的羔羊便相當於這兩隻羊（獻祭在於他的死，復活則在於他的復活），天父適時接他上天，從人類的居所移去。

由於贖罪的人在付出代價前，對於所贖之物並沒有權利，上述的代價就是贖罪者之死，因此明顯可見：我們的救主身爲人而言，在他受難而死之前，也就是當他在地上肉體轉化時，就不能成爲所贖的人之王，我的意思是：當時他不能在信徒受洗中和他立的約而成爲現世的王，然而他們在受洗中和上帝重新立約，因此就有義務在他願意掌管王國時，視他爲天父之下的國王服從。據此，救主本人曾說：我的國不屬於這世界（約翰福音十八章三十六節）。由於《聖經》中只提到兩個世界，現世將持續到審判日，這一天就是最後的審判日。另一個是審判日後才會出現的新天地。因此基督的王國要到普遍復活後才會開始。我們的救主在馬太福音說：「人子要在他父的榮耀裡，同著眾使者降臨；那時候，他要照各人的行爲報應各人。」（十六章二十七節）所指的就是此事。

按照各人的行爲給予報應就是執行國王的職務。而這一點卻直到他在天父的榮耀裡，與眾使者降臨時才會實現。救主曾說，即使文士和法利賽人坐在摩西的位子[1]上，則凡他們所吩咐你們的，你們都要遵守（馬太福音二十三章二—三節）。當他這麼說時，就清楚說明他不把王者的權力歸給自己，而是給這些人，以下這幾段話也是如此：「誰立我作你們斷事的官，給你們分家業呢？」（路加福音十二章十四節）「我來本不是要審判世界，乃是要拯救世界。」（約翰福音十二章四十七節）但我們的救主降臨今世，是爲了要成爲未來的王，因爲他是彌賽亞，也就是基督，是受膏的祭司和上帝的主權者先知。亦即他將具有摩西，與繼任摩西的大祭司及眾王的權力。聖約翰曾明確說過：「父不審判什麼人，

[1] 以摩西代稱領袖。

乃將審判的事全交與子。」（約翰福音五章二十二節）此處和「我來本不是要審判世界」並不衝突，因爲說的是當時的世界，後一句是說未來的世界。馬太福音也如此說，當基督再臨世界時：「你們這跟從我的人，到復興的時候，人子坐在他榮耀的寶座上，你們也要坐在十二個寶座上，審判以色列十二個支派。」（十九章二十八節）

如此說來，如果基督在塵世時並沒有王國，那麼他第一次降臨人世又是爲了什麼呢？是爲了立一個《新約》，使原先《舊約》屬於上帝，後來又由於以色列人選掃羅爲王，背叛上帝而切斷關係的王國又歸於上帝。基督爲此要向人宣稱他是彌賽亞（即先知應許的王），並貢獻自己的生命，爲那些由於信仰而服從彌賽亞的人贖罪。如果這民族竟至拒絕他的話，他就是要使信他的外邦人服從他。所以當救主在人世時，便具雙重職責，一是宣告自己是基督，另一個是藉由宣教和奇蹟勸服人，使他們有實現一種生活的心理準備，以便他在威嚴中降臨，掌管天父之國時，無愧於信徒所享受的永生。因此，他將自己傳道的時期稱爲復興（regeneration），正式來說並不是一個王國，人們不能以此拒絕服從在位者（因爲他曾命令人們服從當時坐在摩西之位上的人，並對凱撒[2]進貢），這只是對那些蒙

【2】指君主，羅馬帝國以凱撒為君主的頭銜。

神恩成為信徒的人，提出關於未來天國的預兆。因此，虔誠信神的人就是處在神恩的王國中，因為他們已經歸化這一天神創造的國度了。

因此到那時以前，基督所行和所教的事中，沒有一件是削弱猶太人和凱撒的世俗權利，因為就當時猶太人的王國而言，無論何人都盼望著彌賽亞和上帝國度，法律不會禁止基督宣告自己的身分。因此，既然他只是宣教與奇蹟來證明自己是彌賽亞，他就沒有做任何違法之事。他聲稱自己的王國在另一個世界中，讓所有人服從當時坐在摩西位子的人，讓他們代他向凱撒納捐，並拒絕成為審判者，如此說來，他的言行怎麼會是煽動性、有推翻世俗政府的傾向呢？但因為上帝已決定讓他犧牲，以便讓他的選民又回到原先立約的從屬關係，為了實現此意圖而利用人民的惡意與忘恩負義，如此也不違反凱撒的法律。因為彼拉多（Pilate）雖然為了迎合猶太人，才把救主交出來釘死在十字架上，但事先就公開聲稱查無救主的罪，而且定罪時並沒有像猶太人所要求的寫成「他自己說：我是猶太人的王」（約翰福音十九章二十一節），而是簡單寫「猶太人的王」（十九章十九節），他們雖鼓譟吶喊，彼拉多卻拒絕改動，並說：「我已寫上了。」

他的第三職責是國王，我已證明，他的王國在復活之前不會開始。但到那時，他就不單是以上帝的身分為王，同時也是與選民所立的約，而成為他們的王。以上帝的身分上，他在當時就因全能而成為大地之王。因此救主說「當人子坐在他榮耀的寶座上」時，他的門徒「也要坐在十二寶座上，審判以色列十二個支派」（馬太福音十九章二十八節），意指他將以人的屬性為王。此外又說：「人子要在他父的榮耀裡，與眾使者一同降臨，到那時，他會依各人的行為讓各人受到報應。」（馬太福音十六章二十七節）而馬可福音（十三章二十六節、十四章六十二節）也有類似記載。路加福音中更突顯時間的問題：「我將國賜給你們，正如我父賜給我一樣，叫你們在我國裡，坐在我的席上吃喝，並坐在我的寶座上，審判以色列十二個支派。」（二十二章二十九、三十節）由此可見，他父派給他的王國不會出現在人子再臨、並讓其門徒審判以色列十二支派以前。但也許有人會問，天國裡既然沒有婚姻，那麼人們是否會有吃喝呢？關於此點，救主在約翰福音中說：「不要為那必壞的食物勞力，要為那存到永生的食物勞力，就是人子要賜給你們的。」（六章二十七節）所以在基督桌上是吃生命之果，也就是在人子的王國裡享受永生。根據以上各點，救主的王國將由他的人性來統治。

此外，他在那時為王，也將臣屬天父，為天父的代理統治人，正如摩西在曠野的情形一樣。也和掃羅為王之前的大祭司、及其後諸王的情形一樣。因為關於基督的預言有如是說法：他在職責上像摩西一樣。申命記記述上帝金言：「我必在他們弟兄中間給他們興起一位先知，像你。我要將當說的話傳給他。」（十八章十八節）這種類似於摩西之處，在我們救主住在塵世時的行爲可見。正如摩西揀選十二支派的族長進行治理，救主基督也揀選十二門徒，讓他們將來坐在十二寶座上，審判以色列十二支派。摩西曾准許受聖靈的七十長老向人民預言，如前述，以神之名向人民說話。我們的救主基督也同樣任命七十門徒，向萬國宣揚他的國和恩典，有人向摩西抱怨七十長老中的兩個在以色列營中作預言的人時，摩西爲他們辯解說：他們這樣做是有助於他治理百姓。同樣的情形，當聖約翰向救主說有人奉他的名趕鬼時，救主辯解說：「不要禁止他，因爲不敵擋你們的，就是幫助你們的。」（路加福音九章五十節）

此外，救主爲進入天國和紀念天父，以及從悲苦中拯救選民，爲這兩點制定聖禮（sacraments），這點也和摩西相似。正如以色列的子民在摩西時代前，以割禮（circumcision）爲進入天國的聖禮一樣，猶太人在救主降臨前也有洗禮（baptizing），那就是用水洗淨一切皈依以色列之神的外邦人，這種禮，施洗者約翰在接受自己的名歸於基督時（他曾宣講，基督已降臨人世）就用了，我們救主也規定洗禮是所有信他的人所要舉行的聖禮。洗禮最初如何產生，《聖經》中沒有說明。我們也許可以認爲是模仿摩西關於痲瘋病的律法而來。將害病之人安置在以色列的營外一段時間，待祭司認爲潔淨時就可以舉行一次洗禮，然後准許他們入營，因此是象徵洗滌，並接受以信仰洗去了痲瘋罪孽的人入教會。還有人根據外邦人舉行的儀式作猜測，就是當人們認爲已死之人剛好復活後，除非像洗去嬰兒從胎中帶來的汙穢一樣，也受一次洗禮。在此之前，旁人如同怕鬼一樣，害怕和他打交道，這就是一種新生。這儀節是猶太人受亞歷山大和繼承者統治時，希臘人所行的儀節，然後併入猶太人的宗教中，但救主不會容忍異教徒儀式，所以洗禮最可能從痲瘋病的洗滌儀式中產生。至於另一種聖禮：吃逾越節羔羊，在聖餐中已然模仿，其中撕麵包和倒酒，使我們不致忘記從基督的受難中得救，正如吃逾越節羔羊的猶太人，不會忘記自己從埃及的奴役中得救。既然摩西的權力只是從屬的權力，以及上帝的代理人，可由此推論：基督在人性上的權力，就像摩西一樣從屬於天父。這一點在基督教的祈禱：「父啊，願你的國降臨，以及「國度、權柄、榮耀，全是你的」，在「他將在他父的榮耀裡降臨」這句話中，在聖保羅說的「末期到了，基督就把國家交給上帝」（哥林多前書十五章二十四節），此外還有許多地方都說得很清楚。

因此，我們的救主在宣教以及爲王時，就如摩西是代表上帝的人格。從那時起，上帝才稱爲父，以前並非如此。作爲同一實體，摩西代表一個人格，基督代表另一個。由於人格是相對代表者的關係，代表既然不只一個，儘管是同一實體的人格，也就不只一個人格。

# 第四十二章　論教權

爲了了解何謂教權，以及何人操縱教權，我們就要將救主升天的時期分成兩段，第一個時期是國王和具有世俗主權的人皈依基督教前，第二個時期則是皈依後。因爲在基督升天後很久一段期間沒有任何國王和世俗主權者皈依，並公開承認基督教教義。

在其間，教權雖然掌握在使徒手上，其後則在於受使徒所任命，去傳布福音、使人皈依基督教、指導皈依救贖之道的那些人手中，然後則在下一批受命者，任命時按在受命者頭上，意味著將聖靈賦予他們來發展上帝國度。如此，按手禮就是肯定傳播耶穌基督，宣講教義的使命，這是仿效摩西的做法。申命記三十四章九節中，摩西將手放在約書亞身上，約書亞就充滿了智慧之靈，而救主在復活後要升天之前，亦以氣息賜予使徒聖靈，（約翰福音二十章二十二節），在升天後就颳大風和火舌（使徒行傳二章二—三節）而非行按手禮。因上帝亦未對摩西行按手禮，從摩西創行此禮，後來使徒才仿效，由此可見，在統治者未接受基督教以前，教權之誰屬由此可證。

因此上帝在人間有第三次代表：第一次爲摩西及《舊約》時代之大祭司，第二次爲救主降生在世之時，第三次則爲聖靈，接受聖靈的使徒及其繼任者代表了上帝。既有三個代表，意即上帝之身亦有三個。然上帝本是唯一，聖約翰曾說：「有三個見證：聖靈、水和血，皆歸於一。」（約翰一書五章八節）這明示我們，每個都是上帝的人格。「這永生也在其子裡面。」（約翰一書五章十一節）這證據已表現在摩西、救主與使徒的奇蹟，各自在不同時期代表了上帝的人格。至於使徒之責任，由最初的十二人證明救主之復活，使徒行傳一章二十一—二十二節中，因欲補上新門徒，取代猶大所留下的使徒缺額，聖彼得告訴眾人：「從施洗約翰之日起，至主耶穌升天之日止，從隨同我而知道主之行跡者，應立一位見證人，與我等一同見證主之復活。」在人間之三位一體，即靈及水與血。此三者之作用亦合而爲一，即聖靈之惠、洗禮及聖餐禮，皆爲了昭示信徒，使信徒在內心可以確知永生。然此人間的三位一體中，並非三種事物眞正爲一體，因爲聖靈，水及血，本非同質，而指向同一種證明，但天上的三位一體，則爲同一之上帝，係在三個時代各有代表者。三位一體之義，上帝永遠是一個，由使徒代表聖靈，由救主代表聖子，在摩西及大祭司爲之代表之時，則聖父本身爲上帝。在《舊約》中無聖父、聖子、聖靈之說，因爲那時尚無此各個代表，就沒有如此名稱。

由上所述，可以知教權如何由救主授予使徒，如何給以聖靈，此靈在《新約》中稱爲扶助者（assister），通常則謂之爲安慰者（paracletus）。現在來討論此教權爲何物及對誰行使。

比拉民主教（Cardinal Bellarmin）在其論辯集第三集中，詳論羅馬教皇（Pope）之教權，而先辨明教權爲君主的、貴族的、抑或民主的。此三者皆主權之方式而有強制權。今假設救主沒有將強制權授予使徒，僅爲教授宣傳勸服之權，則使徒及以後之教士，只爲吾人之師表，其所教者，只爲建議之詞，並非命令之語，而比拉民之論就沒有意義了。

在前章中，已明確指出基督之國非在現世，則教士不能以其名義強迫人服從。既然君王之主權不在今世，則所屬官吏又怎能強迫人服從？救主曾說：「父怎樣差遣了我，我也照樣差遣你們。」（約翰福音二十章二十一節）誠然，然救主之所以受差遣，乃是爲了勸猶太人復返天父之國，並勸異邦人亦來加入，用意並非來爲世間之王，因爲審判之日尚未來臨。

自救主升天之時起，至復活之日，這段期間非救主統治時期，而稱爲萬物復興時代，此爲救主重臨審判日的準備者。馬太福音十九章二十八節：「你們這跟從我的人，到復興的時候，人子坐在他榮耀的寶座上，你們也要坐在十二個寶座上。」聖保羅也說：「又用

平安的福音當作預備走路的鞋穿在腳上。」（以弗所書六章十五節）

在此期間，主之工作，曾比喻爲釣者，意謂非以強制或懲罰來服人，而以勸說使人服從。因此他就不讓他的門徒爲獵人，而要成爲願者上鉤的釣者。又曾以發酵和播種爲比喻，凡此種種皆無強迫之意。至於基督使者的職責只在宣揚主名，爲救主再度降臨作準備，猶如施洗者約翰傳布福音是爲了救主初次降臨的準備。

且主之使者，職責是使世人信仰基督，而信仰與強制及命令無關，而必須以理論引證服人，因此主之使者不能處罰不信從或反對之人，除非其同時有政治上之主權，就可以依法處罰違法者。聖保羅曾說：「我們並不是轄管你們的信心，乃是幫助你們的快樂，因爲你們憑信才站立得住。」（哥林多後書一章二十四節）

可以從基督所留與世間君王之權，可知基督之使者在現世無權發號施令。聖保羅說：「你們做兒女的，要凡事聽從父母，因爲這是主所喜悅的。」（歌羅西書三章二十節）又說：「你們做僕人的，要凡事聽從你們肉身的主人，不要只在眼前事奉，像是討人喜歡的，總要存心誠實敬畏主。」（二十二節）此處所指之主人皆非基督徒，而保羅亦命他們一切服從。又羅馬書十三章前五節，關於對王者之服從，聖保羅說，有權柄的，皆上帝之所立，人人應服從他，凡掌權者都是上帝所任命的，初不僅因爲避免上帝之怒，且由於良心而如此。聖彼得也說，你們應服從一切人間之法律，不論來自君王，或君王所派遣賞善罰惡之官吏，此爲上帝之意，要你們行善。（彼得前書二章十三—十五節）這些外邦君王都不信基督，而保羅與彼得教人服從，然則上帝所立的基督徒君王，吾人就更應服從了。我們仰賴統治者之保護，假使教會之使者命我們反抗君王，我們又有何義務要服從？由此看來，基督沒有讓使者統治人民之權，除非使者本身已具備世俗權力。

如有主權者禁止人信仰基督，該當如何？我的回答是：信與不信，並非能以命令來改變，因而此等禁止爲無效。信仰是上帝所賜予，並非可以由人任意給予，或以利誘威嚇可奪。然而如果是合法的君王，命令我們承認不信上帝，我們是否要服從？我的回答是：口頭之表示，與其他表示無異。我們如能內心堅信，則有如敘利亞人乃縵之情形，而先知以利沙允許乃縵外表上之自由；列王紀下五章十七—十八節中，乃縵對以利沙說：「從今以後，僕人必不再將燔祭或平安祭獻與別神，只獻給耶和華。惟有一件事，願耶和華饒恕你僕人：我主人進臨門（Rimmon）廟叩拜的時候，我用手攙他在臨門廟，我也屈身。我在臨門廟屈身的這事，願耶和華饒恕我。」於是以利沙允諾讓乃縵平安返家。乃縵既向臨門神像俯首，則不啻否認上帝，否認上帝者，救主固將否認之；雖然，乃縵的行爲是奉統治者之命，因此非自願行爲，應該由統治者負責。如有不以我說爲然者，則請試設想基督教國家中有人篤信伊斯蘭教，而國家令其此人入基督教堂敬拜，則此人是否應該服從？如以爲他不應從命，則是准許人叛國，如以爲此人應從命，則爲何基督徒在異教人統治下就不應從命，如此豈非厚己薄人，違反上帝之常理。

然則教會史中之殉道者（Martyr）又該如何解釋？欲解釋此問題，則必須先分辨何人爲受命公然宣傳基督之國，何人未嘗受此使命，僅自行信仰就足夠了。前者如因宣傳耶穌復活而犧牲，此爲眞正的殉道者，此必須於耶穌在世時曾與他交談，又曾親眼目睹其復活者，見使徒行傳一章二十一—二十二節，這唯有最初之使徒有資格。若其後聽聞使徒之說而爲之證者，則僅係證他人之所證，而爲第二等之殉道者。

今如有人在教會史中讀到救主，使徒之行傳及書信，只是爲了維護這些說法，而以此反抗國家之法律及掌權者，此不足以稱爲殉道者。只有爲了一個教義而死才是殉道，即「耶穌是基督」而已。所謂「耶穌是基督」，係指耶穌曾爲我們贖罪，且將再臨人間來拯救我們，帶領我們進入永恆光榮的天國。如果是一般教士所立的教規，則不需以死相殉。且殉道之所以可貴，並非死亡本身，而是他所證明之事。

如有未嘗受命來宣傳此基本教義，而是自動的宣教，這也是見證者。雖然如此，此人沒有殉命的義務，亦非上天之意，因此如果此人將來不能得其所希望之報償，亦不應有怨懟。因此沒有受命宣教，不能爲殉道者。且作證之舉，只應面對不信者，如果是已經信仰的人，就不需要見證了。昔日基督派遣其使徒及七十門徒，給予權力傳道，而沒有讓所有門徒傳道，說：「我差你們出去，如同羊羔進入狼群。」（路加福音十章三節）而非是一隻羊進入另一個羊群。

最後，我們應當知道使徒之被委任者，並不含有管轄會眾之權。

我們先見到十二使徒受命前往尋以色列族迷失之羊，宣傳上帝之國近了（馬太福音十章六—七節），傳道的原意即爲傳達公事的人，宣布國王登基，但他沒有權力管轄別人。路加福音十章二節說，七十門徒之受命，應該是莊稼工人，而非莊稼主人。又馬太福音二十章二十八節，救主因門徒爭座次，就告訴他們：「你們不是要受人的服事，乃是要服事人。」是以宣教者只有服事人之權，而無統治權，而馬太福音二十三章十節中救主說：「也不要受師尊的稱呼，因爲只有一位是你們的師尊，就是基督。」

使徒之命，又有一點應注意者，即有教無類。試觀馬太福音二十八章十九節，馬可福音十六章十五節：「你們往普天下去，傳福音給萬民聽。」因此，宣傳（Preach）與施教（Teach）是同一件事，宣傳自必須以理解讓人信服，如聖保羅對帖撒羅尼迦（Thessalonica）的猶太人說：「連三個安息日，根據《聖經》和他們論辯，表明基督應受難而復活，而耶穌即是基督。」（使徒行傳十七章二—三節），雖然根據《舊約》教導耶穌復活之理，不等於猶太人相信後必須散播這一道理，以此來反抗國家之法令，而是明智、耐心與信仰，服從當世的統治者，靜待基督之降臨。

使徒有一使命，即以聖父、聖子與聖靈之名施洗。施洗為將受洗者浸到水裡或用水洗滌，藉此儀式改頭換面，成為嶄新的人，且為上帝忠實的子民。上帝古代為猶太王時，由摩西及大祭司為代表以君臨猶太國，又信耶穌基督為上帝之子，亦人，亦神，曾救贖我們，且在復活後，在上帝的天國裡，將以人的身分代表上帝，於復活後之永久王國之中，將我們帶進天國。世間主權者的權力在末至審判之日前不應廢止。這一點聖保羅已明確表示我們在洗禮中並無規定另一個權力來管轄今生之行為，只是許諾以使徒的教義指向永生之道。

罪惡之赦免與不赦免，此權即稱為天國之鑰，此為根據施洗與否的權力而來。受洗之效果為免罪，即為將來入天國得永生之階梯，因此洗禮即許其入天國，不與以洗禮，即拒絕人入天國，施洗的目的就是赦免罪過，故允許或拒絕之權，即由使徒及繼承者決定。故約翰福音二十章二十二—二十三節記載耶穌向使徒吹氣說：「你們受聖靈！你們赦免誰的罪，誰的罪就赦免了；你們留下誰的罪，誰的罪就留下了。」然此赦免與不赦免之權，非如上帝本身可以絕對的行使，而必以當事人的悔改爲前提。若假意悔改，則不但不能免罪，且將加重其罪，因此使徒之職責，當觀察外表來判斷，如有悔改的表現，則應予以洗禮，無此表現，則不能予以洗禮。然則如此表現將由何人來鑒定？此點基督已有明訓：「你的弟兄得罪過你，你應親自讓他知道，如此人能聽你之勸，則你可以多得一弟兄。如果不聽，則再三勸告，若仍不聽，則可以向教會申訴，若終究不聽，則只好視同野人或羅馬稅吏之流。」因此人悔改與否，判定之權不在某一人，而在教會，而在判斷之外，必有人宣讀判詞，此爲使徒或教會中的教師之責。聖保羅於哥林多前書五章三─五節所言：「我身子雖不在你們那裡，心卻在你們那裡，好像我親自與你們同在，已經判斷了行這事的人。奉我們主耶穌的名，並用我們主耶穌的權能，要把這樣的人交給撒但。」所謂交給撒但即逐出教會之意。此事由教會先聽聞其情節，待保羅來宣讀此判詞。又同章十一─十二節所記：「但如今我寫信給你們說，若有稱爲弟兄是行淫亂的，或貪婪的，或拜偶像的，或辱罵的，或醉酒的，或勒索的，這樣的人不可與他相交，就是與他吃飯都不可。因爲審判教外的人與我何干？教內的人豈不是你們審判的嗎？」因此，逐出教會由使徒或牧師宣告，但審判權屬於教會，亦即在主權者皈依基督教前，由在同城的基督教徒的聚會審判。

上文所述逐出天國之事，即所謂「開除教籍」（Excommunication）。開除教籍始於猶太人，凡禮貌不端，主張不正，或有傳染之疾皆禁入禮拜堂，必須等到祭司宣稱其已恢復清潔才能進入。

開除教籍之施行及其效果，若無政治力爲後盾，亦不過如私人之間不相往來而已。今如有異邦人未入教者，教友不妨與之共飲食，然若爲開除教籍者，則不能如此，此即救主所說當與稅吏（publican）同等看待，因爲稅吏是猶太人所深惡痛絕的，與他們往來就是罪惡。

教堂聚會之所（synagogues），如禁某人入門，只有該處主人能如此決定。然而無論何地的房屋，皆屬於國家管轄，開除教籍者和未受洗者皆可由主權者授權進入，因而在保羅未入教之前，亦嘗奉大祭司之命，入大馬士革之教堂，逮捕基督徒並送往耶路撒冷（使徒行傳九章二節）。

由此可見，如教會中有叛教者（apostate），而當地官府不但不幫助教會，且壓迫教會，則教會縱行使其開除教籍之權，而實際對此人絲毫沒有影響。因此人不信教，則無震恐可言，而逐出教會反而讓此人稱心如意，則更無損傷，而開除教籍之人，從此更有恃無恐，則受損的反而是教會。

因此開除教籍只有對信仰者有效，他們相信開除教籍就是禁止進入天國，此即聖保羅所說的投入撒但之國，此爲信仰者所害怕的事。因此當基督教未得政府許可之前，開除教籍之罰，只用在糾正信眾之失禮而非糾正見解。

如有人犯了不義行爲，自己對那人指出錯誤，然後與友人同勸，最後由教會出面仍不聽，則可視之如野人，如稅吏，此即爲行爲不端而施以開除教籍之罰也。而哥林多前書五章十一節也說：「若有稱爲弟兄是行淫亂的，或貪婪的，或拜偶像的，或辱罵的，或醉酒的，或勒索的，這樣的人不可與他相交，就是與他吃飯都不可。」但如有人保持耶穌即基督之信仰，而於此外論點有意見出入之處，若對此人亦開開除教籍，則《聖經》中及使徒之行事中絕未見有其例。只有聖保羅於提多書三章十節說：「分門結黨的人，警戒過一兩次就要棄絕他。」此似爲例外。只是棄絕（reject）之義，並非開除教籍之意，而是聽其自然，不予理會。聖保羅在提摩太後書二章二十三節也說：「避免愚鈍之問題。」此處之避免（avoid），在希臘原文中，與前文之棄絕實爲同義字，故縱觀經文，絕無任何根據允許教會對根本信仰未誤、僅於細節略有出入者，可以施以開除教籍之處分。反之，聖保羅早已諭戒此等無謂之爭辯，初不許引用種種細節以開啓教眾的紛爭。故如聖彼得與聖保羅當日之爭辯，可謂激烈，然從未聽說過彼此開除對方教籍。可惜其他教士未遵守此點，故提狄特腓（Diotrephes）竟以驕傲爲由，將聖約翰所認爲可以收容的人逐出教會之外（約翰三書九節）。在初期，虛榮與野心就已經進入基督的教會中。

欲行開除教籍之權，第一，必爲教會團體的成員；第二，此團體必須有合法權來判斷並執行處罰。

因此一教會不能開除另一教會教籍，因爲互相不統轄，則彼此僅爲分裂而已，不能爲開除教籍，若其一教會隸屬於另一教會，則從屬者不能稱爲教會，僅爲開除個人。

開除教籍者，既不得與此人同處，甚至不得與其同食，則如對有統治權之君王施行此罰則爲無效。依自然法，臣民不能拒絕與主權者往來，既不能放逐到小國，亦不得擅自逃離其國，更不能拒絕與其共食。至於他國之君，則不需要開除教籍之令，因爲平日就少有往來。因此國與國之間，此種開除教籍之罰毫無意義，除非是用來發動戰爭的藉口。

對於遵奉主權者的基督徒而言，無論主權者是否爲基督徒，開除教籍都沒有任何效力。「凡信耶穌是基督的，都是從神而生」（約翰一書五章一節），所以上帝的靈與他們同在，他人施以開除教籍之罰，於彼固無所傷，若此人無此信仰，且又非基督徒，開除教籍，因此純正之信徒，沒有受開除教籍之可能，即令所信不純正；除非其外表之行爲有觸犯國法之處，則開除教籍之罰亦不可能。

爲人父母或家長者，如遭開除教籍，不能禁止其子女奴僕與其同處同食，一旦如此，則子女者將無法得到食物，如此是教人背叛父母家長，亦有違使徒的誡命。

總之，行使開除教籍之罰，不能超出使徒當日所接受救主之使命，即教導民眾於來世得救的方法，於教導之外毫無強迫命令之意味。譬如教師對於學生，學生如不從，不能視爲罪犯，因爲學生本無服從的義務。因此開除教籍之罰，如無國家權力爲後盾則無效力，不足以威嚇人。所謂開除教籍如迅雷（Thunder bolt of Excommunication），乃羅馬主教想像之詞，他自以爲是萬王之王，而援引異邦人以朱庇特（Jupiter）神爲眾神之王，有如迅雷降服眾神，此等想像有二個錯誤：不知基督之國不在今世，是其一；羅馬主教於其自有之領地以外，並無統治之權，是其二，容後敘述。

聖保羅曾到帖撒羅尼迦，連續三個安息日赴猶太教會，引經據典以證明基督捨身及復生之理，而耶穌即是基督。此所謂經者，即猶太人之《舊約》。保羅講論之後，於是有信仰者，有不信者。保羅所援引的本爲猶太人所共同信仰之經文，而保羅之解釋，則未得人人之信從，爲何如此？因爲保羅並非國家合法派任，所以只能勸說，不能命令。勸說除非有異象證明，如摩西在埃及對以色列人所行奇蹟，若無，則只有根據理論來證明所說合乎經文，如此是以聽者爲裁判者。保羅如有自己判斷之權力，則不需要辯論。既需要辯論，則由聽者之自由判斷決定。在當時，正式解釋之權力，還在以色列祭司的手中。

爲使異邦人信仰基督教，則無須援引經文，因爲《聖經》本非他們的信仰。因此使徒唯有破除其拜偶像之惡習，然後宣布基督之事蹟，及其復活的情形，使異邦人產生信仰，故在此時，只有主權者對法律的解釋，解釋經文之權還不成立。

異邦人之皈依，只能根據使徒所宣傳之道，不外乎耶穌即是基督，耶穌爲救世之主，將於未來之世界君臨一切，他已死而復生進入天國，將等末日降臨來審判世人，依人民行事以施行賞罰。期間絕不指定《聖經》的專有解釋者，亦未嘗以自己之解釋爲法律，因爲解釋法律是俗世國度之事，使徒無此權力。使徒之所祈禱者爲「願主之國降臨」，所有教士勸信徒需從人間之王。當日《新約》尚未成集結，皆由作者解釋所傳之福音。不只《新約》，救主說過：「你們查考《聖經》，因你們以爲內中有永生，給我作見證的就是這經。」（約翰福音五章三十九節）基督既命人搜查《舊約》之經文，則是若不是解經，就是自行解釋，或參考祭司之解釋。

如遇困難問題發生，則使徒與長老聚而議定如何解釋，然絕未因此奪取教衆自行解釋之權，否則使徒致書各地會衆就全無意義。必讓教士授權一個解釋者，這只有當國王成爲教士，或教士成爲國王時才能辦到。

經訓成爲教規（Canon），有二個意思：教規者是行爲規範，雖頒發者僅爲教師，無強迫人遵守之權，然不失爲教規，若其頒發者同時亦有治民之權，則教規就成爲法律。

最初成爲法律的《聖經》是十誡，是寫在二塊石板上，由摩西奉上帝之命以頒行。在此之前，則無其他法律，只有自然法，即銘刻在心中的律令。十誡的第一部分是主權法，即：一、上帝之外不可敬別神，「除了我以外，你不可有別的神。」（出埃及記二十章三節）；二、不可拜偶像；三、不可妄稱上帝之名；四、應以第七日爲安息日，凡此皆所以定於一尊，表示摩西與亞倫之權不可侵犯。第二部分表示人倫之義務，即敬事父母，勿殺，勿淫，勿偷竊，勿妄證，而歸結於不可存害人之心。雖然這些戒律，如第二部分所列，早已成爲法律，至如第一部分各條，將爲以色列人而設的，其法律之力量果何自發生？以色列人民既不許接近西奈山，又何以知其爲上帝之所公布？此實因爲以色列人早已宣布服從摩西。出埃及記二十章十九節：「求你和我們說話，我們必聽；不要神和我們說話，恐怕我們死亡。」故摩西實爲統治者，而亞倫與繼承的大祭司皆有主權，因此其所頒布之教規皆有法律效力。

所謂士師法，是上帝爲以色列人領袖所訂之法，摩西頒布的有民法，規定人與人之爭端所用，有利末法，是規定神事之儀節祭禮。這些儀律是否成文，或是僅有口述皆不可考，皆爲摩西以主權者的身分頒行。

以色列人，既將達應許之地，摩西又以諸律申述，即所謂申命（Deuteronomy），是第二級之法律。凡申命記第十二章以下，至第二十六章之末所記皆是。這些法律在渡約旦河時，摩西刻在石上，以灰泥掩蓋。之後摩西有集結成書，授予祭司及長老，令他們放於約櫃旁至約櫃之中，即十誡。此律文之冊遺失後，至約西亞王之時又在聖殿中發現，而約西亞重頒。立法之摩西與重頒之約西亞，本就爲主權者。

在律法書之外，直至被擄後復國之時，以色列人沒有其他法律，因先知皆生在受擄期中，固無立法之能，而在律文遺失之時代，以色列人亦無律法可依據。「你的律法已被焚燒了，所以沒有人知道你已經作了的事，或是你將來的作爲。」（《以斯拉續篇下卷》十四章二十一節）。

因此《舊約》之成爲教規及法律，乃在復國之後，是時以斯拉得以其統治者之身分重頒，此後則經猶大之七十長老譯爲希臘文，存放在亞歷山大城之圖書館。以斯拉既是大祭司，也是世俗主權者，由此可證，《聖經》都是由世俗主權者制定爲法律。

就諸教父之著作中來看，在君士坦丁大帝接受基督教以前，《新約》各篇已經由當時基督徒認定爲教規，皆相信爲聖靈所感發者。當時教徒對使徒之信仰極深，故聖保羅等之書信，人人皆奉為教規，並非因為作者有發布教規之權，而是皈依者自動奉其為法典。

如此教規既非由主權者頒定，則教眾本無服從之義務，而是私人自己願意服從，而不能期待他人也服從，亦未可著之外表。夫基督之來，既只為救世，而非欲為世間之王，則對於人民而言，除服從自然法外，猶太人還須從摩西之律，外邦人還須從國法。至《新約》之諸書所教者，在未經國家主權者頒定，還無法律拘束力，而僅為勸告之詞，能聽從者甚好，不聽者也不構成違法。

救主差遣使徒的使命，為宣傳天國之將臨，教導世間各國，為信仰者行施洗禮。對於接受者，則入其宅，對於不接受者，則揮揮衣袖而去，未嘗行使天威強迫人服從，而是循循善誘。當如羊入狼群，而非如君王統治萬民。他們不自訂法律，且教人遵守本國已有之法律，因使徒無法控制政權，如此就不能立法。即使國王入教，亦非臣屬使徒，乃直接臣屬於上帝及其子耶穌，其地位與使徒相同。

在受壓迫之信徒團體中，《新約》有時似具法律效力，此則由於會堂中公訂之規則而然，如使徒行傳十五章二十八節，使徒及長老諭眾：「因為聖靈和我們定意不將別的重擔放在你們身上；惟有幾件事是不可少的」，既加負擔，則含有勉強之意，因此亦不過與其他之教誡之語有同樣效力，比如「爾等應悔改」「爾等應受洗」「爾等守誡命」「爾等應信福音」「你們跟著我」「變賣你的一切，施捨給窮人」，此皆有勸誡之意，而非命令。當日之使徒對人行使之權力，與救主相同，既未在當世爲政，則不能立法。且如使徒之命可以爲法律，則違反者即爲有罪，然不接受基督之教義雖不能免罪，亦不能增加新罪，而不信的害處就是保留罪。

人既無必然服從使徒之義務，則使徒及教會之管理者爲何需要聚議，以定教義的一致？此則因使徒及長老之天職應該如此。使徒之所議僅如何施教，而不能議定他人應如何行爲。上帝爲一切之主宰，然而所有以上帝之名教人者，我們沒有服從的義務，更不能因此而違反國法，因爲國法應該遵從，此爲上帝的明訓。

使徒之訓諭既僅爲勸告而非命令，則此後的教會聚議所發布之文告，更無法律之效力。《新約》各篇，雖爲基督教義中之完備條規，然沒有主權者或其他統治者之命，則不能成爲法律。

教會中宣布經文爲教規之第一次宗教會議已經失傳了。一般人所認爲經羅馬主教革利免（Clement，聖彼得之繼任人）所編纂的正典頗有疑義，似爲後世之僞託。今所存之第一次宗教會議，乃在老底嘉（Laodicea）。文中有禁止讀教會所許以外之書，然此非對一切基督徒之命令，乃專對傳教士而發，除了所許之書以外，皆禁止爲會眾公開宣讀。

使徒時代的教士有兩種：一種是主管教士（Magisterial），一種爲輔理教士（Ministerial）。管理教士對異邦人宣傳福音，舉行聖儀，指導信徒之行爲及信仰的規範；至於輔理教士，則管理公眾之資財，供給會眾物質。

第一批管理性質之教士爲使徒，最初有十二名，皆爲救主所挑選，他們的職務爲傳道，教誨和施洗，並爲見證者來證明主之復活者，此項作證之任務，區分使徒和其他教士，因爲使徒曾目睹救主之復活，或於其生前曾與交談而知救主行蹟，見使徒行傳一章二十一—二十二節。

有些使徒並非由基督親自挑選的，第一人爲馬提亞。那時耶路撒冷城聚集基督徒一百二十人，而先公選馬提亞及約瑟二人，經由抽籤選出馬提亞，就命他爲使徒，非聖彼得一人之主張，亦非十一使徒之主張，而是十一人與會眾之公意也。

在他之後，除保羅及巴拿巴外，沒有出現其他使徒了，使徒行傳記述：「在安提阿的教會中，有幾位先知和教師，就是巴拿巴和稱呼尼結的西面、古利奈人路求，與分封之王希律同養的馬念，並掃羅。他們事奉主、禁食的時候，聖靈說：『要爲我分派巴拿巴和掃羅，去作我召他們所作的工。』於是禁食禱告，按手在他們頭上，就打發他們去了。」（十三章一—三節）

由此可見，雖以聖靈之名選任使徒，但實由安提阿之教會宣布。然前文已說使徒必須能見證基督之復活，但保羅未曾親見基督，又怎知耶穌升天？不知保羅於赴大馬士革之途中，救主已向他顯示，至於巴拿巴在受難前就已爲門徒，因此保羅及巴拿巴皆可稱爲使徒，然皆由安提阿之教會選任者，亦猶如馬地亞之由耶路撒冷教會選任。

主教（Bishop）一詞是由希臘文之 Episcopus 而來，爲監視者之意。在基督教會中，使徒實爲最初的主教，爲基督所親自任命。其後會中所任之長老，亦稱爲主教，而基督所最寵愛之使徒聖約翰，亦嘗自稱長老。簡言之，主教 Bishop，牧師 Pastor，長老 Elder，博士 Doctor 在使徒時代都是同一職位。因當時教會既無強制之權，則教士雖有種種名稱，皆只勸導人而已，職務皆同。

此外傳道者（Evangelist）及先知（Prophet），皆非職務之名，而是表示特殊的稟賦。傳道者如聖馬太、聖約翰、聖路加、聖馬可，皆常紀述救主之言行，於教會之功甚大。而先知亦以解釋經訓，接受且宣布其所得之啓示以爲教會之助。然此等稟賦，以及善言之能力，驅鬼之能，醫疾之能，有這些能力者不能爲教士，只有教會選任方可爲教士。

馬提亞、保羅和巴拿巴等三使徒，既係由教眾所選，其他城市之長老及牧師，亦皆由會眾所選。保羅之其傳道之城市設立長老，如使徒行傳十四章二節所記者，細譯其希臘原文「由會眾之舉手以設立長老」。當時此等城市，其官吏皆由民眾以多數決選出，或以舉手、以口說，或投球、投豆、投石子來決定，因此這段期間使徒的任務爲會眾之主席，待選畢後宣告結果而爲其祝聖（Consecration）。如果票數相同，則按常例由主席票來決定。因爲當時民治盛行，須如此選任主教。

且如羅馬教皇，直至今日繼續由選舉產生。假使一主教可以委派另一主教，則羅馬之主教應爲前任所委派，而事實竟不然。歷史上，當大馬士革（Damasus）及烏西司諾斯（Ursinus）爭選之時，民情騷亂，市長不能平息紛爭而逃，教會內死者百人，可見選舉競爭之烈，之後雖改由羅馬教士推舉，改爲紅衣主教（Cardinal）推舉，然其本身從無派定繼任人之權。本身之繼任者既不得派定，則其他主教之繼任者都無權派定，只有世俗主權者有此權力。

教士（Minister）的希臘文原意是自願爲人服務者。有傳道之教士，以及辦理世俗事務的教士。

教士（Deacon）雖其本職爲管理會眾之食物及資財，而有時亦可宣傳福音，如使徒行傳八章五節所記之腓利，本爲會中的教士，然而在撒馬利亞亦宣講福音，又爲宦官施洗。當時使徒在耶路撒冷，聽聞腓利之事，就派彼得和約翰前往，行按手禮，讓受洗者得以受聖靈。傳給聖靈的責任在傳道者，而非在會中管事的教士。因此當日之信徒，既受洗而得聖靈降身，則能驅除魔鬼，口說方言，手執毒蛇而不爲害，且按手在病者身上即能使人復原（馬可福音十六章十七節）。今日之教士則無復此傳授能力，是否代表眞正的信徒已不多見？

最初的教士係由信徒選舉，而非使徒之所派，僅爲宣布當選，使徒行傳六章三節可以爲證。

在《舊約》時代，只有利未族可爲教士。當日分地爲十二區，利未族沒有參加，因此將約瑟人分爲二以湊足十二之數。利未人分得數處城市爲住所，其供給則於他族的土地生產各取十分之一，教士的供養又從此十分之一中再取十之一，以此準備供品。因此上帝對亞倫說：「你與你的子孫，不能享有土地，但我就是你的資產。」（民數記十八章二十節）上帝本爲猶太之王，摩西及亞倫乃是始祖而代治者，故什一之賦以供給教士，是以人間之統治權來規定。

猶太人背離上帝，要求立王之後，利未人仍享此賦，係因國王的默許。被擄復國之後，猶太人仍照此賦稅給予祭司。

救主在世時，其生活及使徒生活之維持，有一公用之錢袋給人布施，而亦隨時施贈他人。此外使徒中有漁人出身者，有時以自己的漁獲來供給。至於外出傳道，救主不許使徒攜帶金銀或銅幣，而由信徒施贈。路加福音八章二—三節，可知救主治療之婦人等，皆為門徒的供應。

救主升天之後，各城之基督徒，皆變賣田產，而以所得之金錢獻給使徒，並以此錢共同生活，皆出於自發行為，而非強迫。自使徒以後，直至君士坦丁大帝之時，各基督教會之教士牧師等，皆仰賴信徒的自由捐助以維持生計，而在君士坦丁及其子在位時，一般教士出入有車馬，錦衣玉食，生活極為優渥，可見信徒的信仰極為虔誠。

雖然，牧師是否必須仰賴自由之捐助來維持生活？聖保羅在哥林多前書中說：「有誰當兵自備糧餉呢？有誰栽葡萄園不吃園裡的果子呢？有誰牧養牛羊不吃牛羊的奶呢？」又說：「你們豈不知為聖事勞碌的就吃殿中的物嗎？」又曰：「主也是這樣命定，叫傳福音的靠著福音養生。」然則牧師之應由信徒供養，乃屬當然之事，供養之數量及其方式，則牧師不得自定，而應由信徒決定，且信徒亦不能自行集會來決定供給之數目，以如此之集會無法律之拘束力。故除由國家主權者規定教士如何供應外，教士不得強制徵賦。此與摩西時代不同，因為摩西係代表上帝在猶太施政，為俗世國度，基督的天國則在未來。

上文已詳論牧師之性質及其工作，與開除教籍之罰，以及教士之選任，祝聖，及其供養，下文將討論國之掌治權者入基督教以後其地位爲如何。

第一，前文所論國家之教育權應爲統治權之一部分。人類之行爲會考量後果，假使人民以對於統治者之服從，不爲利而爲害，則人民必將群起反抗法律，於是國家解體，因此異邦人之君王皆兼有牧者之稱號，只有主權者能對人民施教。

異邦之王既如此，基督教之王亦然。基督之訓，未曾說王者入教即當失去王位，因此信仰基督之王者，仍爲國之最高牧者，可以派定教士來教導人民。

即令教士的選任由教會掌控，此權仍屬於已信教的世俗主權者，因爲君王同時是基督徒和主權者，所選教士等同由人民所選，教會所選及主權者所選，是依主權舉行，否則爲無效，因此任何選舉教士的例子，都不足以反對世俗權力，因教士選舉皆依此權力產生。

當時即使一般教士仍係由教徒選出，然非得王者之允許，則不能行其職權，是公開選舉，係奉主權者之命而進行。故教士係爲國王服務，如同地方官、司法官、軍官之服從國王，非因施教者之身分，而是受教者爲王者的子民。即使國王將任命教士之權給另一國王，如同許多基督教國王讓與教皇一般，並非因而接受另一主權者的統治。基督教的教父是教師，而國王是家長，教師固不妨由他人推薦，然任用之權，固仍操之家長，若使推薦者藉此圖謀私利，則王者固可以黜免，此爲統治權的必要條件，絕不能受到剝奪。

假使有人問教士以何權力施教，則唯一正當的答覆，爲依據主權者所賦予之權。除了國王外，其他教士皆依國家權力（Jure Civili）行事，只有國王可依神權（Jure Divino）行事，故一切教士、主教，其頭銜皆不應有奉承天命之字樣，若如此則是將自己置身於統治權之外，而不容於國家。

基督徒之王者既爲最高之祭司，則不只可以宣教，亦可以施洗，可以行聖餐，可以執行祝聖之儀。然王者本來未行此權，於是一般人就以爲亡者沒有此權力，又或以爲執行此各項聖職，必須先受由使徒傳來之按手禮，我以爲凡基督徒之王者皆可行此各項聖職，而不必經按手之禮。

王者如果願意親自講學，本無人能阻止，但通常因忙於國政而無暇處理；如果欲親審理訴訟，爲人民斷是非曲直，亦無人能阻止，但同樣無暇顧及；且如救主基督，何嘗不能施洗，然終其一生未嘗爲一人施洗，只令其使徒及門徒施洗；又如聖保羅，因忙於宣教，奔走各地，也很少爲人施洗，在哥林多僅有三人而已。因此若身負重責者，不能事必躬親。即在今日，主教已很少爲人施洗，教皇就更少了，因此國王無暇爲人施洗的理由就很明顯了。

國王欲爲人施洗祝聖，是否有先受按手禮之必要，可以如此來看。

按手之禮是猶太人最古老的公開儀式，其用意藉以指定祝禱之某人或某物，故雅各在爲約瑟之兩子祝福時，以右手按在幼子頭上，而以左手按在長子，而藉此暗示何者的福分較大；而出埃及記二十九章所記獻祭之事，亞倫受命將雙手按在公牛頭上，然後按在羊頭上。當摩西任約書亞爲以色列人的軍事長官時，也是以雙手按在約書亞頭上授職，以示戰時民眾應服從者；又當利未人受祝聖時，上帝曾命以色列人要將手按在利未人頭上；而利未記二十四章十四節記詛咒上帝者，上帝命令凡在場聽聞詛咒，就將手按在此人頭上，而教徒就用石頭攻擊；試問既爲判罪，則何不讓祭司來執行此事，而讓人人可以執行？因爲欲指定一人一事，在場證明比聽聞可加可靠。

今使欲爲教徒全體祝聖，則勢必不能一一行按手禮，故利未記九章二十二節記亞倫舉手向眾教徒祝福。又試觀外邦人建造神殿落成之時，祭司將手按在殿之某一根柱子，是用手指定，而不用口稱述。

因此按手儀式自古皆有，馬可福音五章二十三節記述，雅羅斯因其女患病，請救主爲他按手治療，而馬太福音十九章十三節記述，眾人紛紛攜幼兒來請基督行按手禮祈禱，因此按手禮早已風行。

因此使徒、長老及會眾採用此禮，以指定其所欲委派的牧師，而同時爲他祈福。又按手禮亦不限於一事，有特殊使命時亦可重行此禮。故使徒行傳六章六節，使徒乃祈禱，按手在七個教士頭上，此按手並非授以聖靈（已受聖靈，該章第三節），而是授以職位。不僅使徒如此，長老亦有行按手禮之權，聖保羅曾告誡提摩太勿匆忙按手禮，意謂勿輕率授予教士職位。聖保羅自身曾受兩次按手禮，一次為大馬士革受洗之時，由亞拿尼亞為他按手，一次在安提阿第一次出發宣教之時。因此按手禮是表示派遣教士的權力，以確定受此權者。因此如有人在未為基督徒之前，已有教人之權，則受洗之禮，並不賦以新權力，而是在傳達眞理時，運用其固有的權力。因此按手之禮實非必需，僅行受洗就已足夠，然則國君無須受按手之禮，亦可執行教會之職。在《舊約》時代，大祭司為政之世，只有祭司有此權，然在建國後就由國君行使，如列王紀上八章所記所羅門之事，因此國王得兼有政教兩權。

由此可知，兼具政教兩權，就可以立法，全權管轄人民，如此國家與教會就合而為一了。

因此國王欲以教權授予教皇，但教皇行使此權，是基於國王的委任，而非神授，因此國王可隨時收回。國王亦將教權授給國內教士或教會，而讓其自訂規則，規定教士之等級以及俸給等事。教權之解釋及判斷，亦須由國王指定人選，而教會欲行懲處或開除教籍之罰，亦以王權同意才有效力。總之，有關約束人之言行，國權或教權皆在國王，對於無法約束者，只有知人內心的上帝能治理。國權必由主權者所有，無論是國王或國會皆然，因統治者是人民之代表，即爲教會之代表，基督徒之國與教會皆爲同樣。

基督教國王在國內有最高之教權，羅馬教皇既挑戰此權，而比拉民主教的辯論集（De Summo Pontifice）尤其主張教皇權，因此我不能不就其論點辨明。

比拉民之書有五卷，第一卷中有三個問題：第一，即論君主制，貴族制，及民主制何者最佳，其結論爲三制之混合體制最佳。第二，問此三制何者最適合管理教會，其結論亦主張混合制，而大致傾向於君主。第三，即問在此混合制中，聖彼得是否有君主之位。關於第一問，第十八章已有詳論，而證明政府皆爲單一且絕對的。在君主國中，以一人爲尊，他人皆奉命行事，由其喜怒爲進退，在貴族制或民主制之國，則爲一會議有最高地位，與君主國之君主相同，有絕對主權。如欲論三制之何者最善，則任何一制，既經立定，即不復成爲問題，當今政府皆應維持而認爲最善，如有違反的行爲，就是違反自然法，亦即違反神法。且教士（除自身爲主權者外）之職僅爲宣教，本來沒有治民之權，就不須問何者最佳，只能就宣傳教義讓人民決定是否遵守。故君主制、貴族制與民主制，爲三種不同形式的統治者，非三種教士，換言之，乃三種家長，非三種教師。

由此觀之，則關於第二個問題何種制度適於教會，則除在教皇自身之領地以外，毫無關係，因爲在他國之中，教士只爲教師而非家長。

關於第三個問題，即以聖彼得爲教會之王者，其論據爲馬太福音十六章十八—十九節：「你是彼得，我要把我的教會建造在這磐石上……我要把天國的鑰匙給你，凡你在地上所捆綁的，在天上也要捆綁；凡你在地上所釋放的，在天上也要釋放。」此文只證明一義，即基督之教會，乃基於一種條件之上，即當時聖彼得代表諸使徒，而讓救主說出這段話。因此，救主本身及施洗者約翰與諸使徒所宣傳者只有一條，即「我是基督」而已，其他信條皆基於此。施洗者約翰首傳「天國近了」的訊息，救主自身也散布此訊息，而十二使徒亦四處傳布。使徒歸來時，主問眾使徒說：「你們以爲這是誰？」眾使徒有的答施洗者約翰，有的答以利亞、耶利米或他先知者。於是救主又問眾人：「你們以爲我是誰？」於是彼得代眾人答：「你是基督，上帝之子。」此即基督教會之基本信條也。於是主乃有在此石上建立教會之語，其所指之石，即此基礎信條。然則「你是彼得」一語爲何義？此點必須更考察原經文方可明瞭。因爲西門彼得之名中，彼得之希臘文 Petrus 意即石頭，因此救主欲以石爲喻，遂涉及彼得的姓名。不然救主如欲建其教會於彼得身上，則說「吾將建我的教會在你身上」即可，何必說「你是彼得，我要把我的教會建造在這磐石上」。

至於下文，我要交給你天國的鑰匙，與其所授予眾使徒一樣。馬太福音十八章十八節：「凡你們在地上所捆綁的，在天上也要捆綁；凡你們在地上所釋放的，在天上也要釋放。」意即一切權力屬於最高教士。救主之國既不在此世，故以此世教導人民之責任授給君王，因爲君王本有教育之權，若不然就是剝奪君王的主權。以上所說是對比拉民主張的駁斥，即彼得爲世界上各教會的至尊，此說自不成立。

該書之第二卷，則有兩個結論：其一，即聖彼得曾爲羅馬之主教，且歿於羅馬，其二，羅馬之教皇爲彼得之繼承人，此兩點皆未嘗爲人所公認。且即假定其爲正確，然所謂羅馬之主教是君主或最高教士？如指最高之主教，則康斯坦丁大帝爲第一任基督徒，亦爲羅馬皇帝，亦即應爲羅馬帝國之最高主教，但亦限於羅馬帝國。

第三卷中，乃辯論教皇是否反基督，在我看來，沒有理由可以證明，也不需要提出論據來駁斥。

《舊約》中的各先知，皆嘗預言有彌賽亞（即基督）之將臨，以重建撒母耳以後所廢之上帝國度。昔猶太人有此期望，因此假冒先知，假造異蹟者不時出現，故救主及其使徒皆嘗警告人民，使防假先知假基督欺世。此輩假冒者，即稱爲假基督，此輩則不認耶穌爲基督，一則自稱爲基督，於是僞基督即爲反基督。羅馬教皇既未嘗否認耶穌爲基督，亦未嘗自認爲基督，怎能說是反基督呢？且據馬太福音二十四章二十三—三十節，僞基督出現之後，將日月無光，眾星隕墜，上天震動，而救主隨即乘雲降臨，今羅馬教皇已歷多世，而此災異未現，如此不爲反基督。教皇屢屢對各國發號施令，然其所篡取者爲當世之治權，而基督所未嘗過問，且行使這項權力，非自命爲基督，乃自認代基督執行，如此明顯並非反基督行爲。

第四卷中，證明教皇爲一切信仰與行爲之最高審判官，換言之，即世間一切基督徒之絕對的君王。就此推論三點：第一，羅馬教皇之判斷不會有錯，第二，教皇可訂定一切法律，並懲罰不遵守者，第三，救主曾將教會之管轄權完全交與羅馬之教皇。

關於教皇判斷之不能錯誤，見路加福音二十二章三十一—三十二節：「西門！西門！撒但想要得著你們，好篩你們像篩麥子一樣；但我已經爲你祈求，叫你不至於失了信心，你回頭以後，要堅固你的弟兄。」比拉民之解釋，以爲救主給予彼得兩項特權，一即彼得和繼承者的信仰不會動搖，二即彼得與繼任者應決定一切關於信仰及行爲的意義，並不與先前教皇的定義衝突。此種解釋，實太牽強離奇，如細閱經文，則可知教皇之權，實以此點而最沒有根據。當時祭司及文士，密謀在逾越節殺救主，而猶大亦將賣主，逾越節當天，救主率使徒共守此節，告訴眾人：「直至天國之再臨，我將不復有所作爲。」又說這些人中有一人將出賣救主，於是使徒乃問誰將賣主。因有此問，乃引起何人爲最大之爭論，於是救主說：「外邦人有國王統治，並以主爲稱號，但我不能如此，而你們必須互相服事。吾將國賜給你們，如同上帝爲我所建之國，現在要用吾的血取得，但在我再來之前則不能享有，等我再來之時，你們可以與我同桌飲食，且將坐於寶座之上，以審判以色列十二支派。」然後對彼得說：「西門，西門，撒但引誘你，要以統治權來動搖你對未來的信仰，但我已爲你祈禱，使你不至於失去信心，既得確知我的國度在來世，就要堅定你弟兄的信心。」於是彼得回答：「主啊，就算入獄同你就死，我都跟隨你。」可知彼得無意於今生之權勢。而彼得也未經救主授以治理權，甚至委以重任，讓他教導其他使徒皆知不能在今世掌權。至關於彼得對於信仰解釋之無誤，就此來看不過一點，即相信基督將再臨人世，而在審判之日將享有其國，而沒有將國家給他的繼承者，他們是在現世中主張享有國家的。

第二處爲馬太福音：「你是彼得，我要把我的教會建造在這磐石上；陰間的權柄不能勝過他。」（十六章十八節）然此僅證明地獄不能影響於彼得之信仰，所宣告者即「耶穌是基督，乃上帝之子」。

第三引證，爲約翰福音二十一章十六—十七節所說「你餵養我的羊」一語，就是指宣教的使命。如果我們將其他各使徒亦計入羊羣之內，則亦不過爲最高之教育權，這是在沒有基督徒國王時，彼得可享有之權。國王既經受洗，當然有宣教之最高權力，國王如將此職委任他人，仍應負責任，蓋上帝對於教導子民和僕從，唯家長是問。因此上帝對亞伯拉罕說：「我知你能教子女及家族，使他們遵從我的道，秉公行義。」

第四處所引，則爲出埃及記二十八章三十節，使亞倫將烏陵（Urim）與土明（Thummim）置於胸牌之內，以行審判。所謂烏陵與土明就是證據與眞理，既以此交給大祭司，則是使其判斷永無錯誤。至於是否授給大祭司證據與眞理，或者是對大祭司的訓誡，使其善求證據，無悖眞理，就無法確定，即使係授以此二者，然大祭司是當時王者，權力已授予今日之王者，而教皇不能爭此權。

關於教皇的判斷永遠無誤的問題，則引約翰福音十六章十三節：「只等眞理的聖靈來了，他要引導你們明白一切的眞理」，而以爲一切眞理至少必包含得救之道在內。然此亦未見爲教皇獨有見識，因爲凡得救所必需之事，人如犯了錯則必不能得救，至必需者究爲何事，容後再述，現在要說的是教皇縱可教人而無誤，亦不足以證明在他國家享有治權，因爲上帝既以國權許與各國之王，又何必事事委以教皇？

經文之外，他又依理論提出論證，大意是教皇在必要事務上可以有誤，而且基督對於得救之道，未嘗付與教會以完備之工具。然基督在當時何嘗承認有教皇之存在？因而此論點毫無根據。即使基督所授予聖彼得者，可以認爲係授予教皇，然基督又何嘗命人服從聖彼得？因此今日教皇之命如與國家合法的統治者衝突，則人民無服從之義務，其理自明。

最後，無論教會或教皇自身，始終未嘗自命爲全世界基督徒之君王，則是基督徒之行爲，無服從其管轄之義務。行爲的正義與否，是由國法決定，故管轄人之行爲，必須爲國家的立法與司法者，教皇去爭此權，則是教人背叛國君，此乃救主與其使徒所再三告誡信徒之事。

比拉民欲證明教皇有立法權，引用多處經文：第一個是申命記十七章十二節「有人膽敢不聽從神面前的祭司或不聽從士師，其人必當處死，如此除去以色列人的惡」。然而當日之大祭司固有統治權，而士師亦爲其所命，因此這段經文可解釋爲「有人膽敢不聽從當世之王者，及所任命之官吏，此人必須處死」。如此，則此文爲伸張王權，而不能爲教皇的普世的權力背書。

比拉民引馬太福音十六章十九節：「凡你在地上所綑綁的」。此處的「綑綁」（Bind），他釋爲立法之權，並引馬太福音二十三章四節「以難負之重任捆起來放在人肩上」爲證。然此說法又再次驗證君王的權力，因原文係指文士及法利賽人，而他們皆爲當世之掌權者，因此基督雖不令信徒效彼等之所爲，然仍命門徒服從其法令。

第三，所引爲約翰福音二十一章十六節「你牧養我的羊」。然此非授以立法之權，乃授以教育之權。立法之權，在於家長，而家長則可選任教師來教其子女。

第四，爲約翰福音二十章二十一節，即謂：「父怎樣差遣了我，我也照樣差遣你們。」然天父之差遣基督，本意只使基督捨生教人，準備入天國，此天國不在當世，而基督不肯明言何時將臨。是以既然基督沒有當世的立法權，則其所差遣之使徒也不會有立法權，而其職務不外乎施教，使人相信天國將臨，在未臨之前，人民當服從其王者，而王者亦當信仰基督，並引導人民信仰，此即王者的主教職權，比拉民欲引此節以伸張教皇之權，乃適得其反。

第五，即使徒行傳十五章二十八—二十九節：「因爲聖靈和我們定意不將別的重擔放在你們身上；惟有幾件事是不可少的，就是禁戒祭偶像的物和血，並勒死的牲畜和姦淫。」比拉民以爲「加諸重擔」之意爲立法權，其實不然。此段經文爲一種勸告之詞，而絕非命令之語。先前說過，法律由立法者的利益而訂，而勸告乃爲接受者之利益而提出。今使徒此言，分明係公開眾信徒得救的途徑，本爲聽受者之利益也，則是勸誡而非命令。

第六所引爲羅馬書十三章：居上有權柄的，人人當服從他，因爲權柄都是出自神的。

比拉民以爲此不只是意謂人間之王者，亦指教中之王者。我的回應是：凡掌教權的君主，實即爲人間之王者，主權不能超出自身領地以外。如聖保羅一面服從其王，而一面又服從教皇，則是一人事二主，違背基督之訓。雖然聖保羅曾說：「我不能親臨，因此寫下這段話，恐我在時，或不免行使上帝給我的權力。」然此所謂權者，非監禁，放逐，鞭笞，罰鍰，或處死刑，處分僅爲「開除教籍」而已。開除教籍即斷絕來往，行此權者所因而受之痛苦或不減於被處分者。

第七，爲哥林多前書四章二十一節：「是願意我帶著刑杖到你們那裡去呢？還是要我存慈愛溫柔的心呢？」此處亦只謂開除教籍之處分。開除教籍本非國家之刑罰，只是罰人之宣告，而至基督建立天國時才執行。故不可謂爲刑罰，僅可稱爲報復，是不足以證明主教應有世俗立法權。

第八，提摩太前書三章二節，教督應只娶一妻，比拉民以此爲保羅所立之法。然除聖彼得外，何人能爲教會立法？依此即認爲此爲秉聖彼得之權而行，然亦未見此爲法律，而只爲一種勸告。提摩太不過是保羅之門徒，而非臣民，即使提摩太所領之會眾，亦只是門生，而非子民。這類勸告有如醫生之於病人是也，醫生所言固不能爲法律。

第九，提摩太前書五章十九節：「控告長老的呈子，非有兩三個見證就不要收。」此亦訓誨之詞而非法律。

第十，路加福音十章十六節：「聽從你們的就是聽從我；棄絕你們的就是棄絕我。」毫無疑問，輕視基督的使者就是輕視基督。合法之教士是由主權者所派任，故聽從君王（基督徒）就是聽從基督，輕蔑君王即輕蔑基督。然君王之訓誨，並非即爲法律，因人之信奉教義與否，非法律所能干涉：王者固可以立法使人民爲外表上之某種儀式，若人民之內心不以爲然，則此行爲非人民本身的行爲，而仍爲君王的行爲，既爲王者之令，而服從王者之命又係上帝之所命，則人民不得不遵從。

第十一點，即係使徒於勸誡之際，有時用表示命令之詞，所引證的是哥林多前書十一章二節與帖撒羅尼迦前書四章二節。然基督降臨非爲審判世人，非在今世爲君王，而是爲世人贖罪。至其所委託之教士，是爲了宣揚教義，而非強制人入教，遵守教義在於內心，此非法律所能爲。

帖撒羅尼迦後書三章十四節：「若有人不聽從我們這信上的話，要記下他，不和他交往，叫他自覺羞愧。」比拉民之意以爲此處既有服從之字樣，則是保羅授予帖撒羅尼迦人之法律，但事實並非如此。當日羅馬皇帝之敕書才可成爲法律，若保羅之書亦爲法律，則豈非使一人事二主？此處所謂服從，乃聽從之意，意指聽從保羅的訓誨。不然，果爲法律，則違反者豈不應處以刑罰，此處所言僅教人勿與此人爲伍，讓他自覺羞愧而已。

最末，則所引爲希伯來書十三章十七節：「你們要依從那些引導你們的，你們的靈魂時刻儆醒。」此處的服從，亦只是服從其勸誡之義。服從之理由，非命令者的利益，而是接受者的利益。若謂教士所教即爲法律，則是不但教皇可以立法，而每個教士皆可立法。且如人民對教士有絕對服從之義務，則對其所教不能有鑒別之權，然而約翰一書四章一節說：「親愛的弟兄啊，一切的靈，你們不可都信，總要試驗那些靈是出於神的不是，因爲世上有許多假先知已經出來了。」可知對於教士說法可以駁斥，而對於法律就不能如此。國家主權者的命令就是法律，若還有其他人可以立法，則整個國家的和平正義會蕩然無存，而違背神法與人法。因此說教皇在本有領土以外可立法，絕無經文可以爲證。

他所欲證明的最後一點，爲基督僅以宗教的權衡（Ecclesiastical Jurisdiction）直接授之教皇，而未授給他人，爭論點不在教皇與主之間，乃在教皇與其他主教之間。然比拉民之意亦固以各主教之權爲依神命而來（de Jure Divino），以弗所書四章十一節記基督於升天之後，以恩賜眾人，其中有使徒，有先知，有傳福音者，有爲教牧者，有爲塾師者。因此主教可以由上帝授權，比拉民以爲此非直接授予，而是間接授給教皇。然使充此說也，則國王直接受命於天者，其下之官吏當皆爲間接受命於天者，無論何人皆可謂秉天命而行。

上述之爭辯，細想可知皆無中生有之事，因教皇於其自身領域之外，本無審斷是非之權，只有國家主權者有權。

路加福音六章記主之立十二門徒，並非要他們參政，而是要他們傳道，因基督早宣稱天國不在今世，又否認爲審判者，既不爲人審判是非，也就沒有爲政之權。然給予使徒傳道與施洗之權，派他們到各國宣教，就假定爲各國法律所許。而國民應服從國法，基督也已再三說明。

比拉民欲證明教皇授予各主教行政權，此爲徒勞，如上所論，適足以反證各主教是由國王授予權柄：

第一，據民數記十一章，摩西不勝以色列事務之繁，上帝乃命摩西選立七十長老，而以摩西之靈分授。並非摩西之靈因此有所損失，而是這七十人皆由摩西授權。比拉民對此之解釋，殊爲正當，然正好證明長老之權皆在統治者摩西之手。主教亦有教皇授權，但只在教皇之領土內。

第二，他以君主國之制度爲論據，以爲君主制的權力集於一人，而教會也是君主制，然此只足以證實基督徒之王權。至於教皇所承襲自聖彼得者，不過爲教誨之職，而無爲政之責，因爲上帝想要人心悅誠服，而非強制服從。

第三，聖彼得之位曾被稱爲首，爲源，爲根，爲日，因以證明各主教之權由此而來。然依據自然法（非任何學者之見解所得而相提並論），只有君王可爲一切權柄之首、之源、之根、之日，各主教之權亦由此而來。

第四，假使上帝直接授予各主教權力，則所得必皆相等，而事實上主教有管一城者，有管百城者，甚有兼管及數省者，教區之大小都是人爲，而非天命。然此論必先假定教皇有統轄世間一切基督徒之權，如今此假定既不能成立，且教皇本身之權係由羅馬皇帝所授，則是其他各主教亦也由君王授權，而教皇除了在自有領域外，猶如其他主教，不得自稱秉神權而行。

第五論點爲：如各主教直接受命於上帝，則教皇必不可奪其權，當今教皇可以如此。此係事實，自不待言。然教皇只能在管轄領域內如此，或是得到君王的同意。昔以色列之大祭司，有一切最高權力，但從立王以後，此權力即歸於君王。依比拉民之論辯法，如祭司之權來自上帝，則國王必不能剝奪，而以色列王如所羅門，曾奪大祭司亞比亞他（Abiathar）之位而授予撒督（Zadok）。

第六論點爲：如主教係直接接受神權，則必須有上帝之言可引以爲證，此論信正確。然而主張教皇在他國中有管轄權，也無上帝之言可依據。

最後，引用教皇因諾森及李歐之言爲證，人皆想伸張自己權力，不只此二人，即每代之教皇皆有此主張亦不足爲奇。然而人爲自己作證是無效的，此早有明訓。

在比拉民書之第五篇中，有四個結論：其一，教皇非全世界之主；其二，教皇非全世界基督之主；其三，教皇在其領域之外，並非直接有俗世之權；這三個論點，我們都可認同。其四，教皇間接有人間最高權力，我們需否認此點，除非他是指教皇得此權，係用間接的方法取得。然而他的原意則謂俗世權係與神權相輔而成，若非如此，則神權莫由行使，因此教皇爲救人之靈魂之計，應有權奪取政權。

比拉民此論所據之理由，今且不論，請先推究此種主張之結果如何，而使人間一般王者負有保民之義務，對他們是否有幫助。

他說教皇之治世權非直接的，其意大致爲教皇得此權，非來自民眾的立約，乃因其受命於上帝而負救人靈魂之責任才有此權。至於人之靈魂如何可以得救，教皇全權可以決定，於是因此而廢立君王，變更國土，教皇亦可自行決定。此論點不只是比拉民主張，教會的多數學者也如此表示，屢次從教務大會宣告，而教皇亦屢屢乘機執行。教皇因諾森三世時，賴特蘭（Lateran）第四次宗教大會，曾訂有教律：「如有國王，經教皇之勸告後，仍不清除國內的異端，一年之內仍讓教會無滿意的行動，則人民可即行解除對此王的服從。」此律於法蘭西王希爾德里（Childeric）之被廢，於羅馬帝國由查理曼繼承，於英王約翰之壓迫，於納瓦拉王國（Navarre）之轉移，以及近世聯盟軍之反抗法國亨利三世等等，皆有實踐。世間王者，對此認爲不當者不乏其人，然則王者究將自爲主，抑爲人之奴，不能不做決斷。非決心充分的自行執掌王權，則不如將此權授予教皇，不然，一般人民同時須事二主，國事紛擾，危亂自不待言。對此比拉民之論據爲：

第一，謂「政權應服從神權，因此最高神權者應指揮人間之執政，應以人事服從神事。」政事、神事究竟如何分別，而人的長官遂應服從神的長官？所謂服從者，有二個意義：掌握某權之人應服屬於掌握另一權之人，或是手段之於目的之不同。命令、服從皆只能就其人而言，不能就其權而言。如製鞍者之藝術，本可爲騎馬者藝術之附屬物，然而製鞍者不因此而服從騎馬者，同理，即謂人間國度之目的在求神之國度，然因此就說掌人權者應服屬於掌神權者，如此並不恰當。比拉民說：「國王，教皇，教士，凡人實爲共同體，即爲共成一個教會。在團體內，各成員彼此連結，然而神事非依賴人事，故人事爲依賴神事者，故人事應從屬於神事」等等。然而此論有重大的錯誤：第一個錯誤，世間之王者，教皇，教師，平民共爲一國，然而事實上，法蘭西本來自爲一國，西班牙又自爲一國，威尼斯則又是另一國。各國國民皆爲基督徒，是各自成爲一個教會。各國本有國王爲代表來施政。如果教皇爲全體之代表，而使世界基督徒共爲一國，則教皇必須有三權：即命令權、審判權、懲罰權。現在教皇所能施行的僅「開除教籍」，與叛教者斷絕關係而已。故即使教皇爲基督所任命的唯一之傳道者，然非至基督再臨之時，不能執行政權，即使基督再臨，則統治者爲聖彼得及使徒，也非教皇。

第二個錯誤，即身體中的各肢體皆互相依賴。如國內之個人皆依賴統治者，猶如身體依賴靈魂，魂飛則命喪，沒有統治者，則國家解體，非各肢體有從屬之關係。手段與目的之關係係由天定，然如何行此手段來達成此目的，則操在國君，國君是人民依自然法所應服從者。

第二論據是「每個國家是完整自足的，因此可強迫他國改制，甚至廢立君王；因此神之國度，爲保衛神權計，不得已時可以改替換政府，變置國君。」

國與國之間有此自衛之權，自有事實證明，無須置辯。假設世間有靈之國度，與人之國度並立，則如前者可以對後者發動戰爭，後者可以對前者施行戰爭手段嗎？不知比拉民主教會如何解釋。

然而靈之國度在今日並未存在，因靈之國度就是基督之國，必待基督復臨之時才有，屆時基督自當爲王，而戰勝一切敵人。在未實現之前，則人身皆係肉體，而非靈的，世間本無靈之國度存在。

第三論據爲：基督徒如果容許其王者相信異端邪說，則爲不法。然王者是否有此行爲，只有教皇能決定，故教皇有權可以定君王的廢立。

然此皆謬誤之論，因人民無論是否基督徒，如果反抗其王之法令，即爲違反天律，至於何爲邪說，人民不能擅自決定，只有統治者可以決定。且邪說只限於私人之謬論才有此稱謂，君王代表國家，其公開言行不能爲邪說，只有私人固執己見，違抗國法才是邪說。

至於基督徒不應擁戴外教及信邪說者爲王，他引了申命記十七章爲證。當時上帝曾禁以色列人選外邦人爲王，因此比拉民依此推定，基督徒選舉非基督爲王是非法，既爲非法，則繼續在位而不罷黜同樣危險，我以爲這不是廢黜與否的問題，而是廢黜是否合乎正義的問題。選出或有討論空間，而廢黜則斷斷不義，因如此違反信約，爲自然法所不容。且比拉民之論，在使徒在世之日，以及羅馬皇帝當權之世都沒有聽聞，直到教皇取得羅馬市政權才有此說。然而比拉民說，昔日基督徒不廢羅馬皇帝如尼祿等，並非不想，而是無能爲力。然而救主基督並非無力者，可召其十二營之天使，以廢黜凱撒及彼拉多？且使徒當日不只服從當世之王者，且在書信中諄諄教人服從王者，亦豈因無力才如此做？然則使徒如此教導，乃因人之服從容忍外教之王，是出自懼怕或出自良心服從？比拉民又舉聖保羅之事，以爲保羅曾在異教王者爲政之時，自行任命審判官以裁決基督徒中之訴訟，但事實並非如此。因保羅所勸導是爲了選舉裁決者，如爭端可以私下調解，就不必訴諸法律，本爲任何政體之下之美事。若容許人民有判斷君王對於宗教之行爲，則是人民亦可以判斷教皇之教義，因爲王者之尊本不在教皇之下。

第四論據，係以君王之受洗爲證。王者受洗之時，即將其王權服從基督，而允許保衛基督教之信仰，此點無誤。但這只表示王者之臣屬於基督，而不妨礙與教皇同列，因爲王者是人民的最高教士，而教皇在羅馬的地位亦不過如此。

第五論據，則引救主「你餵養我的羊」一語，就說這是授予教權。即如驅除異端，則猶如驅除狼群的權力，制止爲非作歹的君王，猶如禁閉發狂的羊，此外，則更有給予羊群適宜食物的權力，因此他以爲基督實際上授予聖彼得這三個權力。我的回答是，餵養不過是授以宣教之權，前文已證明。至於驅狼的比喻，是引證馬太福音七章十五節，當愼防假先知，如狼蒙羊皮而來。然而所謂異端，並非假先知，即使是假先知，使徒亦未嘗奉令擊殺或廢黜，而是防備和躲避。且救主所說避免假先知之誡，非對使徒所發，而是對隨行登山之衆猶太人而發，因此假如此令可解釋爲授以放逐其王之權，是乃授予非基督徒的個人。至於禁閉瘋羊之喻，以喻基督徒王者之不聽羅馬教皇之命者，則救主本身既拒絕在今世掌權，且勸人直至審判之日，必不能傳授聖彼得此權，而聖彼得更不能傳授給教皇矣。救主教聖彼得及其他教士，只令他們視背叛教會者爲異邦人、如稅吏。但教皇對異邦人既無處分之權，則其對於視爲異邦人者亦沒有處分權。

比拉民又引伸施教之權，推論教皇對君王的強制權，意謂牧者既奉命應給羊群適當之食物，因而教皇可以且應當強制王者盡其天職，因爲教皇爲一切基督徒之牧者，故應爲萬王之王。如此則世間之王者，或即遵奉此義，決心成爲本國之最高的牧者。

第六論據爲引證先例，亦爲比拉民的最後論點，我的回答是，先例不足以爲證據，且他所引的各例，尤不足爲正義之依據。列王紀下十一章，耶何耶大（Jehoiada）之殺亞她利雅（Athaliah），若非以奉約阿施（Joash）王之命，則犯殺人之罪，因那時大祭司已無殺人之權。又聖安伯斯（Ambrose）開除羅馬皇帝迪奧多西（Theodosius）的教籍，是叛逆之罪，如格列高里一世，格列高里二世，撒加利，里歐三世等事，均係爲自己之案自行審斷，這些判決都是無效，按這一說法而爲都是人類所犯的最大罪行。我所論辯的教權問題就是以上這些，我認爲比拉民之議如果僅是個人議論，我就不會認爲教皇權力是與其他基督教國爲敵了。

# 第四十三章　論人進入天國的必要條件

基督教國家中引起叛亂的藉口，就是無法同時服從神與人之命。雖然，假使有人同時得兩個相反之命令，而確知其一來自上帝，則其他縱然是君父之命，亦不得服從。然困難之點在以上帝之名所傳之命令是否爲眞，或是有心者濫用上帝之名來謀取私利。昔日猶太教會中已有一些假先知，現今的基督教會中，亦不乏僞教師，曲解教義，欺世盜名，以愚弄人民來求己利。

人如果能知道進入天國之條件何者爲必要的，何者爲非必要的，那麼服從天上或地上主權者就不成爲問題了。如王者之命不妨礙永生之路，不服從則是不義，這適用於保羅所說：「僕人凡事要服從主人，子女應一切服從父母。」與救主之訓：「文士和法利賽人今坐摩西之位，他們說的都要遵守。」如果服從王者之命將不免於死，那麼只有瘋子才會服從，這時適用於救主的勸戒，如馬太福音十章二十八節：「那殺身體不能殺靈魂的，不要怕他們。」因此，人要避免受當世王者之刑，及來世上帝之罰，必須明辨何者爲得救所必需，何者爲不必要。

得救所必需的美德，不外兩種：即「信從基督」與「服從法律」，服從法律充其量已足夠。因人類犯了上帝之律，不只在始祖亞當觸犯，今世亦有違反，所以我們不只今後應服從，且須使先前不服從之罪得以赦免，而欲求赦免，則只有信仰基督。這兩者所需的唯一條件，就是犯罪者不得進入天國，所謂犯罪，即違犯天律，但如能悔改而信從基督之教條，則天國亦不再拒絕。

上帝所需要我們的服從，乃是努力服從的心願，故此服從有時稱爲慈善與恩愛，爲表示服從的意志。服從有時也用正義來表示，正義就是各得其分。有時以悔改表示，悔改是脫離罪惡，回心轉意的服從。因此凡誠心欲履行上帝之命令者，誠心悔過者，充滿愛上帝之心且愛人如己者，則可被接受進入天國。因爲如果上帝始終以純潔無瑕爲條件，那麼就沒有人可以得救了。

那麼上帝的命令爲何？摩西對以色列人宣告之戒律亦爲上帝之命令？如果是，那麼沒有要求今日之基督徒服從？如果不是，那麼除了自然法以外還有什麼法律？然而救主沒有給我們新的法律，僅命我們遵從自然法及國法，故在山上對猶太人之訓，亦只命令他們服從摩西之律。因此上帝的法律就是自然法，而最重要者，莫過於不可違背信約，就是服從依約共立之王。而凡經文所教訓，由王者之命加以頒布的即爲法律，未經頒布的則爲勸誡，違背勸誡不免有害，但並非不義。

現在已然明確得救所必需之服從及對誰服從。然後就要問我們應信仰何人，信仰何物，與爲何信仰。第一，我們欲信某人，必須知其所言，因而必需親自聽其言語。亞伯拉罕，以撒，雅各，摩西，以及各先知是以超自然方式聆聽上帝之言，使徒及若干門徒則聆聽救主基督之言。當今的人沒有親自聽過天父及救主之語，所依據的是使徒及使徒以後的教士與學者。因此在救主離世後，人的信仰是基於教士的名譽，以及頒布教義者的權力，此外就是直接領受上帝說的話。然而世間既然難免有假先知，則傳教者是否眞傳布上帝之命，只有最高主權者能決定，因此沒有受特殊啓示的一切凡人，所相信的就只有主權者而已。

人們相信基督教有各種原因。因爲信心是上帝的恩賜，在不同人身上有不同作用。通常對於教義的信仰，其直接的原因是相信《聖經》是上帝之言。然而人爲何相信《聖經》是上帝之言，則各有不同看法。因爲已經知道才相信，然知道是因爲教會傳播的「無誤性」，另外則以受單獨的啓示才知道，但我以爲這些看法都無法自圓其說。因爲人如果不先知道《聖經》的「無誤性」，何以能知教會的「無誤性」？此外，所謂單獨的啓示，怎知不是根據教士的權威或個人擅自的揣測而來？至於教會的無誤性，在《聖經》中絕無根據，以致於個別的教會到個人更沒有「無誤性」的根據。

因此，基督徒對於《聖經》只有信仰，而不是知道。上帝使人信仰的方式，不外乎由教士得來。聖保羅說：「信道是從聽道來的。」（羅馬書十章十七節）即是聽聞合法的教士傳道。又說：「未曾聽見他，怎能信他呢？沒有傳道的，怎能聽見呢？若沒有奉差遣，怎能傳道呢？」（羅馬書十章十四—十五節）一般人的信仰，在家中是得自父母，在教會中則是受教士的啓迪。因而在基督教國，人人可以有此信仰，而在他國則絕無僅有，因爲基督教國民的信仰是自幼耳濡目染而來。

教導既爲信仰的原因，那爲何還有不信的人？因此足可證明信仰是上帝的恩賜，而賜予所想要賜予的人。然而上帝的恩賜，仍必須由教師來傳達，因此信仰的直接原因就是聽道，所學都是從上帝而來，因世間一切的善皆從上帝而來。然得此恩賜者，未必直接感應到上帝，如自以爲曾受此特殊的靈感，則會自命爲先知，眞假必須由教會來驗證。

人們對於無論是知道、信仰或承認《聖經》是上帝說的話，那麼如我依據明顯的經文來證明何者爲得救所必需的條件，人們必然也會知道、信仰或承認這些信條。

得救唯一必要的信條即「耶穌是基督」。基督就是上帝在《舊約》時代所允諾，將來要永久爲猶太人及其他信仰者之王，並對因亞當之罪而失去永生的人們，恢復他們的永生。

爲了證明「耶穌是基督」這唯一的信條，是根據福音書作者所記述爲證，今試觀馬太福音所記：耶穌是大衛王的後裔，由童貞女所生，東方來的哲人奉他爲猶太人的王，希律王因此要謀殺他。施洗者約翰先宣布他是猶太人的王，而他本人及使徒亦皆宣告。他教導律法，非如經士的談論，而是有權柄者的發號施令。他以言語治癒疾病，做出許多奇蹟，這是預言中基督所要做的事。他進入耶路撒冷時，人們以王者之禮對待，他又教人防範冒充基督者；最後因自稱爲王的緣故，遭逮捕控訴而被處死刑，釘在十字架上，罪狀是：「拿撒勒人耶穌，猶太人之王。」這一切都要人相信耶穌是基督。馬太福音如此，其他各福音書都是如此記載，因此福音書皆爲了建立此信條，且約翰在書之末節說：「但記這些事要叫你們信耶穌是基督，是神的兒子。」（約翰福音二十章三十一節）

第二個論據，是根據救主在世及其升天之後對各使徒講道的主題，使徒受命爲宣傳者，宣揚天國將臨，亦即宣傳耶穌是彌賽亞，是基督，是上帝應許之王。直到救主升天之後，使徒之所傳述的依舊如此，如使徒行傳十七章六—七節：「找不著他們，就把耶孫和幾個弟兄拉到地方官那裡，喊叫說：『那攪亂天下的也到這裡來了，耶孫收留他們。這些人都違背凱撒的命令，說另有一個王耶穌。』」同章中又記聖保羅接連三個安息日向他們引據經文，證明基督必將受難，且由死復活，而耶穌即是基督。

第三個論據，爲經文中論及得救所需之信仰，是從平易之事而來。假使像今日的教義紛歧，要使人信服，然後可以得救，則世間之事最難的就是當基督徒。與基督一同釘十字架之賊，竟然一剎那以爲信耶穌爲王而能得救。而基督之軛，則又看似容易，他的擔子是輕的，且幼童亦能相信，而聖保羅之得救，變爲教會中之大師，其時期尤其短促，絕不容讓他有時間考慮「變質論」、「火地獄」等等晦澀教義，可見得救本來很簡單。

第四，根據沒有爭議的經文而來：（一）爲約翰福音五章三十九節：「你們查考《聖經》，因你們以爲內中有永生，給我作見證的就是這經。」此處的經文，是指《舊約》，《舊約》中關於基督本身所記載，僅表示人如何知道他蒞臨，知道他是大衛的後裔，將在伯利恆由童貞女所生，能行絕大之奇蹟等等，故能知耶穌就是基督，則可得永生；（二）約翰福音十一章二十六節：「凡活著信我的人必永遠不死。」同章又記述救主問婦人馬大：「你信這話嗎？」馬大回答：「主啊，是的，我信你是基督，是神的兒子，就是那要臨到世界的。」（三）爲約翰福音二十章三十一節：「但記這些事要叫你們信耶穌是基督，是神的兒子，並且叫你們信了他，就可以因他的名得生命。」（四）爲約翰一書四章二節：

「凡靈認耶穌基督是成了肉身來的，就是出於神的。」又五章一節說：「凡信耶穌是基督的，都是從神而生。」又說：「勝過世界的是誰呢？不是那信耶穌是神兒子的嗎？」（五）使徒行傳八章三十六—三十七節，宦者說：「這裡有水，我受洗有什麼妨礙呢？」於是腓利說：「你若是一心相信，就可以。」宦者答：「我信耶穌基督是神的兒子。」以上諸條，可以明證只要相信耶穌爲基督者即可以進入天國，而救主曾說：「你的信仰救了你」時，所指之信仰即爲此。

最後，可證明以此信條爲基礎皆可以得救：第一，馬太福音二十四章二十三—二十四節：「那時，若有人對你們說『基督在這裡』，或說『基督在那裡』，你們不要信！因爲假基督、假先知將要起來，顯大神蹟、大奇事。」故雖有絕大奇蹟，然沒有證明耶穌爲基督者，則不可相信。第二，加拉太書一章八節：「但無論是我們，是天上來的使者，若有人傳福音給你們，與你們所領受的不同，他就應當被詛咒。」所宣傳的是耶穌是基督這一教義，如果不然，就算是天使也不能相信，何況是人？第三，約翰一書四章一—二節：「一切的靈，你們不可都信，總要試驗那些靈是出於神的不是，因爲世上有許多假先知已經出來了。凡靈認耶穌基督是成了肉身來的，就是出於神的。」足以證明此條才是一切信條的標準。第四，馬太福音十六章十八節，聖彼得說：「你是基督，是永生神的兒子。」

於是救主答：「我要把我的教會建造在這磐石上。」第五，哥林多前書三章十一—十五節：「因爲那已經立好的根基就是耶穌基督，此外沒有人能立別的根基。若有人用金、銀、寶石、草木，禾稭在這根基上建造，各人的工程必然顯露，因爲那日子要將它表明出來，有火發現；這火要試驗各人的工程怎樣。人在那根基上所建造的工程若存得住，他就要得賞賜。人的工程若被燒了，他就要受虧損，自己卻要得救；雖然得救，乃像從火裡經過的一樣。」此處所記較爲隱晦，然可藉此推知，即凡本於耶穌爲基督這一基本信條來施教者，雖或推論錯誤，而仍可以得救。至於聽其合法教士宣傳此條而相信的，就更可以得救。然則能信此基本信條即足以得救，無需其他信條。

至於前文引喻，以火試煉的工作，人由火以得救的說法，似有證明火燄地獄之意。此處暗指撒迦利亞書十三章八—九節論及天國的恢復，耶和華說：「這全地的人，三分之二必剪除而死，三分之一仍必存留。我要使這三分之一經火，熬煉他們，如熬煉銀子；試煉他們，如試煉金子。他們必求告我的名，我必應允他們。」審判日是上帝國度復興日，世界將有大火，惡人滅亡，其他經上帝拯救而生存者則毫髮無傷，清除偶像崇拜的惡習，而歸於主之名。因此聖彼得說，經此試煉則知人所傳的道爲金，爲銀，爲寶石，爲木，爲草，爲禾。那些在正當基礎上建立錯誤理論的將受到摧毀，然而不妨礙他們的得救。此與經文沒有衝突，也看不出些許煉獄之火的蹤跡。

也許有人會問：然則信耶穌爲基督既已足夠，則我們是否仍需相信上帝爲全能，上帝創造世界，基督由死復活？我的回答是：同樣必要相信，而不只這些，皆可以從基本的唯一信條推論。既然相信耶穌爲以色列上帝之子，則以色列的上帝，係全能之上帝，則信上帝爲全能又有何疑問？甚者，耶穌既將爲王，則必將復生，否則豈有死人可以爲王？因此相信基本信條者，則由此基本所推論而得的信條，本該相信。

前文既已證明得救的必需條件，是有服從上帝之律的決心，及信從耶穌爲基督的基本教義，今請更取經文中所指爲得救必需之事，來證明不外乎這兩條。聖彼得在聖靈降臨日對眾人講道，聽眾問：「弟兄們，我們將怎麼做？」彼得答：「要悔改，受洗以洗滌罪惡，來領受聖靈的恩賜。」因此悔過與受洗爲得救的條件，亦即信「耶穌爲基督」。又路加福音中，有官員問救主如何可以永生，救主答：「你知道誡命就是勿淫，勿殺，勿盜竊，勿妄證與孝敬父母。」此人答：「我已經做到了。」救主答：「你要變賣所有的一切分給窮人，來跟隨我。」這表示救主爲王。人能守法，相信耶穌是王，承受永生必須的一切。聖保羅說：「義人必因信得生。」（羅馬書一章十七節）因此信與義是永生的前提。又馬可福音一章十五節：「日期滿了，神的國近了。你們當悔改，信福音！」福音是基督降臨的好消息。因此悔改與信耶穌爲基督，救是得救所需的一切。

信心與悔改皆爲必要，要討論究竟以何項獲得赦免就是不相干的爭論了。然這二者各以何種方式使我們得救，則不妨探究。首先，正義與否，若以人之行爲來看，則世間將沒有得救之人，因爲沒有人是無罪的，我們稱爲善的，是指我們行善之決心，而上帝即以此決心來決定，可以稱爲義的人，即是如此。

有爲善之心而未能做到，若上帝願意接受，亦可以稱爲義。因上帝觀察人的善念，會先觀察其信心，因此信心乃足以使我們的禱告有力量，因此信心足以稱爲義。如此信心及服從皆爲得救的必要條件，然有時稱信心得以爲義，有時稱服從得以爲義，每一項都能讓人獲得赦免。

我們既然知道得救的必要條件，則可知服從上帝與服從國王可以並行不悖，無論王者是否基督徒。如爲基督徒，則人民信仰「耶穌爲基督」的基本信條，及由此引申而得的信條，都會得到承認。王者必須使人民服從法律，然國法亦神法。而教會之法，又爲國法的一部分，因此凡服從基督徒的君王，同時服從上帝絕不會有衝突。如果此王由基本教義引伸不正當的推論，此推論必如草木般毀壞，然而無損於本人的得救，而奉君命傳布此論的教士，與聽從此論的人民，更不影響得救。假使王者禁止人民宣傳信仰，人民亦不得違抗，王者雖推論錯誤，但人民無從判斷，即使教皇與使徒也不能判斷。即如聖保羅與聖彼得，尚且不能一致，則使徒的見解亦難免有誤。因此人民應服從君王的命令，服從國法，這絕不妨礙服從神律。

假使王者爲異教徒，人民反抗他是違反上帝之律，因使徒昭示人民應一切服從君王，子女應一切服從家長。且信仰是內在、肉眼不可見。因此信仰者不妨如乃縵（Naaman），對外服從君王，內心堅守信仰，以期回報上天，而不應違背君王。且眞正的信仰，應當樂於殉道，不殉道而藉故作亂，不是眞正的信仰。且基督徒只期盼基督降臨來世，而在今世則必須服從君王，王者縱使爲異教徒，不至於不分來由迫害服從的臣民。

關於上帝之國所說的大致如此。我並非提出自己的論點，而是根據基督教之原則、王者之權力與人民之本分。至於所引經文亦皆文義明顯，沒有歧義，以求符合《聖經》的宗旨。若不求文義，曲解經文的人，用意在使《聖經》晦澀難解，以便圖謀私利而已。

# 第四部　論黑暗之國（Kingdom of Darkness）

# 第四十四章　論誤解《聖經》所引起靈的黑暗

前文討論到神的國與人的國以外，《聖經》也提到另一種權力，即黑暗世界的統治者（以弗所書六章十二節），亦即撒但之國（馬太福音十二章二十六節），又稱爲鬼王之國（馬太福音十二章二十四節）。鬼王之國在空中統治現世的黑暗，此國度內的人稱爲黑暗之子，此王稱爲別西卜（Beelzebub）。細看所謂黑暗之國，是指「欺騙者的集團，爲了操縱世人，以黑暗和錯誤的教義，意圖消滅人間自然的與天賦的光明，阻撓人進入天國」。

天生沒有視力的人，不知光之爲何物。而人所能想像之光，不能超出所見過的光。福音之光與智慧之光亦是如此。除偶然機遇外，人無法認知到自己的黑暗。因此撒但之國最黑暗的部分，就在不信耶穌基督的人群中。但如果說信仰基督之教會，就已得有應有的光明，則並非如此。因爲自有教會以來，其中自相矛盾衝突之處，甚至戰爭所在多有，因此我們仍處在黑暗中。

敵人一直在黑暗中散布錯誤的種子，方式為：一、使我們不解經文；二、使我們接受異教詩人所傳述的神話、鬼話；三、以各種迷信及希臘哲學之謬誤混入經文當中，尤其是亞里斯多德的哲學；四、混入不正當相傳的習慣，及不可相信的史蹟。關於謬解經文之弊，將於後述。

最大曲解經文的情況，是將現在的教會指為天國，我已於前文反覆辨明，因為一切的謬誤由此開始。上帝在摩西時代建立天國給猶太人，之後猶太人違背上帝旨意，以掃羅為王，於是依約建立的天國就不復存在，然而上帝仍允諾於某時恢復。這旨意由各先知傳述。到那時人將悔過，信仰上帝，且所有人皆是如此。上帝又命其子耶穌降世，以死代世人贖罪，且教人在基督重臨時如何進入天國。至於到今日，我們除了本國外，並不依約臣屬於任何國家，只是基督徒獲得上帝許諾，可進入上帝之國度。

因為有以現今教會為天國的錯誤理解，此論者以為必有一人或一會，在世間代基督發號施令及統治，此即教皇所聲稱。而在有些國家，則是教士會議聲稱有此權，以致人民無所適從，不知應服從何者。

因教皇是教會的最高統治者，於是有一種主張，指君王必須由教皇親手加冕，如此代表可以受上帝之恩惠，而主教皆在就任時宣誓絕對服從教皇，而不問君王。因此，第四屆的宗教大會，決議「國王如不遵教皇之勸告，於一年之內未禁邪說，則臣民即免去服從國王之義務」。所謂邪說者，即爲羅馬教會所禁止的意見，因此，每遇教皇之政治目的與王者衝突時，人民就不知應服從教皇或君王，甚至爲此不分敵友，自相殘殺。

依現存教會以天國自居的說法，就會得知，一切之教士自稱爲「神職人員」（Clergy），而稱民眾爲「凡人」（Laity）。所謂神職人員，昔日以色列之利未人未得到分配的田產，上帝乃爲他們設什一稅來維持他們的生計。教皇及教士有此稱呼，藉以索取「上帝的遺產」（Inheritance of God），聲稱和利未人一樣的情況。因此一般民眾，既繳稅給國家，又捐獻給教會，承受雙重負擔。且如昔日希臘君王，徵稅二十分之一，人民已認爲暴虐，今教會乃取十分之一，而沒有考慮到當時以色列祭司爲政時代，這些皆爲公共收入。

教會既被認爲是現今之天國。於是乃有教規與世俗法並立之事，教規（Canon），最初是教眾所自由承認之典則，至查理曼大帝以後，教皇之權勢日增，於是羅馬皇帝乃被迫承認爲法律。

因此凡在教皇權力所及的各國，猶太人，土耳其人，或其他異教徒，只要在不違法的範圍內，可以在教會的寬容下，自由奉行自己的宗教。但如爲基督徒，不奉教皇命令就是犯了死罪，因爲教皇以全世界基督徒的統治者自居。其實基督徒既然信奉基督，沒有受迫害的道理。

因此，基督教國家中往往有若干人是教士階級，既不納稅，亦不受國法規範。而在有些國家，教士人數甚多，直可以自行成軍，而教會得藉以反抗國王，甚至他國的國王。

其次，《聖經》的濫用情形，係將祝聖變成符咒。祝聖（consecrate）是以虔敬的言語動作，將人或物單獨提出，專門供奉上帝之用，因此並非改變事物，而是改變作用。若以此而認爲物體改變，是以符咒施行術法。因此教士於聖餐之禮，本將所用的麵包與酒祝聖，以供上帝之用，但競相認爲一經說出「這是我的身體」「這是我的血」，就會眞的變爲基督的身體和血，實則旁觀者沒有見到絲毫的變化。昔日埃及術士把杖變成了蛇，把水變成血，然終究不過是戲法，是謊言。而現在的教士，不以爲奇怪，竟認爲麵包是基督之身，這不就是偶像崇拜嗎？基督說：「這是我的身體，」是意謂「代表我的身體」，即認爲是眞的變爲基督之體，亦非任何教士以任何麵包藉著複述這句話就會變質（Transubstantiation）。且變質之說，在因諾森三世時就已發生，此不過距今五百年前之事，當時教皇的權力達於鼎盛，而世間之黑暗亦達到極點。當時所用聖餐之餅，竟把基督釘在十字架的圖形印在上面，幾乎讓人相信不只變成基督的身體，以及十字架之木。

聖餐變成術法，已如上述，而施洗之禮亦爲如此。上帝三位一體之名已遭濫用。最先於注水之時，教士說：「我以天父、聖子、聖靈之名，祝禱這水，使你有力量驅逐敵人。」撒鹽時也說了同樣的話：「你將成爲祝禱之鹽，你所灑之處，惡魔將會逃亡。」至於所用的油，亦以同類的詞祝禱。對於受洗的嬰孩，教士會向他噓氣三次，說：「凡不潔之鬼，遠離此孩童，讓聖靈可以進去。」如果嬰孩未經過噓氣就是充滿惡鬼。等到嬰孩將入會堂，則教士又施咒，命惡鬼速離，等到嬰孩將受洗，則教士再如法祝禱。總而言之，一切聖儀皆以一定方式的符咒。

此外於婚禮，於割禮，於訪問病人，於教堂或墓地之落成時，凡有祝聖之禮用道油與水者，莫不施以如此咒法。

另一個解釋《聖經》最大的錯誤，是關於「永生」「永死」「再死」的意義。上帝創造亞當，予以永生是有條件的，因爲亞當必須遵奉上帝的命令。如果亞當能遵守上帝之命而不犯罪，則可以自由的食用生命樹之果，等到他犯罪，就立即驅逐出樂園。直到基督受難，是爲了信仰者贖罪，故必讓信仰者可以恢復永生。當今的教義則不然，以爲人人皆可自然得到永生，而靈魂爲不死的，故極樂園外之火刀，雖讓人不得接近生命之樹，然而不足阻止人得不死之道，因此基督之犧牲，實非必需，而無論信者與不信者，善人與惡人皆有永生，所謂第二次之死就是永生，是指一種在苦難中的永生。

凡此議論，實則根據《新約》中較爲含糊之處，若細察經文，則皆不足爲論據。假如上帝說話，能使土石變爲生物，如此上帝也可以讓人死而復生，在《聖經》中，靈魂一字（Soul）係指生命或生物。身體與靈魂相連，則謂之活的身體（Body alive）。創世之第五日，上帝說，水中應有爬行之物，活的靈魂（Living soul）。上帝又造鯨魚及一切生物，又以土造人，灌入生命之息，使他們成爲活體。又當諾亞既自方舟上得救，上帝則說不再殺生物。而申命記十二章二十三節說：「不可吃血，因爲血是生命。」就以上所引，假使人之靈魂確爲一無體之質（Subtance Incorporeal），可以脫離軀體而獨立存在，則一切生物也是如此。信仰者的靈魂，在總復活之後可永存於體中，係因上帝恩典，而非本能如此，我在第三十八章已說明，至《新約》中說將人之身體及靈魂一併投入地獄之火，不過是指人在生前被投入火場。

然因經文有此記述，於是就有永久受苦之說，更衍生爲煉獄說法，以及亡魂在黑暗中遊蕩，而符咒招魂，以及種種荒謬言行隨之而起。此因在基督降世之前，人類腦中已充滿希臘神話，於是以爲人死之後，身體雖腐敗，靈魂必存，而於復活之前，既一時無所歸，於是則假定寄於某處，之後羅馬教會就創造火地獄之說，因爲這對他們有利。

上述種種謬誤，似乎有經文中可資引證的，如：比拉民主教所引以證明天國在今世，我已回答。此外猶有最難解答之一點，比拉民或羅馬教會沒有引證，即比撒（Beza）說天國應起於基督復活之日。此說是否欲證明日內瓦之長老應有宗教最高權，抑係以此證明王者有這樣的權力，我不確知。但以長老主持的教會，亦曾自以為有對國王行使除會之權，如同教皇自以為對任何王者有如此權力。

比撒所引據的為馬可福音九章一節：「我實在告訴你們，站在這裡的，有人在沒嘗死味以前，必要看見神的國大有能力臨到。」就文字來看，要不是那些人還活著，就是天國已經降世了。而使徒行傳一章六節，使徒在救主升天之前問：「主啊，你復興以色列國就在這時候嗎？」救主答：「憑著自己的權柄所定的時候、日期，不是你們可以知道的。但聖靈降臨在你們身上，你們就必得著能力，並要在耶路撒冷、猶太全地和撒瑪利亞，直到地極，作我的見證。」此與天國始於基督復活之日是否符合？又帖撒羅尼迦前書一章九—十節，聖保羅說：「你們是怎樣離棄偶像，歸向神，要服事那又真又活的神，等候他兒子從天降臨。」所謂等待他的兒子由天而降，即係等救主降世為王，假使王國已在今世，就不需等候。且使王國已在主復活之時臨世，則基督徒後此於禱文中說「願主之國降臨」又是何意？然則聖馬可之言不可如此解釋。若如此，則使徒人人都可見基督復活，又何必指定某些人？

且我們欲解釋上節的經文，亦必須能解釋約翰福音二十一章二十二節，即救主與彼得論及約翰說：「我若要他等到我來的時候，與你何干？」有人解釋成約翰不會死，然亦無法證實，成爲晦澀的經文。故前節與此節，我們皆不應擅自解釋，然如就上下文來看，則此兩節或與變形（Trasfiguration）有關；因爲路加福音說，六日之後，耶穌帶著彼得、雅各及約翰（非使徒全體）到一高山之上，忽而變形，衣飾發出雪白之光；又見以利亞及摩西與耶穌說話。此則使徒已見基督之榮耀與威權，如救主再降之時，使他們非常懼怕。此事係一種異象，路加福音說彼得一行人皆睡眠甚酣，最肯定的是馬太福音，說救主曾告訴他們：「人子還沒有從死裡復活，你們不要將所看見的告訴人。」總之，不能由此解釋爲天國已在審判日之前臨世。

別處經文亦有證明教皇有管轄帝王權，說基督與使徒共有雙劍，即神權之劍與政權之劍，大者爲教皇，小者爲帝王。若如此解釋，則何不在《聖經》之首句即說教皇爲天，而帝王爲地？凡此等議論，實非依據經文，乃在教皇權力既盛之世，人們如此主張來羞辱君王。

至於祝聖之禮，其中之選擇取捨，則有待教會之掌權者決定，然所用的言語儀式當與事情的性質相稱。昔日摩西爲聖幕、聖壇及祭器祝聖，用上帝所命特製之油塗敷，非以符咒來驅鬼。又當摩西爲亞倫祝聖（當時摩西已爲統治者），先以水淨手，又爲他披衣，再以油塗敷，此皆簡單清聖的儀式，爲晉見上帝而準備。又所羅門王的聖殿落成祝聖，則在以色列全體會眾之前，先爲眾祝福，然後感謝上帝啓示其父興建此殿，又施加恩惠以完成此殿。於是乃祈求上帝接受此不稱其尊榮的居所，並祈求上帝接受將來在此殿中的祈禱，然後獻奉犧牲而禮成。因此可知這些儀式沒有遊行，沒有符咒，沒有奇特的詞句，只有高尚合理的講詞與其事相稱者。

我們沒見過施洗者約翰何嘗施符咒於約旦河，腓利爲宦者施洗，也沒有對水施符咒。當使徒時代，一切教士爲人施洗，絕不會以自己的唾液塗敷在人的鼻上，並說「願你得到主的異香」，這個舉動既不清潔，言語又輕浮，不可引以爲據。

有人說靈魂離開軀體可以永久存在，不只選民可如此，即使被棄者也可以如此，此在經文中，有數處似可爲據，然而若詳加考察，即知可以有種種不同的解釋。

第一，所羅門王說：「塵土仍歸於地，靈仍歸於賜靈的神。」（傳道書十二章七節），此似指唯有上帝知人死後的靈魂歸處。所羅門又說，人和獸皆歸於一處，歸於塵土，怎知人的靈上升，而獸之魂入地？又創世記五章二十四節，以諾與上帝同行，上帝接走，以諾就不在了。此節在希伯來書十一章五節如此說：「以諾因著信，被接去，不至於見死，人也找不著他，因爲神已經把他接去了；只是他被接去以先，已經得了神喜悅他的明證。」此可證明身體與靈魂皆可以不朽，然而限於爲上帝所喜者，不是人本來就有，因此不包括惡人。然傳道書三章十九節：「因爲世人遭遇的，獸也遭遇，所遭遇的都是一樣：這個怎樣死，那個也怎樣死，氣息都是一樣。人不能強於獸，都是虛空。」望文生義，此節求證明靈魂之自然不滅，且與選民得永生之義亦無衝突。又是傳道書四章三節說，未來的人比現在活著的好。意謂已生之人皆得永生，則未來的人何以更好，難道永生的靈魂反而不如沒有靈魂的？又九章五節說：「活著的人知道必死；死了的人毫無所知。」是指其身體在復活之前沒有意識。

救主曾說：「亞伯拉罕，以撒，雅各都活著。」此似爲靈魂自然不滅的證明，然此乃就上帝的允許而言，非必然指陳事實。即如上帝說亞當於私食禁果之日起即必死，是指亞當自當日後即爲判死罪之人，而死刑之執行，乃在千年之後。因此在救主如此說時，亞伯拉罕等在允許中雖得永生，但實現則須至復活之日。至於財主及拉撒路（Lazarus）之事蹟不相妨礙，因爲皆爲比喻之辭。

《新約》中有若干處似指惡人也可以永生，因爲他們都要復活受審。又有多處說他們將入永久的火燄，永久的苦難與永久的懲罰，良心之蛀蟲將永不死。總之，即係永久之死，通常解釋為永遠生存在苦難中。然而我以為此無明文可據，且上帝至慈至善，凡天地萬物，與人之心思行為無不在其中，而說對於失德者必處以極刑至永久，如此說法不可信，因此永久之火燄等名稱，必須另求解釋。

如上述，基督治理的天國將從審判之日開始，到那天，信仰者將復活而有榮耀之靈體，永為天國之民。這些人不婚不嫁，不飲不食，與其昔日自然之身體絕不相同，但皆單獨永存，不用傳宗接代。至於被遺棄者，亦將復活受應得之罰。此時選民尚以自然之身活著，則皆突然變為靈體而永生。若說被遺棄者之體組成撒但之國，亦將成為榮耀之靈體，如天使般不食，不飲，不生育，各國單獨存在而不朽，與信仰者相同，《聖經》中沒有這樣的說法。

由上所述，可知選民於復活後，將會得到亞當未犯罪前的地位，被遺棄者必仍在於亞當犯罪以後之地位。只是仍有不同者，為上帝應許亞當及其子孫，會派遣一贖罪者蒞世，得以讓他們悔罪而信仰，至對於被遺棄者，則任他們在罪惡中死去。

然則永久之火，永久之苦難，與第二死即永死之說並無衝突。因為火燄與苦刑可以永遠不廢，而世間應受如此懲罰的惡人絡繹不絕，並非對人人加以此罰，而每人的受罰亦非永久。惡人既仍在亞當犯罪以後的情況，則復活就和以往一樣的生活，有嫁娶，各有可朽軀體，繁衍後代，如同復活以前。聖保羅談到復活，僅說復活而得永生，沒有說復活而得永罰。他說：「所種的是羞辱的，復活的是榮耀的；所種的是軟弱的，復活的是強壯的；所種的是血氣的身體，復活的是靈性的身體。若有血氣的身體，也必有靈性的身體。」（哥林多前書十五章四十三—四十四節）復活而受罰的人談不上這些。救主談到復活後的人說：「這世界的人有娶有嫁；惟有算爲配得那世界與從死裡復活的人，也不娶也不嫁；因爲他們不能再死和天使一樣；既是復活的人，就爲神的兒子。」（路加福音二十章三十四—三十六節）當代人的情況是亞當犯罪後的地位，有嫁娶，有生死，種族有永生，非個體有永生。他們不足以到來世，不足以復活，只有活到若干年歲而受罰。只有選民才是復活的子民，和天使一樣，爲上帝之子孫。至被遺棄者，則在復活的事蹟後，才有第二次永死。在永死之前，則在此世受苦難，透過父傳子，子傳孫，永遠不絕，受罰亦綿延不絕。

唯有靈魂不滅而有煉獄之說。比拉民主教所引《舊約》經文來證明：其一，大衛爲掃羅及約拿單禁食，及爲押尼珥（Abner）禁食。據比拉民解釋，大衛之禁食是爲死者向上帝有所祈求，他亦爲兒子的病禁食以求痊癒，一聽到孩子死亡，就立刻進肉食。靈魂既別於軀體而另存，假設已入天國，或已降地獄，禁食也沒有用。因此靈魂必在第三處所，這處所必爲煉獄。這說法極爲牽強，其實爲死者服喪禁食，如死者生前對於服喪者沒有好處，則此舉純係出於恭敬之念，若死者生前於服喪者有利，則此舉係表示己身之損失，故大衛爲掃羅及押尼珥禁食，是恭敬之意，至於其子之死，則飲食只是聊表安慰。

比拉民對於《舊約》中所有「怒」「火」「燒」「除淨」「洗清」字樣，皆引以爲煉獄之據，實則皆因教中學者的附會。如《詩篇》六篇一節說：「耶和華啊，求你不要在怒中責備我，也不要在烈怒中處罰我。」此與煉獄本不相關，僅奧古斯丁曾以怒爲地獄之火，不悅爲煉獄。又如詩篇六十六章十二節：「我們經過水火，你卻使我們到豐富之地。」皆是教中學者於其注疏或講詞中穿鑿附會，演變成煉獄之說。

比拉民又引據《新約》不易解答處，如馬太福音十二章三十二節：「凡說話干犯人子的，還可得赦免；惟獨說話干犯聖靈的，今世、來世總不得赦免。」意謂來世即指煉獄，罪人在今世不得赦免的，在煉獄可獲赦免。然而，世界只有三個，先前已說過，即自開天闢地至洪水時期，在《聖經》中稱爲舊世界，由洪水至審判日，稱爲現世，自審判之後至於無窮，稱爲來世。這三世皆無所謂煉獄，故謂來世並非煉獄。然則救主此言何意？我認爲這與今日公認的教義有所不符，然以經文的深奧，我們無法了解也非羞恥的事。然而我想提供給淵博的神學家參考：第一，發言反對聖靈的，是指發言反對聖靈所駐的教會，是以基督本身與現在的教會比較。基督在世之時，每每忍受侮慢者，現在的教會則不然。因此基督之意為，你們可以殺我，如能悔改，則我仍然赦免你們，但如你們拒絕今後以聖靈教導者，他們就不會原諒你們，而必將於來世受罰，此為有關時間的預言。若非此意，則或復活之後猶有一地可容罪人之悔改。試觀哥林多前書十五章二十九節，聖保羅說：「若死人總不能復活，因何為他們受洗呢？」保羅時代有為死人施洗的辦法，以便將來亦得接受救主為王，如此就不需要煉獄了。只是上述兩種解釋，皆難自圓其說，因此我不敢確信，就留給熟研經文者解釋。然而我能確定的是，即經文裡絕無煉獄之說，亦絕無脫離軀體，可單獨存在的靈魂，不只拉撒路在其逝去四日內，此後無數死者的靈魂皆未在煉獄受難。上帝可以化土石為人，豈不能將人之朽骨重振，成為光榮、性靈永存之軀？

哥林多前書三章談到以禾稭及草木建於正當基礎之上，所建必將毀滅，而自己卻要得救，好像從火裡經過的一樣。他說此火是煉獄之火。然而我已證明撒迦利亞十三章九節所說：「我要使這三分之一經火，熬煉他們，如熬煉銀子；試煉他們，如試煉金子。」此實指彌賽亞以威權重降之際，大地將被火焚，而選民將以此火盡數化去謬論與惡習，從此永遠歸附於主之名。使徒亦曾說，在「耶穌是基督」這一基礎上，亦將有人建立謬說，這謬說將於末日爲火所焚，這些人放棄謬誤就可以得救。立論者是教士，基礎即「耶穌是基督」之信條，禾稭及草木者爲人之愚昧懦弱所引出的謬誤結論。金銀則是正當的結論，提煉清除者，是謬說盡去。總觀其義，絕無可能解釋爲以火焚燒無體的靈魂。

第三，即哥林多前書十五章二十九節所記爲死者施洗之事，比拉民由此推論，第一，爲死者祈禱並非無益，二，由此可證煉獄的存在。我不以爲然。他的意思是施洗即悔罪之洗禮，人如禁食，祈禱，施捨，即可稱爲受洗，故爲死者施洗，等同爲死者祈禱。然而這是喻義，難以符合經文的其他用法。試觀馬可福音十章三十八節，及路加福音十二章五十節，受洗是浸於自己血中之義，故如基督之死於十字架，及使徒爲此作證，乃符合此義，但若說祈禱，禁食，施捨亦含有浸潤之義，很難說有類似之處。又馬太福音三章十一節亦有以火清除之語，然所謂以火清除者，實即撒迦利亞所謂攜三分之一經行火中而精煉之義，因此之後聖彼得亦說：「叫你們的信心既被試驗，就比那被火試驗仍然能壞的金子更顯寶貴，可以在耶穌基督顯現的時候得著稱讚、榮耀、尊貴。」（彼得前書一章七節）。聖保羅說：「這火要試驗各人的工程怎樣。」（哥林多前書三章十三節）。然撒迦利亞、聖彼得與聖保羅所說的火，皆指審判日基督復降之時而言，故馬太福音所記，應如此解釋之，無關煉獄之火。

爲死者施洗的另一種解釋，亦可如上文所述，而比拉民又藉以證明爲死者祈禱有益。如復活之後，未嘗聽聞不信基督者仍可進入天國，則於其死後，友人爲他祈禱不是沒有用。然而即使上帝可以接受此祈禱，而仍與煉獄無關，因爲由死復生是一回事，由煉獄復生又是一回事，不能相提並論。

第四，爲馬太福音五章二十五—二十六節：「你同告你的對頭還在路上，就趕緊與他和息，恐怕他把你送給審判官，審判官交付衙役，你就下在監裡了。我實在告訴你，若有一文錢沒有還清，你斷不能從那裡出來。」然而此喻言，所謂欠債者就是指罪人，索債者與審判官就是上帝，路就是指今生，獄是指墳墓，獄吏就是死亡；罪人若不能贖罪，則無法永生，必得第二次死亡，然以基督之受難，可以抵全數的賠償，而一切之罪皆可得赦免。

第五，即馬太福音五章二十二節：「凡向弟兄動怒的，難免受審判；凡罵弟兄是拉加的，難免公會的審斷；凡罵弟兄是魔利的，難免地獄的火。」比拉民之意，以爲依此有三種罪與三種罰，只有最後一種才會受地獄火之罰，因此在今生以後，對於較輕之罪則在煉獄處罰。然此推論亦極爲牽強；因爲在今世之後，關於執法之事，不會如救主初降時之制度，聽訟與定罪不再有審判官與公意法庭，一切法權盡屬於基督及其使徒。因此要解釋此節，要細究上下文的關係，不能獨立來看。基督當時係向眾人解釋摩西之律，因那時猶太人但求不違背悖摩西之文字，即自以爲無罪，因此救主以爲法律應知其原意，並非沒有殺人就不違反第六誡命，不與他婦女共寢即不違背第七誡命，因爲人如無故向兄弟發怒，則已有殺人之心，而基督必將處罰。因此絕非指犯罪與法庭及懲罰有種種不同，意謂一有傷人之心，雖僅止於詬罵，或並未詬罵，則應由審判官及長老法庭執行火刑，因而此節與煉獄之說毫無關係。

第六，路加福音十六章九節：「要藉著那不義的錢財結交朋友，到了錢財無用的時候，他們可以接你們到永存的帳幕裡去。」據比拉民之意，此可爲召請已逝聖哲的亡魂。然而詳看此文，這意謂我們應以財富與窮人結交，讓他們得在世時爲我們祈禱。

第七，爲路加福音二十三章四十二節：「耶穌啊，你的國降臨的時候，求你紀念我！」比拉民以爲今生之後仍可免罪。雖然，此推論並非完全失當，而文義係指在祈求時，主即已免罪，而於再度降臨時，將記住使他恢復永生。

第八，爲使徒行傳二十三章二十四節，聖彼得論及基督，說：「神卻將死的痛苦解釋了，叫他復活，因爲他原不能被死拘禁。」比拉民之意，以此爲基督下煉獄，爲某些靈魂解除刑罰，其實不然。文中明指基督本身解除死亡與墳墓的拘禁，並非指煉獄中的靈魂。且如以比撒（Beza）的注釋，則此處「痛苦」二字本應爲「束縛」，則更無煉獄之可能。

# 第四十五章　論魔鬼學（Demonology）及其他異教的宗教遺跡

發光之體在感官上有一線或多線，經過不透明物體而反光，或經過透明體而折光，產生的印象稱爲視覺；視覺產生物體存在的印象。同理，若我們的眼睛突然受到強大的壓力，則忽見當前有光，只有自己能看見，別人則看不見，原因是本來就沒有外物，是感官產生的幻覺。而產生印象之物移去後，仍殘留印象和記憶，則成爲想像，或爲夢境，已如前述。

古代的學者未嘗明瞭視覺的性質，至於常人更不用說了。因此或以爲有形無體，或以爲係由氣所形成的微妙物質，總之，皆以爲是一種魔鬼（Demons）。他們以爲所夢見之物不是在腦中，而是實際存在於空中，並非幻想而是魔鬼。此與在鏡子裡見到自己的魂，與在水裡看到星辰的魂一樣。又或者以爲太陽裡面也有鬼魂。凡此種種，皆使人對於不能見之物感到畏懼，以爲有不可知的無限力量，因此異教的統治者，乃創造出魔鬼學，操縱人們對不可知的恐懼，以利維繫治安，有詩人歌詠，祭司主持。而所謂神鬼也是有善有惡，善者可藉以使人守法，而惡者可藉以阻人爲惡。

希臘遠古詩人赫西俄德（Hesiod），對於所謂神譜有詳細記述，而其他的史冊亦多有記載，在第十二章已有提及。

希臘人因征服殖民地，將言語文字傳播到亞洲、埃及和義大利，因此猶太人亦熟悉希臘神話。但猶太人只把惡神稱爲Demon，善者稱爲上帝之靈，而凡附有上帝之靈者，則稱爲先知。因此將瘋人視爲惡鬼附身，不潔之人則爲不潔之鬼附身，啞人則視爲啞鬼所附。施洗者約翰因禁食的舉動，有人亦視爲有鬼附身（馬太福音十一章十八節）。救主說：「現在我們知道你是鬼附著的。亞伯拉罕死了，眾先知也死了。」（約翰福音八章五十二節）。又當救主斥責要殺他的人，眾人說：「你是被鬼附著了！誰想要殺你？」（約翰福音七章二十節）因此猶太人相信有獨立存在的鬼。

猶太人既有如此觀念，救主何不反駁，而且有時還借用如此詞句來教導？我的回答是，基督所謂「靈無肉無骨」者，雖稱爲靈，並非指靈爲無體，而聖保羅說，「復活的是靈性之身」，即指爲有體之靈。即如大氣是物體，但沒有骨和肉，也不能以肉眼辨認。至於經文所記，救主命令惡鬼離開人的身體，此與救主之呼風喚雨，以及上帝之指揮日月星辰無異；即使在本身存在之前是不理解語言的，而如此記載是爲了顯示上帝的全能，至於無形體的問題，則人類本爲有體之靈，除了自身，不會有其他的靈依附在身上。

據馬太福音第四章所記，聖靈化爲鴿降在救主身上後，遂引耶穌進入荒野，此靈爲聖靈，而聖靈與救主爲一體，自無附體可言。又言基督被惡魔引入聖城，讓他站在殿上，又說被惡魔帶到高山，盡覽天下萬國，凡此種種，我們不能相信眞有惡魔依附救主之體，也不能相信救主會受惡魔驅使，且不可無能登高山而盡觀地表，這些都是異象。

路加福音記述猶大，說撒但進入他的身體，於是和大祭司及執政進言，將如何交出耶穌給他們。所謂撒但，係指心中叛變的惡念。在經文中，人之善念稱爲聖靈，則凡與基督爲敵的惡念就稱爲撒但。撒但進入猶大，使猶大產生背主的心思，無論撒但與猶大的惡念孰先或後，皆指同一件事。

然則根本沒有非實體的靈，也無有體之靈附著人身之事，則救主及使徒怎不教導這道理給人民？此類的問題，僅足以表示人類之好奇心，而與基督徒的得救無關。如此可續問，基督賜予人信仰，虔敬，以及美德，爲何不賜給所有人？爲何基督不以超自然啓示所有人，而要人以理性和勤勉來探求知識？對此類問題，我們可提出合理的答案：上帝昔日命以色列人到迦南，並未先征服四周諸國，讓他們警醒並激勵以色列人的虔誠勤奮精神，因此救主讓我們入天國，不會先消滅途中得困難，而是讓我們努力思考。而基督傳教，不過給我們指出一簡單明瞭的得救之路，即：「他是基督，是上帝之子，被派到世上爲我們的罪惡犧牲自身，到他再臨時，則以榮耀統治選民，從敵人手中救出他們。」鬼附身之論，即或背離正道，但不會妨礙得救。總之，在《聖經》中，有天使，有神靈，善者、惡者皆有，然非無體者。有體之靈，不會附在人身。

然無體之靈之說久已盛傳於教會之中，因而引起「驅邪」之習，至今未能盡除。在最初的教會中，常見魔鬼纏身的人，而瘋人甚少，時至今日則相反，並非今昔不同，而是名稱變了。以往的使徒及某一時期的教士，多能醫治奇病，現在則極爲少見，又昔日之眞實信徒能「以基督之名驅鬼，能說方言，能執毒蛇，飲毒藥而不受害，能行按手禮治癒疾病」何以現在不能？因爲以前的教徒完全信賴基督，期待未來的天國，之後，人各以機智謀求現世的權力與財富，則上帝就收回這特殊恩賜。

另一個異教徒的遺跡是崇拜偶像，而在歸附於基督之後仍然存在。在基督宣教以前，異邦人每以外物之形像爲神，因此聖保羅說：「偶像不算什麼。」非指製像的金石或木材，而是藉以敬拜者完全爲腦中之想像，實爲虛構。以敬上帝之禮來敬拜偶像，如此是背叛上帝，因爲上帝是猶太之王，而摩西及之後之大祭司則爲上帝的代理人，對此幻想之物施洗，是不信任上帝及其代理人，如此則人將各行己意，而國家混亂。故上帝之第一誡律是不得以他邦之神爲神，應信唯一的上帝，上帝與摩西對話，由摩西宣布法令而內治其國，外禦其敵。第二誡律：「不得自己造偶像崇拜，如此就是廢黜自己的王而服從別的王。」

首先，經文中若有允許建立偶像以行敬拜，及在敬拜上帝之處立偶像，有兩個例子。第一，即上帝方舟上之天使，第二，即銅製的蛇像；其次，則經文中有提及敬與拜上帝有關係之物，如拜其足踏；最後，爲經文中對於崇敬聖物者。現在要討論各經文，就要先理解敬拜及偶像之意義。

在第二十章中，我已說明，凡尊重人是尊重人的權力。尊重的程度，在於所敬者與他人相比較。然上帝之權能是無可比擬，故如以有限度之價值衡量，不但不尊崇，反而是羞辱。是故尊榮之作用是內心的，而其表現於外者，即敬拜。凡言語行爲足以表示不敢得罪或取悅，無論是否出自眞誠，皆可稱爲敬拜。

對於人之尊崇，如對於王者，及有權者，是爲人的敬拜，而對於神表現尊崇之言語與姿式，則爲神的敬拜。人的敬拜與神的敬拜的差別，在於敬拜者的內心而非以言語而定。

世間為人服役者，有兩種：一即奴隸，非出於自願的服役，一即僕從，係依契約服役。我們對於上帝，既為僕從，亦為奴隸，而服役之中，有服從及敬拜二義。

所謂影像，是與可見事物類似的形像，如鏡中人之影。又人所見之星辰，亦為其影像，不時有變幻的可能。由影像所引起人體內之反應則為想像。凡無形之物不能有影像。另外，無限之物不能有形像，因為有形像必有形狀，有形狀則有邊界侷限。因此上帝不能有形像，人之靈魂及神靈亦不能有形像。

人可以幻想出從未見過的形狀，如詩家所描寫之鬼怪，即是其例。如此，就可以將金或土塑形，此形像並非實物，而是人腦中之幻覺。

然形像一詞，廣義來說，亦可包含代表之義，例如說世間王者為上帝之形像，或官吏為王者之影像。異邦人所製作的偶像，不講究是否相似，如立一未鑿之石而視為海神。又今日所見聖母馬利亞及其他聖哲之像，亦隨各處不同，視其像命名為何神。因此偶像者可以為他物的形像，亦可以為他物之代表，通常則兼具二者。

《聖經》中稱為偶像（Idol）的指日月星辰，或敬為神之可見或不可見之物。

敬拜之義與偶像之義既明，就要合併來談第二條誡命和其他地方禁止的偶像崇拜。

偶像崇拜乃出於自願，在外表行為上顯示敬意，對於金石木材所造的形像，或其所代表之人的幻念，或兼有兩者混合。

在王公貴人前脫帽致敬，或雖不在他們前，而對其居處用具致敬，此爲以世俗之禮對崇敬此人，不算敬拜偶像。若是認爲其國王之靈在用具裡或在寶座上而呈遞請願書，就是對神的敬拜，亦即崇拜偶像。

人民請求王者爲我們做事，雖行跪拜禮，仍只是世俗的崇拜，我們認可的是他的世俗權力而已。若向王者祈求晴天或祈雨，或其他只有上帝能爲的事，即爲對神的崇拜，亦即崇拜偶像。但如王者以嚴刑逼迫人民行爲，那就不是崇拜偶像，因爲這只是受威嚇的表現，不足以表示眞正的崇拜。此非本人的自願行爲，只能視爲主權者的行爲。

在特殊的地方崇拜上帝，或於崇拜時面向某一偶像，只是視這些地方或形像接近上帝，並非以此地或此像爲神，因此不算崇拜偶像。猶太人曾在銅蛇之前崇拜上帝，而猶太人在國外時，則面向耶路撒冷方向祈禱，摩西於近西奈山的如火荊棘前脫鞋，今日基督徒則在曾經祝聖的會堂中行禮拜皆是此例。但如以爲上帝就在這些地方，或在神像之中，那就是把無限放在有限度的空間中，即爲偶像崇拜。又如神像與聖地由私人建造，非由主權者所建，就是崇拜偶像。上帝的誡命說：「不可謂自己雕刻偶像。」上帝命摩西建造銅蛇，不是摩西爲自己建的，故不算違反誡命，而亞倫及人民所製的金牛，則爲崇拜偶像，因他們未得上帝或摩西的允許而爲，不僅是以金牛爲神，而且也未得主權者的允許。

異邦人崇拜天神朱庇特及其他生前曾立大功之人，又以若干人爲上帝之子孫，或以其爲神與人之所共生者，此皆敬拜偶像，是沒有經過上帝的允許。至於救主，雖也是人，而我們相信他是不朽之神與上帝之子，這不算敬拜偶像，這些不是個人幻想，而根據《聖經》中所記載的上帝意旨。至於聖餐之禮，依據基督「這是我的身體」，而認爲當時手中的麵包碎塊，以及此後教士手中無數的麵包碎塊皆爲基督之體，且都是同一個身體，這也不算崇拜偶像，因這是基督所認可的。但如經文原意並非如此，是人類的意思，如此是敬拜偶像。若認爲上帝全能，可以自行將麵包變爲基督之體，則是上帝亦何嘗不能將異邦人所造的像變爲上帝之身，如此是爲異邦人之崇拜偶像辯解。

關於人的受靈，應認爲係以思考求上帝的恩賜，而並非聖靈之入居其身，如認爲聖靈入居其身而不崇拜，則是對上帝不恭敬，若崇拜則是爲崇拜偶像。因此最穩健的方法，當信聖靈以鴿子的樣子降在使徒身上，及基督噓氣與向他們行按手禮，皆只表示上帝讓他們以上帝之允許的方式傳教，使他人尊崇而不褻瀆。

褻瀆的崇拜也是罪，但非崇拜偶像。偶像的崇拜是心懷崇敬，而褻瀆的崇拜，徒有外在崇拜，但內心鄙視，只因爲畏懼才如此做。然而如此做，他人會有仿效的可能，則仍爲罪，如此恐引他人誤入歧途。

因此教士及其他有智慧的人，如因畏懼之故而對偶像表示崇拜的行爲，若不能表現畏懼，使他人知道行爲的不得已，如此是褻瀆的崇拜，因爲這行爲會讓人仿效。若並非教士，亦非受人仰望者，既無他人仿效之虞，則也不算褻瀆。沒有學識的人，若在崇拜偶像的統治下被迫如此做，如果內心厭惡，則也不算壞，如能抵死不從則更值得稱道。若本爲基督之教士，肩負著傳達基督之道，如果也如此崇拜偶像，則不只犯了褻瀆之罪且違背職守。

以上所述，凡崇拜物體或形像，或崇敬其物，或崇敬物體所代表的幻想，而以爲此物眞可以接受此祈禱，如此就是崇拜偶像。若雖對此崇拜，然非出於自願，而是被迫所致，假如此人居於領導地位，則爲犯罪。至於根據神諭而造像加以崇拜，如同猶太人曾拜智天使（cherubims）及銅蛇，以及遙望耶路撒冷或在聖殿中禮敬，則不爲拜偶像。

至於今日，羅馬教會的敬拜聖哲及圖像或遺物，並非出自經訓教義。起因爲外邦人之入教而產生，而後的羅馬主教，有的默許，有的進而鼓吹此行爲。

經文中所記上帝命令所立之像，並非使人拜此形像，而是要拜上帝，如約櫃上之智天使像及銅蛇皆是。經文中絕無記載祭司或他人敬拜智天使之事，而列王紀下十八章四節記載以西結擊碎銅蛇，因人民向銅蛇焚香。然則今日之基督徒王者正應消滅民間之一切偶像，使偶像崇拜不再發生。從前以色列人拜金牛像，以為此牛就是上帝，或上帝在牛腹之中。但現在的愚人也如此想，雖然荒謬到愚不可及，但事實的確如此。有一類人除了飲食休息之外，對任何事都不加思考，再荒謬的事都會相信，除非以法律明文禁止。

《聖經》中記載上帝在園中散步，雅各見上帝在梯之頂端，以及其他異象，所以我們會認為描繪天使是合法的。然奇蹟及夢境皆為幻覺，如繪製成圖則是製造偶像。圖繪幻覺，本來不是犯罪，但欲以圖像來表示上帝，則犯了第二誡命，除了敬拜也別無他用。人如為亡友建立紀念碑，此為人間的尊崇，自無不可，若為天使或其他古代哲人造像，意謂可以得其歡心，而能聽從我們祈禱，如此行為無疑是崇拜偶像。

在摩西律法及福音書中，絕無允許人可以自設偶像，而敬拜之處，無論天上，地上，及地下之物，皆不得造其像而膜拜。至於人間之君王，雖在世間為上帝之代表，然人民的崇拜不得超此人身分所能有的權力。因此今日崇拜偶像絕非因誤解經文而起，而是因異邦人歸化時，未消滅偶像崇拜習俗所致。

過於重視偶像的原因是講究製作技藝，價值甚鉅，因此當異教徒歸附基督教時，仍不捨丟棄，而以為偶像可以代表基督，代表聖母馬利亞或使徒，及其他教士。而一般教士則心生受崇拜的念頭，一方面爲取悅會眾，任其所爲，一方面亦想自己身後可得此崇敬。雖在君士坦丁大帝以後，曾有數位皇帝、主教以及宗教大會皆表示反對，但爲時已晚，或效果不彰。

此外，尊聖（Canonizing of Saints）之習，亦爲異教的遺跡。此並非誤解經文，亦非羅馬教會所創，而是自古羅馬以來的習慣。羅馬的首次尊聖，即爲羅馬國王羅慕路斯（Romulus），以至後代凱撒及其後各帝，皆有尊聖。

羅馬教皇稱爲大祭司（Pontifex Maximus），也是羅馬未歸化時的舊習。昔日在元老院之下，有管理宗教儀式及教義的高官，後來奧古斯都自任此職，集政教權力於一身，繼位者也享有此權。直到君士坦丁大帝歸附基督教，乃將教務交與羅馬主教執掌，當時尚無Pontifex之稱，是後來的羅馬主教自封，以表示有管理羅馬境內其他主教的權力。然羅馬皇帝所欲維持的非聖彼得之特權，而是羅馬城的特權，因此帝國遷都到君士坦丁堡後，該地主教亦自命與羅馬主教有同等的權力。雖然後來羅馬主教獲勝，取得大祭司之稱，然而這是皇帝的允許，且管轄權只限於羅馬帝國。皇帝失去羅馬城後，教皇已無管轄權。因此教皇管轄其他主教之權，只有在自有的領土內，或是在皇帝命令下，管理境內的基督徒人民。

抬著偶像遊行也是希臘羅馬宗教的遺跡。由聖車、神龕、儀仗隊帶著偶像遊行，凱撒曾得此尊榮，如同現在的教皇，亦由瑞士籍之兵士擁戴鸞駕而出。

這類儀仗隊有火炬及蠟燭前導。古者以此方式敬神，後來羅馬皇帝也接受如此崇敬。此後無知的人民，在主教、救主與聖哲的像前亦點燃蠟燭，一些古老的議會就確定此禮。

此外如禮拜日、酒神節、農神節、升天節前的田地遊行，此皆仿效異教徒的習慣而來，這些例子不勝枚舉，如我們詳察希臘、羅馬的宗教史，則可知由於因循及私利，如同舊瓶裝新酒，異教沿襲到基督教的習俗很多，如此舊瓶終將破裂。

# 第四十六章　論無用的哲學與荒誕傳統所造成的黑暗

哲學就是推論因果的知識，而就可能的事實，與人力所及，以求產生所需要的效果。因此，幾何學者從圖形的構成以求其性質，由其性質推理，以求新的構成，目的在於測量土地、水文等用途。天文學家根據日月星辰的起落運行，推知日夜季節之理，而得以記錄時間，其他類型的知識也是如此。

由上之定義，可知人類原始的經驗不得視爲哲學，因爲沒有經過推理，是和獸類有相同經驗。這些經驗是連串的記憶，如果其中的環境略有改變，就會導致經驗的期望落空。然而正確的思考，能得出普世且永久不變的眞理。

不正確的結論，不能稱爲哲學。人如依據其所理解的名詞推理，必不會有錯誤的結論。

凡人藉超自然的顯示得到的知識，不能稱爲哲學，因爲非經由推理而來。

凡依據書籍的權威而得的知識，不能稱爲哲學，因既非由因求果，亦非由果求因，如此實非知識而是信仰。推理必須先有語言，因此在有語言之時，未必即有推理可得的眞理。美洲的蠻人，因有若干格言及算術的基礎知識，但不可稱爲哲學家。五穀及葡萄，自始即生於林野之間，當時的人飢則食橡子，渴則飲流泉，尚不知種植的技術。世間之普遍而有益的推測，本來自始即有，只是爲數極少。人類大抵依賴經驗爲生，在沒有方法時，則無以推廣知識，此由於人類一則忙於尋覓生活所需，一則忙於抵禦鄰人而毫無閒暇，直到立國之後，乃有暇顧及此事。因此閒暇是哲學之母，而國家是平安與閒暇之母，故哲學會產生在繁榮的大都市，如印度、波斯、埃及，皆古代之大國，而爲古代哲學家產生之地。即在希臘，起初各小城邦市並立，彼此猜疑，毫無和平與閒暇，直至各小邦逐漸兼併，產生七哲人，或以道德政治之學著稱，或則傳述天文幾何之術，然而哲學各派尚未產生。

當雅典人打敗波斯軍隊而在海上稱雄，獲得各島的統治權，並伸張其勢力於歐亞大陸，國家既富有，於是閒暇的人在城中公開講述哲學。

每個大師各擇一地授業，柏拉圖的講學所名爲學院；亞里斯多德的講學所名爲

Lycoeum。其他或有長廊下，Stoa 即商貨聚集之處，或教或辨，此外更有在不定處所隨時聚眾而教。昔日卡尼底（Carneades）爲羅馬大使時，曾使卡圖（Cato）勸告元老院打發卡尼底離開羅馬，以免其娓娓清談戕害青年的德行。

正因如此，他們講學之地，名爲 Schola，義即「閒暇」，其講學則名爲「消磨時間」。而哲學家各以其派爲名，如柏拉圖之弟子名爲學院派，亞里斯多德的弟子名爲逍遙學派，芝諾（Zeno）之弟子名爲廊下派。

此種學風旋即傳遍全歐，以及大部分非洲，幾乎各國皆設立公立的學院。

在猶太人中，救主降世之前後，亦有學校講授猶太法律。名爲會堂（Synagogues）。每到安息日，則在會堂宣讀並講論法律，不只耶路撒冷如此，凡猶太人居住的城市皆如此。如大馬士革的會堂，即保羅曾進入迫害之處，又如安提阿，以哥念，帖撒羅尼迦，皆保羅曾進入與眾爭辯之處。

然而此等學校究竟有何用？今日之科學是否因此流傳？即如幾何之學，固然非學院所傳，而柏拉圖之學院且曾規定學者須略通幾何，故幾何之學者雖多，而未聞有自設之學院，亦不聞其成爲學派。至於學院之中，所謂自然哲學者，多半是空想，因一般人不知線形的性質，自然無從明瞭宇宙，這些說法毫無意義。至於道德哲學，則亦不外乎是記述自身感情。人類行爲之規範，係根據國法與自然法，而誠實與否，正義與否，善惡與否，皆有所依據，若以一己的喜怒爲善惡，則人人所見不同，必導致國家動亂。此外他們的邏輯學並非推理的方法，而僅爲詭辯而蠱惑人心。總之，世間荒謬絕倫之事，幾乎皆有哲學家的主張，而以亞里斯多德最嚴重，其形上學爲自然哲學中最荒誕者，他的政治學是最足以敗壞國政者。他的倫理學則爲最愚蠢之說。

猶太人之學院，最初研究摩西律法，摩西命令每七年的最後一年，對人民宣讀摩西律法，讓他們學習。每次安息日的誦讀即爲此義，然而推究救主之言，他們對律法的註釋有不少失眞處，以致先知已有預告，他們仍不能察覺基督來臨。且在安息日之講論，更雜以希臘之神話，及古代的謬習，竟將摩西律法附會成晦澀難解的哲學。

所謂大學（University），爲一城市中多數公立學院的聯合。其中最主要的學院，即係三類主要的職業：羅馬宗教、羅馬法，與醫藥。至於哲學屬於宗教學的部分，亞里斯多德的學風既最盛，則可視爲亞里斯多德學。幾何學不屬於任何學門，還沒有顯著地位，讓人以爲是魔術家。

現在欲詳究此類無聊哲學的教條，如何由各大學傳到教會，首先要討論原理。哲學的基本原理，即所謂 Philosophia prima。所謂基本，即一般普通名詞必須有確定的定義，如物體、時間、空間、物質、形式、本質（Essence）、主題、實物、偶事、權力、行動、有限、無限、數量、性質、動作、行爲、感情，以及其他名詞，用以解釋人類對於物體之本質及發生之概念。此類名詞之定義，皆在亞里斯多德的形上學中，然而其形上學只是物理學後的卷集，內容多半是超自然玄學。

然此形而上學既混入經文之中，而造成學院派神學，於是就有所謂本質（Essences）說，謂爲可以離物而獨立，所以有抽象精華（Abstract Essences）之稱。請容許我在此做比較繁瑣的說明。世界是有形體的，有長寬厚的量度。因此凡宇宙的任何部分皆爲物體，而有此三個量度，不是物體者不能爲宇宙的一部分，宇宙者是一切全體，故非宇宙的部分就不能存在。靈也是物體，肉眼雖看不到，卻是沒有形體的物體，因此不得稱爲無質（Incorporeall）。無質這一名詞，可用來稱上帝，上帝超乎理解，如此稱謂是表示我們對上帝的尊崇。

爲了明白抽象本質的根據，則應先求語言的本意。語言是記錄並傳達我們思想與概念的工具。因此語言有些表示物體的名稱，有些是對於物體觀念的名稱，也有名稱的名稱，或詞類的名稱。例如普遍、多數、單數，即名稱的名稱。定義、肯定、否定、眞、僞、疑問、允許、契約、三段論，即詞類的名也。此外，語言可表示各名詞間的因果及矛盾關係，如「人是物體」，此指「物體」爲「人」的結果，而其相連的關係，則以「是」表示。「是」字在拉丁文爲 Est，希臘文中亦有相等的字，我不知情他國是否皆有此字，然而我以爲非關必要。因爲兩個名詞放在一起，亦未必不能表現彼此關係，不必然用「是」字。

由「是」字（Est），而引出全體（Entity），本質（Essence），主要（Essential）等詞。然而這些皆非物體名稱，而是一種推理的符號，表示兩物的關係。例如說「人是活體」，非指「人」是一物，「活體」是一物，而「是」又爲一物，而是指「人」及「活體」是指同一物體，而「是」表示兩者的等同關係。因此「是」，「走路」，「說話」，「生活」，「視覺」，皆非表示事物的名詞。

本書所討論的，是政治及法律的關係，何必討論這些？這是爲了防止亞里斯多德的無聊哲學蠱惑人民不守法。他說人死後，靈魂脫離身體行走，夜間可以在墓地上看到。同理，又說一片麵包之形，色，味，可離麵包而獨立，因此又說人的信心及智慧等美德，可以從天上注入人體，意以爲「德」與有德之「人」亦可以分離。如果人民的服從心可注入與噴入，則人何必努力服從國法？祭司既可以造神，則人何必服從君王？鬼既能作祟，則凡能製造聖水驅鬼者，豈非最應得人民的崇敬？

自有此「本質獨立」的謬誤，則會產生更多荒謬的事。「本質」既有實物，則必有其所占之空間，因「本質」既又爲「無質」則不會有長、寬、厚，而不能占有空間，故他們不得已而強加解釋，只係「定義的」（Definitive），而非「接觸式」（Circumscripive）的。然而物體必須接觸，因此所謂分別誠不可解。他們說人的本質即人的靈魂，存在於人身的任何部分，而同時全身中所有的靈魂亦只有此數，此種荒謬之說，上帝必無法接受。

吾人若問無形體的實體何以在火地獄中能感知痛苦，我無法回答此問題。運動就是改變空間。無形體的實體既未占空間，則靈魂離軀體後，如何能行動、升天入地？鬼又如何能在墓地行走？這些問題難以答覆，只能說這些行動僅爲「指定的」，不爲「接觸的」，只爲靈的，不爲人的。

永久本爲時間無窮的連續，但他們又不能承認，如此則無法說明上帝既已決定將來之事，又爲何無法預知。因此所謂永久，是指現時停止不動，這類名詞無人能解。

人在思想中，如將一個物件分爲幾部分，則必將各部分以數目表示，亦即係將各部分所占空間以數目表示。因而若干部分必占若干地點，不能多亦不能少。但我們認爲以上帝的權力，可使一物體同時存在於多處，亦可使多物同時存在於一處。彷彿要我們相信，不存在之物存在，曾存在者不存在，如此才是承認上帝的權力。這此皆因爲他們強詞說明上帝之性質，因而以哲學來懷疑我們稱讚上帝之詞，因此誤謬百出，恍如鄉愚野老，突然登朝面君，遂至手足無措。

至於物理學，即求明自然現象的第二原因。他們只是夸夸其談，此外毫無貢獻。現在假設我們想知道某物爲何墜落，某物何以上升，則亞里斯多德之類會說：「下落者因爲本身是『重』的」，然而所謂「重」的意義，他們會解釋爲：「重即物體願歸向地心。」這等同爲「墜落即因爲本身要這樣做」「上升即因本身要上升，」如此爲循環論證，他們以爲地心是萬物安居之所，所以物體皆願歸向，如此等同木石亦具人性，而有知識慾望。然則窗上之玻璃還不如掉到地上安全。

假設我們欲知某物何時會很大，何時覺得小，他們會說：覺得小是因爲物體受限。覺得大，係因物體被擴展。亦即同一個物體，可以縮緊而量減，亦可以擴展而量增。好像物體可以有不確定的量，或是物體本來沒有量，是事後由人自行增減。

關於靈魂形成的原因，他們說是注入而產生或產生而注入。

關於感覺的原因，他們認爲物體形像是普遍存在，眼睛所見是視覺，耳朵所聽是聽覺，舌頭所嚐是味覺，鼻子所聞是嗅覺，身體其餘部分則是感覺。

若是意志之因，他們用自願（Volitio）表示，意謂做此事的能力即此事的原因。

總之，他們將不能解說的原因，創造爲種種名詞，用以掩飾自己的愚昧。即爲偶發之事，他們歸因於命運（Fortune），因爲不知道原因。又或歸因於玄祕的性質（occult qualities），意謂因爲他們不知，亦設想他人亦不知。又或歸於同情（Sympathy），歸之於反感（Antipathy），歸之於特殊性質，及其他種種類似名詞，這些名詞不表示產生他們的行爲者，也不表示產生的作用。

此類形上學及物理學是無益之哲學，是聖保羅警戒我們要防範的。

至於他們的道德哲學和政治哲學充滿荒謬。他們說有人做了不義的行爲，即違法行爲，上帝爲此法律之因，亦爲此行爲之因，但非此不義之因，此誠荒謬之論。譬如有人畫一直線，另一人畫一曲線，而兩線之不合，則係第三人所造，這是不知前提的結論，此皆對於宇宙原理的擅自解釋，用來支持自由意志的說法。

亞里斯多德及其他異教哲學家，說善惡皆係由人的好惡而定，此在沒有國家的時代，人各自爲主還有理據。立國之後，一切自應以法律爲尺度。然至今日猶有人主張以個人的意思定善惡，甚至國政之得失，亦率以己意評斷，此等哲學不只無益，且有害於國家。

他們說嫁娶爲違反貞潔之道，此亦謬說。他們意指因教士職務上的性質不容有妻，於是以嫁娶爲不潔和罪惡。然而人類日常之行事，可認爲不潔者不僅於此，如此無人可擔任聖職。

雖然，禁止教士結婚實基於聖保羅的遠見。因爲教會在受迫害的時代，教士常奔走逃亡，若有妻子非常不便。其後的教皇者又以此點，讓教士和凡人有別。救主曾說，天國降臨之後，人不復嫁娶，而一如天使，如今教士既自命屬靈，自命爲天國之人，則不嫁不娶似乎理所當然。

依據亞里斯多德學說，不屬於民主制的國家皆稱爲暴政。王政皆爲暴政，貴族制也是暴政，只有民主制才有自由。暴君（Tyrant）之名本義爲「君王」，其後，人民厭惡王政，遂以王政爲暴政。若對民主制及貴族制亦不滿時，則稱前者爲無政府（Anarchy），後者爲寡頭制（Oligarchy）。然而法律得以維持，非空言而已，所依賴的是人和武力，如沒有政權統治，則爭亂將無止境。

亞里斯多德的政治學，又主張國家應以法治，不應以人治，又是另一謬誤。雖然人民目不識丁，亦知畏懼掌權者，而不懼無兵力爲後盾的文告。現在說執政不足懼，於是煽動暴民犯上作亂；而犯上者往往有神職人員在其中。

學院派另一個哲學的謬誤，即將法律制裁之力，擴展到審判思想的良心。於是有所謂拷問（Inquisition）：人因供認良心上的見解而獲罪，或因害怕獲罪，而說出違心之論。國家如欲任用教士，可詢問是否誠心宣揚教義，如拒絕可不聘用；若其行事本不違法，而強迫自行反對良心的主張，如此係違背自然法。且基督徒如果在死時對於信條有錯誤認知，則死後將受永久之罰，因此不可強迫。

未得國家的許可，私自解釋法律，此亦政治謬見之一，但非亞里斯多德或其他異教哲學家之教。此等哲學家亦知解釋法律之權，即包含在制定法律之權內。《聖經》記載的法律，皆依國法而成爲法律，因此亦爲世俗法。

除主權者外，限制別人享有國家未禁止的權力，亦謬見之一。此例見於某某宗派之欲獨享傳布福音之權，但國法沒有禁止任何人傳教。假如我們在美洲化外之地，縱使未受羅馬的教諭，難道不得宣傳耶穌基督嗎？又或者以爲此係事實上之必要，猶可以容許；既以必要而可容許，則非法律所禁止，如果法律沒有禁止，有其他人禁止，是危害國家。

無益哲學的例子不勝枚舉，只是有一點需要說明，即學院派的著作，大抵皆以拉丁文的晦澀之詞，無法譯成當世通行的英文、法文。此等難以理解的著作，縱然不是謬說，也是追求知識的阻礙。

最後，略述不正確之歷史，及異蹟、神蹟的荒誕傳說。此種傳說記載，雖或見諸古代教父得著作，亦不能完全相信，因爲教父也是人，難免會有錯誤，因爲缺乏物理知識，難免有誤。而且善人特別容易受欺騙，因此如教皇格列高里及聖伯納皆有論及煉獄，就是受到他人之說所誤。

謬誤的哲學興盛，而眞實的哲學則又多爲無知之輩非法禁阻。今之航海者，莫不知地球有兩極，而歲月是以地球的運轉而成，然而昔日此說法遭教會嚴罰矣。如果此學說爲眞，爲何要加罰？即令此學說違法，則自然有主權者以法律懲處，而教會的掌權者擅自處罰，是非法奪權的行爲。

# 第四十七章　論這種黑暗所產生的利益及其歸屬的問題

在羅馬人中，西塞羅非常推崇一名姓卡西（Cassii）的嚴厲法官在刑事案件所訂的一種習慣法。在證人證據不充分的情況下，詢問原告，「對被告有甚麼利益？」亦即被告在這一件事情上所取得或打算取得的利益、榮譽或其他可滿足的。因爲在所有的推定中，將行爲者的情形說明得最清楚的，莫過於行爲的利益。我在這裡打算根據同一法則來考察，長久以來，在我們基督教世界裡用一些與人類和平社會相衝突的學說，把人民迷惑的究竟是哪些人？

首先，關於當今於地上的衛道教會即爲上帝的國（亦即榮耀的國家或福地，而不是神恩的國，後者僅是福地的應許），這種錯誤的說法便牽連著以下各種世俗利益：第一，教會的教士和教師因此有權力成爲上帝的公僕，並具有管理教會的權利。結果由於教會和國家是同一種人格，他們便成爲國家的管理者和統治者。根據這一身分，教皇使所有基督徒國王的臣民相信，違背他的意旨就是違背基督徒本身；在他和所有其他國王（被靈權一字迷惑住）之間發生分歧時，就要背棄他們合法的主權者，這實際上就是統治權全部基督教世界的太上皇。原因是他們最初雖然是在皈依基督教的羅馬皇帝之下，並在羅馬帝國範圍內（這一點他們自己也承認），以從屬於世俗國家的教皇職位名義被授予最高教士權利，然而在帝國的分裂和瓦解後，就不難在已服從他們的人民頭上強加上一種權利，也就是聖彼得的權利。這不但是用來保全他們所自稱具有的整個權力，而且要把這一權力擴展到皈依到基督教的行省去，雖然這些在羅馬帝國的行省已經不再聯合。考慮到人們的統治欲，這種太上皇的利益就是一種充分的推斷，說明聲稱擁有王位並長期享有的教皇，即是編造「當今在地上的教會是基督的國」這一教義，並以此說取得王位之人。因此，承認這一點後，我們就必需理解在我們之中存在一名基督的代統治者。他的諭令由這位代理統治者告訴我們。

當許多教會否認了這種教皇的太上權力之後，人們於是就有理由推斷：所有這些教會的世俗主權者都應當從這一太上權力中，收回自己原先擁有又輕率放走的那些權力。在英格蘭，事實上就是如此，國王只不過用來管理教會當局的人，由於主張自己的職務是根據神權而來，縱然沒有篡奪駕馭於世俗權力之上的最高地位，也篡奪了與世俗權力分庭抗禮的獨立地位。同時，看起來他們只不過是在承認國王擁有任意剝奪他們行使職權的權利情況下，才篡奪了這種地位。

但在具有職權的長老會，雖然羅馬教會的諸多教義都被禁止傳播，但關於基督的國已來臨，並從救主復活時開始的教義仍然保留。不過「對於他們有甚麼利益呢？」、「他們希望從這裡得到什麼利益呢？」，這即爲教皇所希望之目的——對老百姓具有主權。人們把自己合法的君主開除教籍時，是爲了革除他在自己王國中，一切侍奉神的公務職位。當教皇用暴力恢復這個職位時，人們能用暴力抵抗他之外，還有甚麼呢？當人們沒有得到世俗主權者的批准就將任何一個人開除教籍時，除了是剝奪他的合法自由，亦即篡奪了一種統治自己兄弟的非法權力外，又是甚麼呢？因此，製造宗教黑暗的便是羅馬教會和長老會的教士。

在這一項之下，我還要提出他們獲得這一宗教主權後，有助於其保持這種靈權的一切說法。首先要提出的說法是「教皇在他的公務職權是不可能犯錯的」。因爲相信這點正確的人，誰又會心不甘情不願的服從他的一切命令呢？

其次，有一種說法認爲不論是在哪個國家，所有其他主教的權利既不直接從上帝而來，也不是間接從世俗主權者，而是從教皇那邊得來的。由於這一說法，基督教國家便出現了許多有權勢的人（例如主教），他們要依靠且服從教皇，雖然他是外國的君主。通過這種方式，教皇就能對於不服從其意願，不按照他的利益進行統治國家發動內戰，他也的確發動了多次這種內戰。

第三種說法是這些主教，以及所有其他的教士、修士和輔理修士都可以豁免於世俗法權的管轄。因爲透過這種方式，每一個國家便都有一大部分的人得到法律的好處，並受世俗國家的權利保護，然而卻可以不用負擔公共開支，且不和其他臣民一樣，對於自己的罪行受到懲罰。如此一來，他們便不害怕任何人，而只懼怕教皇，並依附著他，支持他的太上皇位。

第四，是把祭司（亦即獻祭者）的稱號賦予他們教士（在《新約》中就是長老）。這職位在上帝是猶太人的王時，在猶太人中是世俗主權者和上帝代統治者的稱號。他們也更把主的晚餐當成一種獻祭，使人民相信教皇對所有基督徒，皆具有摩西和亞倫對猶太人的那般權力，這便是大祭司當時所具有的一切世俗和宗教權力。

第五，婚姻是一種聖禮的說法，使聖職者能審定婚姻是否合法，這樣他們就可審定哪些兒童是合法婚姻的子嗣，於是也能審定世襲王國的繼承權。

第六，禁止祭司結婚可以保證教皇對國王的統治權。因爲國王若是一名祭司，他就不能結婚，並將王國傳予後裔；如果國王不是祭司，那麼教皇便可以自稱對國王及其人民具有祭司的教權。

第七，從祕密懺悔中，相較起對國王們和世俗國家大人物們的陰謀，他們對教會國家的陰謀能獲得更好的情報，並用此來保證他們的權力。

第八，通過聖者的列聖和宣告殉道者來保障自己的權力。

因如此一來，當教皇透過開除世俗主權者的教籍，並宣布其爲異教徒或教會的敵人（根據他們解釋爲教皇的敵人）時，就可誘使頭腦單純的人，誓死不屈地頑固抵抗世俗主權者的法律或命令。

第九，他們還通過賦予每一個祭司以製造基督、規定懺悔、赦免及保全罪等權力來保證自己的權力。

第十，聖職人員因爲煉獄、外功折罪和赦罪符等說法而致富發財。

第十一，由於運用魔鬼學、符咒及相關的東西，他們使（自認爲可以）人民更加畏懼他們的權力。

最後，大學（皆根據教皇權力所設立及管轄）中所教導的亞里斯多德形上學、倫理學和政治學，以及毫無準則的區分之說，粗糙的術語和經院學者的含糊用語等，都使得這些錯誤不容易被察覺，並讓人將虛妄哲學的鬼火當成福音之光。

若嫌以上這些仍不足，我還可以另外再提出他們的一些黑暗學說。這些學說的利益顯然有助於建立非法權力，以轄治基督教臣民的合法主權者。或是對權力建立後的維持有好處，還可能對於維繫權力的人擁有世俗財富、榮譽、權柄有好處。因此，根據前頭所說「對他們有甚麼利益」的法則，我們便可完全且公道地宣稱，教皇、羅馬教會的教士，以及其他使人堅信至今的教會就是《新約》和《舊約》中，那些上帝國的言論錯誤集團肇始一切性靈的黑暗。

那些皇帝，以及其他基督教徒主權者，讓這些錯誤學說和教士們在其政府下不聲不響地發展對職權的侵犯，爲所擁有的一切事物、臣民帶來了不安。他們雖然缺乏對後果的預見，也欠缺領悟傳道士的計謀而遭受這般侵害，但卻可以認定他們是自己和臣民所受損失的幫凶。因爲如果沒有他們的批准，一開始就不可能公開傳布煽惑亂眾之說。我指的是他們在開始時是可以阻止這些學說傳布。然而，當人民一旦對這些宗教人物鬼迷心竅後，任何人便無法想出補救辦法。至於上帝（他對人們危害眞理的一切陰謀詭計，從來都是即時地摧毀）賜予的補救辦法，我們就要謹候神恩；他有時候讓敵人的野心極度擴張，並高度發展，由此產生的暴亂，讓他的前人小心翼翼地將封住的眼睛睜開，握緊太多反而全部丟失；正像是彼得的魚網內有太多魚，經過一陣掙扎而弄破。然而，有些人沒耐心，在他們的臣民尚未張開眼睛時就力圖抵抗這種侵犯，結果只是助長本來要抵抗的勢力。因此，我不便責備腓特烈大帝為我國教皇安德良執鞭墜鐙，因為當時他臣民的傾向便是如此，他要是沒有那樣做的話就不可能繼承帝國了。我所要譴責的另一些人，他們最初的權力本是完整，但由於讓這些煽惑亂眾之說在其領域內的大學中製造，於是日後當各屆教皇插足到一切基督教主權者的寶座中來，任意蹂躪凌虐他們及其臣民時，充當為他們執鞭墜鐙的人。

人們臆造的東西是如何編織而成？又如何解開？方法一樣，只是順序倒過來了。上述這個蜘蛛網始於一些權力的因素，諸如智慧、謙卑、誠摯和使徒的其他美德。皈依基督教的人們服從使徒是出於敬仰，而不是因為義務。他們的良知意識是自由的，除了世俗權力者，他們不服從任何人。後來當教會的教民增加時，長老們便聚會討論應當要宣教的內容。於是，在承擔義務下，不教導違反議會規定的情況，他們使人認為老百姓有義務要服從教義。如果有人拒絕時，便拒絕和此人來往（當時稱作開除教籍）。拒絕往來的理由不是將之當成不信者，而是當成不服從的人，這是對基督徒的自由打上第一個結。日後，當長老的數目日益增多，主要城市或省分的長老便取得管轄地方長老的權力，並給自己封了主教的稱號，這是第二個結。最後，羅馬的主教由於帝都的關係，取得了管轄帝國所有主教的權力。這種權力的一部分是根據皇帝的意旨，部分是根據最高教長的稱號，最後當皇帝過於積弱時，則是根據聖彼得的特權而取得權力。這是第三個亦是最後一個結，以上是教皇權力的全部組合及結構。

因此，分析和解決的方法便是按照同一個方式進行，但要從最後一個結開始解。如我們所見的英格蘭，便是凌駕於政治上的教會解體的情形。首先，教皇的權力被女王伊莉莎白全部解除；原先主教依據教皇的權力執行其職權，後則根據女王及其繼承人執行同一職權。只是因為他們保留著「蒙神權派任」，才會被認為是依照直接神權取得職權，這便解開第一個結。其後，英格蘭的長老推翻了教皇的權力，解開第二個結。幾乎就在同時，長老的權力也被剝奪了，於是我們又歸於原始基督徒的獨立狀態，每一個人都可以隨自己心願屬於保羅、磯法或亞波羅。這種情形若沒有競爭，又不依據我們對教士的情感來衡量基督（保羅曾責備哥林多人有這種毛病），也許是最好的方式。首先，除了道本身以外，應該沒有任何權力可管轄人們的良知意識，而道讓信仰在每個人身上產生作用，永遠不依照栽種、澆灌人之目的，而是依著上帝本身叫它生長之目的。其次，有人教導旁人說，每個一小錯誤裡都存著極大的危險，於是要求理性的人服從另一人意見或服從其他人的多數意見，這是不符合理性的，這情形差不多等同於擲骰子單雙面來看自己的得救與否般冒險。這些教士們失去從古至今傳下來的權力也不應該不高興，應當比誰都清楚，保持權力要依靠取得權力的同一類美德，亦即靠智慧、謙卑，對教義的了解、交談的誠懇等，而不能透過壓制自然科學和天賦理性而產生的道德方式。同時也不能用含糊的話或冒稱自己滿腹經綸，若無法保持權力，也不能用裝神弄鬼的騙術來維持。或是所犯的過錯，是用那種在教會教士身上不但是過失，更是醜聞，當權力被壓制後，一定會使人摔跤。

但是自從當今衛道教會，即爲《新約》和《舊約》所說的上帝國一說流行於世。教士追求這方面職位的野心和競爭便逐漸顯露出來，尤其爭奪基督代統治者的崇高職位，以及爭取公職所帶來的豪華排場的野心競爭，一步又一步變成如此明顯，以致使他們失去教士職位本應博得的內心敬仰。因爲當時世俗國家裡，具有權力且最聰明之人，君主可拒絕他們任何進一步的服從。於是，自從羅馬的主教自稱是聖彼得的繼承人而盤據總主教之位後，整個組織成爲黑暗之國，可比擬老婦口中的鬼話。現在的教皇豈非羅馬帝國亡後的鬼魂，戴著皇冠坐在帝國的墳墓上。

他們用的文字是沒有人使用的拉丁文，拉丁文即古羅馬語言的鬼魂。

鬼話中所有的妖魔（Fairies），有一共同之王，名爲歐伯龍（Oberon），經文中稱之爲別西卜（Beelzebub），如同教士擁戴唯一的教皇。

教士爲「靈」之人，亦稱爲「鬼父」（Ghostly Fathers）。妖魔所居爲黑暗之地及墳墓之中，現在的教士則居於修院教堂之中，在黑暗的教義內。

教士有大教堂，既建於某城市，則以其聖水及符咒之力可以稱該城爲國都。同樣，妖魔亦有城堡，而稱霸一方。

妖魔不可捉摸，出而害人，讓人莫可奈何；當今教士亦不受國法約束。

教士藉哲學、異蹟、習慣，及謬解之經文，阻塞青年的智慧，使他們無知而供其驅策；妖魔則據能讓小兒變愚蠢，成爲使壞的小鬼。

妖魔之符籙，究製造於何所，老婦人未能明言之，至教士之符籙，則係製造於各大學之中。

妖魔若對某人不悅，則遣小鬼侵擾；教士若不悅國之執政，則利用愚民作亂，或利用他國尋釁攻打。

妖魔沒有婚嫁，但在夢中與人交媾；教士亦不婚嫁。

教士吸收愚人的奉獻，又取十一之賦，汲取國家精華，正如妖魔暗入牧場，而吸取牛乳精華。

妖魔所用的金錢沒有記載；教士所收受者與我們相同，但其付出則唯有立聖，彌撒之禮，免罪之符等等。

諸如此類，二者還有共通點，即妖魔之國本不存在，除非去相信老婦人、古詩人的妄語；教皇之權，也是讓受惑者恐懼開除教籍，及昧於種種謬說及法術，才相信教皇。

因此亨利八世及伊利莎白女王否認教皇，絕非難事。但羅馬已遣徒眾分赴中國，日本，及印度大陸，焉知他們不會捲土重來，繼續危害世人？信仰天國在今世，在國家權力之外別有其權力者，不僅止於羅馬教士。我所討論的教會政治理論大致如此。

# 回顧及結論

人心固有的能力常自相矛盾，而人之感情亦每每自相矛盾，因此若要以爲人能甘願履行對國家的義務，此爲不可能的事。嚴格的批判力，使人對於他人的缺失不肯輕易原諒。另方面，活躍的想像力則使思想不穩，以致不能分辨是非。另外，需要討論或申訴之事，健全之理論固爲必需，但如措詞不得力，則不足以動人心弦，則理論的效用縮減。眞理與意見、感情與利害常交互對立。

至於感情中，勇敢每使人趨向復仇，以致擾亂治安，怯懦則又往往致人逃避保家衛民之責，一般以爲人不能兩者兼有。

論及人類意見行爲的種種衝突。一般之意見以爲與世俗交往，無法永久和睦，因爲世俗事務是不斷爭奪名譽、資財與權力。

我的回答是，這的確是難題，但絕非不能解決，因爲教育與紀律未嘗不能調和。判斷與想像，可在同一人身上，例如昔日以色列人在埃及，可以一時製磚，一時取草。理論與雄辯，亦非不能並存，如可藉辯才使人接受謬論，則眞理亦可取得同情。至於畏懼國法，而不畏公敵，不傷害他人，而能寬恕他人對自己的傷害，並非不相容的事。因此一般人以爲人性與國民義務互相矛盾，並非如此。且如清晰的判斷，豐富的想像，深入的推理，優美的辯才，作戰的勇氣，奉公守法，種種美德集於一人，此人就是我的朋友西得尼・哥多芬（Sidney Godolphin），他終其一生不曾恨人，也未遭恨，可惜在內亂初期，因國事而被不知名的人殺害了。

第十五章所述的自然法，我還要加一條，即：依自然之理，人於平時得權力的保護，在戰時應盡力來保護此權力。因人有自衛本能，所以保衛平時保護自己的權力亦爲本能。此法本可以從前述的自然法推論出來，然在當今之世，必須重申此一自然法。

我最近在書籍看到，多年的內戰還未使人明白，一般人還不知道何者爲征服，何時人民對征服者已發生義務，人民如何服從法律，因此我必須說明，人民之臣屬的關係，即起於自動的以言語，或其他方法表示對征服者服從之時。在對原來的主權者只有普通人民的義務，則在陷於敵人防區之中，失去原有的保護，而得到新保護之時，即發生臣屬的義務，此時對於敵人的貢獻亦爲合法。雖說此臣屬的行爲，成爲輔助敵人的行爲，然而反抗的人則必盡失所有，如此反而是幫助敵人，因此完全的服從，反而對敵人的利益較少。然除了一般人民的義務外，還有服兵役的義務，則在君王未放棄戰爭，仍能供給糧餉之時，不得服從敵人，但如果失去君王的保護時，則軍人亦自有另求保護者的自由。然無論爲民爲兵，既臣屬新君，即成立合法的新契約。

我們可以研究征服的意義。征服並不是戰勝，而是藉戰勝所獲得對於某人的權利。因此戰死戰場者，固然被敵人戰勝，然而未受征服；被敵人擄獲監禁者，亦被敵人戰勝而未受征服，因爲這時還有敵人的身分，而可用任何方法逃脫。但敵人已允許服從，而藉此保存生命及自由，則此時就是被征服，而成爲舊敵的人民。凡公然居住在敵人的保護之下，雖未有言語的表示，亦爲默許的受征服，若祕密居住，則敵人可用間諜的方式對待，雖處死但並非不義。人如在出國時，國家爲人征服，則與此人無關。但如回國時對新政府表示服從，即發生人民的義務。因此征服者的權利，係在與人民立約，以服從易得生命及自由。

在二十九章中，我曾指明國家消滅的原因，是因爲未具備充分的立國條件，即謂主權者沒有絕對的自由立法權。因此主權者只知以權力得國，而不知享有君主的身分，譬如在英國，則只有根據征服者威廉在位的合法性，及根據於其直系血統；如此一來，則在今日就沒有任何一國的人民有從屬的義務。如果只知以攻取爲權力的基礎，則凡野心家興兵爲亂，皆可以同樣理由認爲合法。因此我爲此定一原則，凡征服者不只應取得人民今後的服從，並應取得人民對其前此之一切行爲之是認，否則必走向亂亡，因爲無論何國，其發生之情況，未有能質問良心而無愧者。

暴政（Tyranny）之名，與主權（Sovereignty）之稱，所表示並非二物，人以暴政之名，係因他們對暴君懷恨，才如此稱呼。因此討論國政，如允許人公然厭惡暴政，代表允許厭惡主權和國家，如此是禍患的根源。欲爲征服者辯護，則需要指責被征服者，無論二者的邪正如何，對被征服者來說皆非必要。

在第三十五章中，我依經文說明在猶太國中上帝自爲其王，與民立約，故猶太人成爲上帝特殊的選民，在此國中，摩西爲上帝的代理人，凡上帝之律法皆由摩西公告。惟前文中未提到行刑官如何派定。各國執行死刑，或由王者的衛士，或由專業之劊子手，只有以色列人是由上帝明訂專律，凡處死者，應由民眾投石擊死，而由證人投第一塊石頭。如此，行刑的人係爲法律明定，然必由經由民眾審判，確定有罪之後行刑。且凡行刑之前，必須有證人的陳述，除非是當眾犯罪的現行犯，如此就不需要另外的證人。然而一般人未能明白，或以爲任何人可以依熱情而殺人，不用主權者的命令，此等危險說法於經文無據。

從前，利未人殺祭金牛的人，殺了三千人，但此爲摩西傳上帝之語而爲，見出埃及記三十二章二十七節可知。又據利未記二十五章十一—十二節，有個以色列人怨懟上帝，知道者沒有殺他，但押送給摩西，摩西下令囚禁此人，以待上帝審判。民數記二十五章六—七節，非尼哈（Phinehas）殺心利（Zimri）與哥斯比（Cozbi）二人，係因二人在會眾之前犯罪，罪狀既明，不需要證人就可以直接正法，亦非由於個人的衝動，且事後亦得摩西核准，此種事後核准，與國家的治安有關。譬如變亂突起，個人可以平亂，不必先徵求同意，然而事後須請主權者承認並赦免。民數記三十五章三十節，凡誅殺人犯者，其誅之也，必待證人之言。夫既有待於證人，則是必有正式之審判矣。若有忤逆之子，亦應押送給當地的審判官，而當地民眾得以對他丟擊石頭，此爲申命記二十一章十八—二十一節所載。其後聖司提反（Stephen）被石擊，亦依據此律法。總之，經文中絕未有允許人私自殺人，這與國家正義及和平不相容。

第三十六章中，談到上帝對摩西說話，說話的方式，與和其他先知的方式相似，只是對摩西比對其他人更明確。

綜觀本書，以主權者的政權，及人民的自由與義務，爲基於眾所周知的自然法，以及人類的天性。至主權者的宗教權，我以爲是基於明顯及符合全部經訓之經文。我相信讀過本書，可以從中得到知識，至於持相反見解者，就不容易得到滿足了。世人的利害關係不同，意見也不同，預存反駁之見，就不容易從本書得到收穫。

討論基督教國的部分，有一些新學說，此在教義相反的國家中，非私人所能置喙。當今的人不只需要和平，亦需要追求眞理。我的學說論理既眞，且有益於和平及忠誠，則以此提供主權者參考，猶如新瓶裝新酒，可以融洽併存。理論雖新但對國家無害，則人不至於食古不化而不願接受新學說。

我沒有自信的是文辭表達，然自認爲行文還算清楚。我在本書絕未引用古詩人、古哲學家的成語以爲藻飾，理由是：第一，正當的學說必根據眞理，或基於經文，而非基於古人所說。第二，我討論的並非事物的眞假，而是公理是非，因此無須援以爲證。第三，前人之作有互相衝突、自相矛盾之處，因此不足爲據。第四，古代學說多以口傳，未經明辨。第五，凡是虛妄之說多藉古語掩飾。第六，古人之作，並不引用更古代的說法來裝飾。第七，引襲成語者，多囫圇吞棗，引喻失義。第八，我對古人的論述，因啓發而尊重，而因爲是古人而尊敬。仔細思量，稱讚古人的，並非對逝者心懷尊敬，而是因爲嫉妒當代人，想援引古人壯大自己。

總之，我有自信本書沒有違背上帝之道，以及公眾安全。同意的話可以印行出版，在各大學講授。大學爲學問和道德的源泉，而教師及士紳由此受教，再教導民眾。因此要注意保持學問的純淨，勿汙染人心，使受教者明瞭自己的責任，不受野心家利用，甘於爲國家秩序奉獻而無怨無悔。而主權者可以專心防禦外侮，無須再防內亂，如此軍備就會充足。

本書所論的民政及教政到此爲止。我的立論不偏倚，無機心，只是想在當今亂世，指明保衛及服從二者的關係，爲人性及神律所規定，且相信吾本書不致遭主持公論者及維持治安者所譴責。此後，我將重新整理自然界的研究，這類研究對眾人沒有妨害，將會受到眾人的歡迎。

# 湯瑪斯・霍布斯年表

| 年代 | 生平記事 |
|---|---|
| 一五八八年 | • 出生於英格蘭威爾特郡的馬姆斯伯里。 |
| 一五九二年 | • 開始在馬姆斯伯里的教堂接受教育。 |
| 一六〇三年至一六〇八年 | • 一六〇三年被送至牛津大學莫德林學院就讀。<br>• 一六〇八年取得學位。<br>• 期間中他曾經由院長 James Hussee 爵士的推薦，擔任哈德威克男爵卡文迪許之子威廉的家庭教師（亦即後來的德文郡公爵）。 |
| 一六一〇年 | • 陪伴威廉在成年前的大旅遊遊遍歐洲大陸，因此有機會將他在牛津所接受的經院哲學教育與歐洲大陸具批判性的科學研究方式相比較。 |
| 一六二九年 | • 翻譯修昔底德的《伯羅奔尼撒戰爭史》。 |
| 一六三六年 | • 前往佛羅倫斯旅行，並在巴黎加入了馬蘭・梅森等人的哲學辯論團體。 |
| 一六三七年 | • 回到英國。 |
| 一六四〇年 | • 撰寫論文集《法律、自然與政治要素》（*The Elements of Law, Natural and Political*）。<br>• 因英國國會與國王關係惡化，霍布斯覺得他的著作可能會招致政治的迫害，而逃至巴黎。<br>• 同時期寫下對於笛卡爾《形上學的沉思》一書的批評。 |

| | |
|---|---|
| 一六四七年 | •成為威爾斯親王查理斯的數學教師。 |
| 一六五〇年 | •出版《法律、自然與政治要素》。 |
| 一六五一年 | •出版《利維坦》。 |
| 一六七二年 | •出版拉丁文自傳。 |
| 一六七五年 | •完成了整套奧德賽和伊利亞特的翻譯。 |
| 一六七九年 | •逝世，被葬在德貝郡一座教堂的墓地裡。 |
| 一六八一年 | •死後出版《巨獸》（*Behemoth*）（寫於一六六八年）。 |

# 譯名對照表

## 二劃

乃縵 Naaman
九頭蛇怪 Hydra
人造人 artificial man

## 三劃

三段論 syllogism
上帝 Mortal God
上帝的遺產 Inheritance of God
凡人 Laity
土明 Thummim
士師 Judg
大元帥 generalissimo
大方 liberality
大祭司 Pontifex Maximus
大學 University

## 四劃

仁慈 benevolence
公平 equity
公爵 duces
反感 Antipathy
天啓 revelation
巴力 Baal
巴拿巴 Barnabas
幻象 fancy
心利 Zimri
心靈談話 mental discourse
戶勒大 Huldah
扎加利教皇 Pope Zachary
比拉民主教 Cardinal Bellarmin
比撒 Beza
水神 Egeria
父 Father

父系的 paternal
王 King

## 五劃

世俗 temporal
主 Lord
主要 Essential
主教 Bishop
主管教士 Magisterial
主權 Sovereignty
主權者 Sovereign
代言者 prolocutor
以弗得 ephod
以西結 Ezekiel
以利亞撒 Eleazar
以斯帖 Esther
以斯拉 Esdras
以賽亞 Isaiah
充滿 fullness
加百列 Gabriel
半人半馬 Centaur
卡尼底 Carneades
卡西 Cassii
卡提林 Cataline
卡圖 Cato
卡德穆斯 Cadmus
古世 Old World
失望 despair
奴隸 servant
尼哥 Necho
市政官 aediles
必要性 necessity
本質 Essence
正式 regular
民主制 Democracy
民法 Jus Civile

民權 Right Civil
永恆法 eternal law
永恆的現在 eternal-now
玄祕的性質 occult qualities
生命 vital
用灌入 infused
申命 Deuteronomy
石頭 Petrus

## 六劃

仰慕 admiration
先見之明 foresight
先知 Prophet
全體 Entity
印象 impression
合法 lawful
合法的會眾 ecclesia legitima
合約 covenant
合群 sociable
同情 compassion, Sympathy
回憶 remembrance
因庫比 Incubi
地位 dignity
地獄犬 Cerberus
多米提安 Domitian
字詞 words
安慰者 paracletus
有害 inutile
朱庇特 Jupiter
米利暗 Miriam
米迦勒 Michael
米該雅 Micaiah
羊人 Satyrs
老底嘉 Laodicea
自由監護人 custodeslibertatis
自信 confidence

自發運動　voluntary motion
自願　Volitio
至福直觀　beatifical vision
西貝爾　Sybils
西底家　Zedekiah
西得尼・哥多芬　Sidney Godolphin
西番雅　Zephaniah
西塞羅　Cicero

## 七劃

伯克特　Becket
伯特利　Bethel
伯爵　comites
但支派　Dan
但以理　Daniel
何西阿　Hosea
佛里斯　Furies
克雷蒙　Clement
判例　judgements
判斷　judgement
別西卜　Beelzebub
別是巴　Bersabee
利維坦　Leviathan
利慕伊勒　Lemuel
努瑪　Numa
君主制　Monarchy
妖魔　Fairies
巫師　conjurer
希西家　Hezekiah
希望　hope
希爾德里　Childeric
忘恩　ingratitude
快樂　joy
我存在　I AM
我許你如何　dedi, concessi
扶助者　assister

李維　Livy
沒自信　diffidence
狂怒　fury
男爵　baron
那鴻　Nahum
邪氣發作　energumeni

## 八劃

亞干　Achan
亞比亞他　Abiathar
亞古珥　Agur
亞甲　Agag
亞她利雅　Athaliah
亞里斯多德　Aristotle
亞捫人　Ammon
亞割谷　Achor
亞嫩　Arnon
亞撒利雅　Azariah
亞歷山大大帝　Alexander
佩流斯　Peleus
來世　World to Come
依神命而來　de Jure Divino
制度建立的國家　commonwealth by institution
取得　acquisition
取得的國家　commonwealth by acquisition
受傷　injury
命運　Fortune
奇觀　wonders
宗教的權衡　Ecclesiastical Jurisdiction
定義的　Definitive
帖撒羅尼迦　Thessalonica
底米丟　Demetrius
彼拉多　Pilate
征服者威廉　William the Conquer
忠告　dehortation
所多瑪　Sodom

所有人 owner
所有權 propriety
所羅門王 king Solomon
押尼珥 Abner
抽象精華 Abstract Essences
拉撒路 Lazarus
明確 express
林神潘 Pan, Panises
欣嫩子谷 Valley of the Children of Hinnon
沮喪 grief
法人 persons in law, civil law
法律 Law
牧師 Pastor
牧神 Pan
物體 body
玩味 luxury
芝諾 Zeno
表明 signifying
長老 Elder
門第 gentry
阿布德拉 Abdera
阿里斯提德 Aristides
阿德羅米達 Andromeda
阿摩司書 Amos
非尼哈 Phinehas
非正式的 irregular
非利士人 Philisitnes
非法的 unlawful
侯爵 marchiones
俄巴底亞 Obadiah
俄陀聶 Othniel

## 九劃

俘虜 captive
保證人 Vades
信仰 belief

信任 trust
信念 faith
勇敢 valor
叛逆罪 criminalaesae majestatis
叛教者 apostate
哈巴谷 Habakkuk
哈該 Haggai
城市 civitas
威廉盧福斯 William Rufus
宣傳 Preach
幽靈附體 demoniacs
思慮周延 discretion
拷問 Inquisition
政府管理知識 government of doctrines
政治國家 political commonwealth
政務大臣 public ministers
政體 bodies politic
施教 Teach

是 Est
毗列斯・烏撒 Perez-Uzzah
《查士丁尼法典》 Institutions of Justinian
洗禮 baptizing
活的身體 Body alive
活的靈魂 Living soul
派東蛇 Python
相信 believe
祈禱 prayer
科學 science
約西亞 Josiah
約沙法 Jehosaphat
約阿施 Joash
約拿 Jonah
約拿單 Jonathan
約書亞 Joshua
約珥 Joel
約瑟夫 Josephus

紅衣主教　Cardinal
美　pulchrum
美德　moral virtues
耶戶　Jehu
耶弗他　Jephthah
耶何耶大　Jehoiada
耶利米　Jeremiah
耶羅波安　Jeroboam
計算　ratiocinatio
迦基米施　Charchemish
迪奧多西　Theodosius
革利免　Clement

## 十劃

冥官卡隆　Charon
剛毅　fortitude
哥迪安結　Gordian Knot
哥斯比　Cozbi
夏甲　Agar
席德利　Childeric
恐慌　panic
拿轄　Nahash
效用　utile
格拉古　Gracchus
殉道者　Martyr
烏西雅　Ozias
烏利亞　Uriah
烏陵　Urim
烏撒　Uzzah
特里頓　Tritons
特許狀　charters
祝聖　consecrate, Consecration
神　spirit
神人同性　hypostatical
神聖　holy
神聖法　devine

神職人員 Clergy
神權 Jure Divino
納瓦拉王國 Navarre
羔羊 Paschal Lamb
記憶 memory
馬力屋斯 Marius
高尚 magnanimity
鬼父 Ghostly Fathers

## 十一劃

偏袒 favouritism
做這件事 do this
偶發性 accidents
偶像 Idol
副執政官 praetors
參孫 Sampson
國內法 civil law, Lex Civilis
國家 commonwealth
國家法人 persona civitatis
國家權力 Jure Civili
國際法 law of nations
基本法 fundamental law
基伊拉 Keikah
基列的拉末 Ramothgilead
基甸 Gideon
密啓精神 private spirit
專制統治 despotical
帳目 rationes
帳目細項 nomina
掃羅 Saul
授權人 author
接觸式 Circumscripive
推定 inference
推崇 magnifying
教士 Deacon, Minister
教皇 Pope

教堂聚會之所 synagogues
教規 Canon
教會 ecclesia
條約 pact
梭倫 Solon
棄絕 reject
欲 sensual
欲求 desire
欲望 appetite
現世 Present World
理解 understanding
符號 signs
第二次死亡 Second Death

## 十二劃

統治權 rex, Sovereign Power
荷馬 Homer
莫丘瑞 Mercury
莫德凱 Mordecai
規勸 exhortation
貪婪 covetousness
陰間 Hell
鹿 Fawns
麻煩 molestum
備料 preparation
凱撒 Caesar
割禮 circumcision
勞地西亞 Laodicea
博士 Doctor
善意 good will
單純放棄 renouncing
寒酸 parsimony
尊崇 honor
尊聖 Canonizing of Saints
復興 regeneration
悲傷 grief

惡 evil
惡神 Demon
愉悅 jucundum
提狄特腓 Diotrephes
普萊雅普斯 Priapus
普遍名詞 universal name
智天使 cherubims
智慧 sapience, wisdom
殖民地 plantations or colonies
殘忍 cruelty
無政府 Anarchy
無質 Incorporeall
無體之質 Subtance Incorporeal
痛苦 pain
發起人 author
稅吏 publican
菲羅 Philo
虛榮 vain, vainglory
裁判人 arbitrator
貴族制 Aristocracy
開除教籍 Excommunication
開除教籍如迅雷 Thunder bolt of Excommunication
雅基 Jaketh
雅瑪謝 Amaziah
集會 ecclesia
順應 complaisance
黑暗之國 Kingdom of Darkness

## 十三劃

傲慢無禮 contumely
傳道者 Evangelist
塔昆 Tarquin
奧古斯都 Augustus
嫉妒 envy
想像 imagination

意志 will
意見 opinion
意圖 endeavour
愛德華柯克 Edward Coke
感知物 sensible
感恩 thanksgiving
感覺 feeling, sense
慈愛 charity
損害 damage
敬拜 worship
斟酌 deliberation
會堂 Synagogues
督政小組 ephori
綑綁 Bind
罪行 crime
罪惡 sin
義憤 indignation
聖司提反 Stephen
聖安伯斯 Ambrose
聖耶羅米 St. Jerome
聖餐變體 transubstantiate
聖禮 sacraments
聖獻 holy duties
聖體共存 consubstantiate
腹語術 ventriloqui
蛾摩拉 Gomorrah
解答 responsaprudentum
詮釋者 interpreter
該亞法 Caiaphas
運送 conveyance
預言 prophecy
預言者 predictor

## 十四劃

僭主制 Tyranny
厭惡 aversion

團體 systems
寡頭制 Oligarchy
實定法 positive law
實體 substances
對人身傷害的恐懼 bodily fear
對象 object
瑪拉基 Malachi
福祉 felicity
福氣 Fortune
精靈 Nymphs, spirits
維吉爾 Virgil
聚會 assembly
豪邁 magnanimity
赫丘利斯 Hercules
赫西俄德 Hesiod
輔理教士 Ministerial
輕視 contemn
遠見 providence

## 十五劃

審慎 prudence
徵兆 signs
憤怒 rage
憤怒女神 Eumenides
摩洛 Moloch
撒迦利亞 Zechariah
撒都該人 Sadducees
撒督 Zadok
撒騰 Saturn
暴君 Tyrant
暴政 Tyranny
標示 marking
歐伯龍 Oberon
歐魯斯 Aeolus
複合想像 compounded
調製 concoction

論證　demonstration

## 十六劃

擔保人　Praedes
獨裁者　dictators
諮詢法官　juris consulti
賴特蘭　Lateran
彌迦　Micah
臨門　Rimmon

## 十七劃

避免　avoid
醜　turpe
隱多珥　Endor
隱喻式的運動　metaphorical motion
斷言　affirmation, assertion
薩拉米島　Salamis

## 十八劃

謬思　Muses
謹慎　prudence
轉讓　transferring

## 十九劃

懲戒法　penal laws
懷疑　doubt
羅波安　Rehoboam
羅得　Lot
羅慕路斯　Romulus
競爭　emulation
繼承權　right of succession
蘇拉　Sulla
蘇庫巴　Succubae
議會　parliament, parliamentum

## 二十一劃

屬民 Subject

辯論集 De Summo Pontifice

魔鬼 Demons

魔鬼學 Demonology

## 二十三劃

變形 Trasfiguration

變質 Transubstantiation

## 二十五劃

靈 spirit

靈巧 sagacitas, solertia

靈感 inspiration

靈魂 Soul

讚美 praise

經典名著文庫 132

# 利維坦

Leviathan

作　　者 —— 湯瑪斯・霍布斯（Thomas Hobbes）
編　　譯 —— 莊方旗
文庫策劃 —— 楊榮川
編輯主編 —— 劉靜芬
責任編輯 —— 林佳瑩、黃麗玟
封面設計 —— 姚孝慈
著者繪像 —— 莊河源
出 版 者 —— 五南圖書出版股份有限公司
發 行 人 —— 楊榮川
總 經 理 —— 楊士清
總 編 輯 —— 楊秀麗
地　　址 —— 臺北市大安區 106 和平東路二段 339 號 4 樓
電　　話 —— 02-27055066（代表號）
傳　　眞 —— 02-27066100
劃撥帳號 —— 01068953
戶　　名 —— 五南圖書出版股份有限公司
網　　址 —— https://www.wunan.com.tw
電子郵件 —— wunan@wunan.com.tw
法律顧問 —— 林勝安律師
出版日期 —— 2021 年 2 月初版一刷
　　　　　　2025 年 2 月初版三刷
定　　價 —— 620 元



**國家圖書館出版品預行編目資料**

利維坦 / 湯瑪斯・霍布斯 (Thomas Hobbes) 著 ; 莊方旗編譯 .
-- 初版 -- 臺北市 : 五南圖書出版股份有限公司，2021.02
　面 ; 公分 . -- ( 經典名著文庫 ; 132)
譯自 : Leviathan
ISBN 978-986-522-379-3( 平裝 )

1. 政治思想　2. 國家理論

570.1　　109019578